YUYOU SHIQU

XUEQIAN JIAOYU XUSHI YU ANLI HUICUI

育幼师趣：

学前教育叙事与案例荟萃

孙望安 编著

华中师范大学出版社

图书在版编目(CIP)数据

育幼师趣:学前教育叙事与案例荟萃/孙望安编著.—武汉:华中师范大学出版社,2023.5

ISBN 978-7-5769-0104-7

Ⅰ.①育… Ⅱ.①孙… Ⅲ.①学前教育—教学研究 Ⅳ.①G612

中国国家版本馆 CIP 数据核字(2023)第 054201 号

育幼师趣:学前教育叙事与案例荟萃

© 孙望安 编著

出　　版:华中师范大学出版社
社　　址:武汉市洪山区珞喻路 152 号　　邮　　编:430079
策　　划:基础教育分社
责任编辑:郑海兵　　责任校对:童　雯
封面设计:胡　灿
电　　话:027-67863040(市场部)　　027-67862387(编辑部)
传　　真:027-67863291　　邮　　购:027-67861321
网　　址:http://press.ccnu.edu.cn　　电子信箱:press@ mail.ccnu.edu.cn
印　　刷:湖北新华印务有限公司　　督　　印:刘　敏
字　　数:280 千字
开　　本:710mm×1000mm 1/16　　印　　张:20
版　　次:2023 年 5 月第 1 版　　印　　次:2023 年 5 月第 1 次印刷
定　　价:58.00 元

欢迎上网查询、购书

序

XU

学前教育实现了跨越式的发展，普及普惠水平不断提升。这既包含了幼儿园教师队伍建设以及教师专业发展的成效，同时又为幼儿园教师进一步提升专业发展水准提出了新的要求与挑战。

一次偶然的机会，我陆续走进了近 40 所幼儿园，认识幼儿园教师，了解他们致力教师专业发展的积极态度和不懈努力。每一所幼儿园、每一位教师各有目标、各出奇招、各展实招，其中第一招就是坚持脚踏实地，在实践中推进教师专业发展，又回到实践中去展现专业发展的成效，力求实现改进和提升保教保育水准的目的。

尤其是近些年来新入职的青年教师，他们很快步入专业发展的轨道。他们学业基础扎实，后生可畏；专业发展目标清晰，充满信心；职业思想稳定，安心从教；事业理想宏大，志存高远。在园所推进教师专业发展的过程中，他们的参与和贡献令人备感欣慰与鼓舞。

实践证明，以园本研修为主阵地，开展微小保教保育案例研究、叙事研究、游戏案例研究等是重要载体，其不仅适合且能满足不同发展阶段教师的需要，具有很强的可操作性和可持续性。也许微小教育案例与叙事研究不如其他专题性课题研究“高大上”，然而其研究资源极为丰富，随处可得，只要能坚持下来，必定会促进教师的发展与成长。

教育案例和叙事研究，对于教师而言，考验的是发现的眼光，必须透过幼儿日常生活活动与行为习惯，研判现象，探索规律，陪伴孩子健康成长，切不可以事微而不顾，让珍贵的教育契机从自己的眼前溜走；必须具有坚守的耐心与毅力，认识微小教育案例与叙事研究具有的“粒米成箩”特征，切不可期待撰写一篇叙事、研讨一个案例就能实现专业发展的飞跃；必须提升政治站位与思想境界，落实立德树人根本任务，坚持务教育之实，切不可低估每天在岗位上经历的零碎琐事的重要教育意义。

《育幼师趣：学前教育叙事与案例荟萃》收集的教育案例（叙事）、游戏案例、案例赏析等记录了保教保育实践的过程，提供了教师专业发展的范例，展示了撰稿者坚守园本研修的成果，创生了分享探讨的宝贵资源。原创者关注和研究保教保育工作的常态，聚焦实际问题，寻求解决问题的方案与方法，没有使用华丽辞藻，没有刻意雕龙画凤，充分体现了务实求真的精神，他们的做法与成果可供一线教师研讨、评判、仿效。

但愿读者对本书中的故事、案例，至少是其中的一部分能产生共鸣，引发思考。相信只要幼教人共同努力，坚持不懈地探索和解决保教保育中的实际问题，就一定能更好地满足人民群众对幼有所育、幼有优育的期盼。

以此为序。

孙望安

2023 年 2 月

目录

MULU

第一编　我讲给“你”听——教育故事

第二编 “你”玩我观看——游戏案例

第三编 “他”评我所写——案例赏析

第一编

我讲给“你”听

——教育故事

隔代疼冲撞规则后

田静，武汉市武昌区实验幼儿园

家长在幼儿园门外接送孩子，已经成为保育日常管理的硬杠杠，然而在规模较大的园所，引导新入园的小班幼儿进入班级教室却是一件看似简单其实很复杂的事情。孩子多、教师少、抵园有先后、现场人多嘈杂，接迎衔接不到位会拖延家长的宝贵时间，稍有不慎还有可能出乱子。

办法总比困难多。园所采纳教师的建议，组织大班的哥哥姐姐熟悉幼儿园的整体环境，了解小班教室的分布，然后让他们引导小班的弟弟妹妹入园入班。于是，全员动员，统一部署，小小引导员随即诞生。

每天早晨 7 点 40 分，轮值的 10 位大班小朋友来到幼儿园，自己挂上胸牌，戴上袖章，整齐就位。7 点 50 分左右，孩子们陆续抵园，大班的孩子们兴致盎然、有条不紊地带着小班的弟弟妹妹入园入班，小班的孩子乖巧地牵着哥哥姐姐的手，仰着小脸看着，不哭不闹，一幅温馨和谐的画面……

连续几天早晨在园门口的观察与陪伴让我相信，小小引导员已经走上正轨。这一天，我入园后没有在园门口停留，径直走进办公室，但脑海里还是在不停地回放小小引导员认真“履职”的样子，不禁为教师们富有创意的建议感到欣慰……然而当天早餐后，范老师走进办公室，向我讲述了幼儿入园时发生的一幕。

早晨，热闹的园门口突然出现一阵骚动，轩轩（化名）* 的爷爷朝着值班的严老师大声质疑："为什么我孙子今天不能当引导员？为了当引导员，他早上6点就起床了，你们幼儿园是怎么搞的？孩子想当就该让他当啊！""我要当，我要当，我就是要当嘛……"轩轩打着哭腔在一旁喊着，起到了火上浇油的作用。

严老师耐心地解释说："爷爷，为了让每个孩子都有机会参与，10名幼儿为一组，轮值一周，今天是1~10号小朋友值班。轩轩是第14号，下周就轮到他了。您和孩子就耐心等等，希望您能理解并说服孩子一起遵守规则。"

听严老师这么说，轩轩爷爷声音更大了，挥舞着手臂喊着："这是个什么破规则？孩子起这么早就是想当引导员。老师您就让他今天当一次不就完了吗？幼儿园的规矩算个什么规矩呀！老师您这么呆板，就不晓得变通一下？"在一旁的另一位孩子妈妈忍不住劝说道："爷爷，没有规矩不成方圆，孩子从小要学会遵守规则，长大才能更好地适应社会……"本来是好言相劝的一句实话，却点燃了"炮仗"。爷爷扭头冲着这位妈妈怒怼："这是我家的孩子，关你什么事？这一点小伢，讲个什么规则，孩子想当引导员又不是坏事……"

轩轩奶奶原本在旁边一直默不作声，看现场氛围不太好后，跟同在一旁值班的范老师说："从明天开始，轩轩要请假去旅游，下周才回来，所以孩子今天特别想当引导员。"在范老师耐心地跟奶奶解释时，轩轩使劲摇着奶奶的手不停地高喊："我要当，我要当，我今天就是要当！"这似乎是在给奶奶施压，而奶奶则不知所措，无计可施。

"轩轩，下周才是你值日的时间，现在我带你到班上给老师当小帮手，好吗？"范老师俯下身，边说边伸手去牵轩轩，而轩轩却使劲撇开

---

* 说明：本书案例中出现的人名均为化名。

范老师的手，并对范老师拳打脚踢，然后气鼓鼓地冲进了幼儿园，在大厅放下书包，自个儿戴上挂牌和袖章站到了引导员的队伍中。爷爷看到孙子“上岗”了，连忙掏出手机，从各种角度给孙子拍照后，心满意足地扬长而去，好似打了一场胜仗。

“轩轩爷爷简直就是在直接挑战规则，他不支持教师的工作也罢，但他得替孙子的成长考虑呀!”范老师的语气由平和转向激昂。我便转移话题，询问孩子当了引导员后，他自己是怎么想的。范老师说，大一班的老师很快找轩轩交谈了。爷爷奶奶不在身边，轩轩显得很温顺，说话音量极小，简直是判若两人。

老师把轩轩请到一边说：“你很想当小小引导员吧?”轩轩一边抠手指一边点头。“那你能把上周我们一起制定的规则说给老师听吗?”“按学号轮流当，我是第14号，下周就轮到我了。早上要起早，7点40分必须到园，要佩戴牌子和袖章。”轩轩对规则熟记于心。“轩轩记得真清楚，那今天早上是怎么回事呢?”老师问道。“爸爸妈妈说下个星期要带我去旅游，我想去旅游，可又想当引导员，我就跟爷爷奶奶说今天一定要当上。”

“那你觉得你就可以不遵守规则吗?”老师引导性地问了一句。轩轩不好意思地左顾右盼，小声说：“不可以。”“规则是大家一起制定的，那我们就需要一起来遵守。如果大家都不遵守规则，想当的时候大家都来，不想当的时候大家都不来，你想想会发生什么?”“那就乱七八糟了。”老师接着问：“你今天还有不对的行为吗?”“值班老师不让我当，我打老师了。”轩轩知道自己错在哪里了。“那你觉得要怎么办呢?”老师启发说。轩轩很爽快地回答说：“跟老师说对不起，下次再不打老师了，听老师的话。”

介绍完老师与轩轩交谈的过程，范老师很有把握地判断说：“轩轩今天的举动就是他爷爷奶奶溺爱的结果，都是隔代疼惹的祸。”“那就请大一班的老师下午或晚上与孩子的妈妈交流沟通一次，了解孩子在家的行为习惯。”我提出了自己的建议。

事不宜迟，班主任老师当晚就联系了轩轩妈妈，正好轩轩妈妈也对孩子近期的教育头疼不已。她说：“轩轩由我和他爸爸单独带的时候，很听话，也能讲道理。爷爷奶奶过来住在一起有一段时间了，轩轩的变化很大。只要他想要的，爷爷奶奶都想着法子满足他，恨不得搬梯子上天摘星星给他。我们也经常跟爷爷奶奶说不能溺爱，可老人却说孩子还这么小，多点呵护不为过……”

针对轩轩当日的反常举动，班主任老师及时找孩子个别谈话，并联系了家长，了解到孩子举动背后的原因，这为下一步继续教育引导轩轩做好了铺垫。从履行保教职责的角度看，这件事暂且可以画上句号。但是，轩轩爷爷奶奶的教育观念与举动，却引人思考。

整个事件因轩轩要在非轮值时段当引导员而引发，涉及三方，即爷爷奶奶、孩子和教师对园所规则所持的观念与态度。在满足心愿与坚守规则之间，三方各执一词，看似各有各的道理，这也许就是现场各行其是的原因。深入分析本案例，我认为有两个方面的作用需要引起足够的重视。

一、家园共育不能忽视隔代家长的作用

隔代疼是个较为普遍的社会现象，其中利与弊众人皆知。尤其是孩子的父母和幼儿园的教师明知隔代疼带来的负面作用，如孩子哭闹耍赖、打滚撒泼、拳脚相加等行为，却对隔代疼的“主角”爷爷奶奶、外公外婆无可奈何、望而止步。很显然，轩轩在入园时固执地要当引导员，其中一个重要原因就是他坚信自己的隔代家长会不顾一切地支持他。我们甚至可以断言，如果老人长期这样溺爱下去，孩子迟早会养成我行我素不守规则的习惯。

反思家园共育工作，我们通常将工作的重点放在孩子的爸爸妈妈身上，或笼统地强调家庭教育的缺陷与不足，忽视了一个重要的现实问题，即隔代家长在家庭教育中所起的作用有时候比孩子的父母更大。这并非指隔代家长刻意与正确、适当的家庭教育唱反调，而是指他们的任何举动对孩子都有潜移默化的影响，孩子也会依据自身喜好接收和处理家长发出的信号。有的孩子自幼就知道“看人打发”，遇上“投其所好”的隔代家长，负面的作用自然就会成倍增加。

因此，加强家园携手共育，必须加强与隔代家长的联系与沟通，主动争取隔代家长参与共育工作。在全面调研掌握隔代家长在家庭教育中的作用的基础上，安排和组织专门的活动，交流隔代家长参加家庭教育的经验，并伺机进一步加强对隔代家长的指导，让隔代疼为孩子成长助力。

二、进一步发挥规则对幼儿的教育作用

至今，我仍然记得轩轩爷爷发怒时的一句话，“幼儿园的规矩算个什么规矩”，这并非因为我不满隔代家长对幼儿园规则的漠视，而是因为这更加坚定了我对幼儿进行规则、规矩教育的决心与信心。学前教育的任务纵然有很多，但是习惯的养成与规则意识的培养，应该贯穿于学前教育的全过程。轩轩爷爷的话提醒我们，有的隔代家长对幼儿园保育工作任务、工作方式与过程并不是十分了解，有的则更谈不上理解，幼儿园面临较重的宣传任务。

就轩轩固执要当引导员的举动，至少有三位老师都以执行规则、讲究规矩为由对其进行了劝说或交流。从事后老师与孩子的谈话看，轩轩对引导员活动的规则是十分清楚的，然而他却突破了现场两位老师的“防线”，

如愿以偿当了一次引导员。换言之，老师坚持执行规则没有错，但是劝阻工作是失败的。

若是换一种思路，先详细询问轩轩坚持要当引导员的原因，并对他表现出的劳动热情、岗位荣誉感、责任意识、服务精神等给予充分的肯定，在引导孩子尊重规则的基础上，做出适当的让步，满足孩子的意愿，也许会给孩子更深刻的教育。在操作层面，涉及小小引导员的挂牌、袖章是否够用的问题。若是只有十套，可以让轩轩不“挂牌”上岗，或让其他引导员将挂牌和袖章借给他，便于爷爷照相留念。

规则是用来规范幼儿行为习惯的，执行规则也是重要的教育过程。当严守规则与适当让步二者利弊相兼时，在现场需要权衡比较，把握时机，侧重发挥实施规则的教育作用。事后及时辅之以跟进措施，必定会在孩子身上展现出综合教育效果。

孩子在幼儿园意外骨折了

王萍，武汉市武昌区实验幼儿园

一、偶发意外——茗茗骨折

这天，户外活动刚刚结束，保教部就接到了十班的茗茗意外摔伤的消息。保健医生对孩子进行紧急检查和处理后，班主任立即联系了家长并一同将孩子送往医院做进一步检查和治疗。与此同时，保教部的相关管理人员马上调取了事发地点多个点位的监控录像，一帧一帧地回看当日的视频。只见监控视频中何旭拿着“积木枪”慢慢往后退，被在地上爬行捡东西的茗茗绊倒，他重重跌坐在茗茗背上。有位老师皱着眉，吸着凉气从牙缝里挤出一句：“这一下有点狠!”茗茗一骨碌爬了起来，抱着受伤的手臂哭着朝老师跑去。观看录像的教师都在祈祷，茗茗可千万别骨折了。但事与愿违，经过 CT 检查，茗茗左肱骨外上髁骨折了。由于孩子年龄较小，如果治疗不当，可能会影响手肘关节后续的发育和活动，医生建议前往三甲医院儿童骨科完成后续治疗。听到这个消息，我们的心揪得更厉害了。

第二天清早，保健医生、老师又陪同家长和茗茗前往医院，儿童骨科专家诊断：孩子确实骨折了，不过缝隙小于两毫米，暂时不需要手术治疗。随后，一行人又去了牙科门诊检查茗茗出血的门牙，幸运的是，牙齿和牙龈没有大碍。听到这个消息，所有人都松了一口气。两天来大家最担心的是，若需手术治疗或恒牙磕坏了，这个漂亮的小姑娘不仅要忍受疼痛，还要面对因为治疗留下的疤痕。

伤情与治疗方案明晰后，更加艰巨的工作即刻摆在面前：抚慰茗茗的家人、化解因意外事故可能在两个家庭之间引发的矛盾。

二、主动安慰——遭遇猜疑

茗茗受伤的第二天，我带着班级两位老师和慰问品踏进了茗茗家。面对我们的登门，茗茗妈妈虽然脸色不好看，但还是客气地把我们迎进家门。刚坐下，班主任李老师向茗茗妈妈介绍我："茗茗妈妈，这是王副园长，幼儿园非常关注茗茗受伤的事情，所以王副园长和我们一起来看看孩子。"茗茗妈妈盯着我，淡淡地说："王副园长您好，谢谢园里这么关心茗茗。"我忙说："这是应该的，孩子受了伤，我们都非常心疼，所以一定要来看看。"茗茗妈妈把孩子叫来，催促她向老师道谢。我见孩子神色正常，又看了看她吊着的胳膊，问道："茗茗，你的手还疼吗？"她不自在地小声回答："不疼。"然后又缩到了妈妈身后。

这时孩子的外婆从卧室走出来，说道："怎么会不疼呢？手都骨折了，牙齿也磕了，牙龈都是肿的。怎么好端端的一个孩子在幼儿园把手摔成这个样子？"听到外婆这么问，李老师简洁地介绍了事发经过，茗茗妈妈微红着眼睛看着我说："幼儿园应该有监控吧？我想看看孩子到底是怎么摔的。"茗茗妈妈话语很简单，但是显而易见她对幼儿园并不信任，更不相信或不愿意相信孩子撞在一起会造成这么严重的伤情。

也许家长已经在家反复询问过孩子受伤的过程，但当时在爬行的茗茗又怎么会知道背后发生了什么呢。我想，与其遮遮掩掩让家长反复猜疑，不如坦然面对，答应家长的合理要求，于是我回答说："茗茗当时在大厅玩游戏，在监控覆盖区内，有录像可查。只是涉及其他孩子和老师的隐私权，所以调取监控需要向上级打报告，经批准后在警察的陪同下可以调看。"

离开茗茗家后，我对老师们说："虽然这段时间茗茗不能上幼儿园，但是一定要经常打电话、发信息关心孩子的情况，除了康复情况外，还要关注她的情绪。还可以引导茗茗在班上的好朋友轮流跟她打视频电话，务必安抚好孩子的情绪。"

三、"负荆"登门——尴尬见面

在茗茗居家康复期间，她的家长利用和班上其他小朋友通话的机会，多方求证了茗茗受伤时的情形，同时也隐晦地向老师表达了对何旭家长不闻不问态度的不满。其实在茗茗受伤后，老师就跟何旭家长通报了，但何旭爸爸当时情绪非常激动，认为这就是个意外而不是故意伤害，让孩子上门"赔罪"绝对不可能。我们只好使出迂回战术，电话联系远在外地出差的何旭妈妈，她一口就答应了……

时隔十二天，我们又一次来到茗茗家。茗茗的精神好多了，看到何旭来看她，高兴地介绍她的玩具宝贝。家长之间的尴尬尚待破解，两个孩子却已经坐下玩了起来。李老师抓紧介绍说："这是何旭妈妈，她一直想来看看茗茗，但是不巧的是，何旭生病请假了几天，随后他妈妈又出差了。昨天刚回来，她就联系我们想来看看茗茗。"何旭妈妈主动接过话头说道："茗茗妈妈，实在不好意思，是我们家儿子不小心，害茗茗受伤遭罪了。"茗茗妈妈说："王老师和李老师跟我说了，何旭也不是故意的，就是这一下让孩子蛮遭罪。这段时间天气冷了，她打着石膏不好穿衣服，秋衣都剪了好几套，穿着空棉袄还是感冒了，真是头疼。"她转头又对着何旭说："何旭，你这么大的块头，起码有五六十斤吧？难怪一屁股就把茗茗坐骨折了。"这番看似不责怪实则充满埋怨的话让何旭不知所措。何旭妈妈再度陷入尴尬，轻声地说："他没有六十斤，只是个子高。"我忙接话："两个孩子相撞时，茗茗当时在地上爬，手肘是主要受力点……"见气氛有些凝重，李老师对茗茗说："茗茗，这段时间小朋友都很想你，都在问你什么时候重返幼儿园。"茗茗马上开心地说，她和小朋友用微信进行视频通话了。

双方家长虽曾有过短暂的尴尬，但见面的氛围尚且平和。返回途中，我对何旭妈妈的配合表达了谢意，特别强调："妈妈给儿子做出了好榜样，何旭也是个敢于担当的小男子汉。"出乎意料，何旭妈妈提起了另外一桩事。去年，何旭不小心弄伤了一个小朋友，那个孩子的妈妈在放学时恶狠狠地训斥了何旭，孩子被吓得不轻，一直背负压力。这就是他爸爸坚决不让孩子去面对茗茗妈妈的原因。何旭妈妈说："就算是意外也要勇敢地面对，不能像孩子爸爸那样使用'鸵鸟策略'。我觉得今天这次会面很好，就算上门挨骂也比心虚逃避要好得多。"

四、精诚所至——促成调解

天气越来越冷，我一直记着茗茗妈妈说过的"剪秋衣"的话，寻思着给孩子买两套冬天穿的家居服。刚下单没两天，李老师告诉我，茗茗妈妈要求幼儿园按"伤筋动骨 100 天"的恢复期赔偿营养费。在请示了主管部门并咨询律师后，我通过电话向茗茗妈妈介绍了申请赔偿的流程和需要提交的材料。"我也咨询了律师朋友，如果你们非要搞得这么麻烦，那我就起诉幼儿园，再带孩子去做伤情鉴定！到那时候就不是几千块钱能解决的问题！"茗茗妈妈生气地说，随即挂断了电话。眼看着逐渐缓和的家园关系又紧张起来，我决定第三次登门家访。

正好网购的家居服到了，我和家长约好时间独自上门家访。门一开，我就对着茗茗和她妈妈笑着说："茗茗最近好一点没有？我看天气冷了，买了两套冬天的家居服，快试试合不合适。"孩子高兴地穿上衣服，在镜子前转来转去非常喜欢，妈妈笑着和我说："让你们破费了啊！"趁着氛围不错，我赶紧说起了关于赔偿的事。我说："孩子受伤，幼儿园肯定不会逃避责任，但是幼儿园每项工作都要遵循严格的程序，特别是涉及钱的问题，希望您能理解和体谅我们。赔偿营养费需要走一个民事调解程序，我联系了片警，在我们附近的派出所就可以进行调解，双方达成一致后就可以申请赔偿了。”见我把各种细节和流程都说得清清楚楚，茗茗妈妈彻底放松下来，表示赞成幼儿园的提议，启动民事调解程序。

五、呵护成长——安全居首

反思这次意外事发与处置的过程，我们身临其中，虽有波折，但最终的结果是理想的，深感呵护幼儿成长，理当安全居首。为此，我们怎么努力都不为过。

一是不断改善家园关系，增强家园互信。家长将孩子交给幼儿园，是对我们的一份信任。孩子一旦有意外发生，家园之间就会出现信任危机。茗茗妈妈提出要调看监控录像，还通过其他孩子了解事发过程，尽管可以理解，但这必定隐含几分对幼儿园的不信任感。随着沟通的不断深入，在接受调解建议时，家长再也没有坚持调看监控录像，其实就是通过了解事实真相，重拾了对幼儿园的信任。家园互信就好似银行存款，如果日常没有做好信任“储蓄”，当遇到具体冲突或分歧时，必然会遭遇信任危机。因此，园所需要坚持做好家园日常交流与沟通工作，在家园互动中建立教师亲切、诚实、专业的职业形象，不断增强家园之间的信任度。

二是不断提升沟通能力，增强法治意识。防止幼儿出现意外伤害历来都是幼儿园保育安全管理中的重要课题，伴随意外伤害产生的家园沟通工作更是令老师和管理者担心甚至害怕的难题。遇到孩子受伤，家长对幼儿园的解释提出质疑，对教师表示不满，对调解不配合等，我们首先要换位思考，表示充分的理解。在以情动人开展沟通、舒缓工作的同时，还要还原事实真相，该承担的责任毫不推诿，该坚持的原则也不能随意放弃。对于调看监控录像、伤情鉴定、索要赔偿等方面的诉求，一定要坚持合法的程序。坚持依法处置，即使程序烦琐一点，花的时间长一点，但不会留下“后遗症”。

三是不断改进工作方式，增强安全措施。细致分析茗茗意外受伤案例，我们不难发现，园内的安全工作仍然有改进空间。尤其在活动中，除了对幼儿讲清安全要点以及实施必要的安全措施外，还要重点关注安全的薄弱环节。例如，何旭先后两次无意中伤害到小伙伴，虽事发偶然，但是也有一定的规律可循，他个子偏高、动作偏大、现场活跃等，另外茗茗在活动场所自顾自地爬行，潜在的安全风险相应就更高了。这就需要教师细致观察，根据经验做出预判，并采取相应的措施，提前干预，避免意外的发生。

重拾丢失的劳动热情

乐祥娟，武汉市武昌区实验幼儿园

在班级值日生活动中，豆豆劳动的积极性不高，还总是噘着嘴不高兴地说“我不想打扫卫生”，然后就闷闷不乐地离开了活动现场。

在一次音乐韵律活动中，我选择弹奏《劳动狂想曲》，并将生活中劳动的场景融入音乐律动中，创设了有趣的场景：森林小屋中脏兮兮的地板、臭烘烘的马桶、黑黢黢的玻璃……全班的孩子都沉浸在活动之中，有的用小拖把拖地，有的用小抹布擦玻璃，有的用小刷子刷马桶，跟随有趣的音乐玩得不亦乐乎，好一幅热闹非凡的劳动场景。唯独豆豆耷拉着脑袋，往人群后面躲，与同伴营造的欢快气氛格格不入。我轻轻走了过去，蹲下身柔声对她说：“豆豆，窗户太高了，小矮人够不着，你能帮帮他们吗?”她慢吞吞地走了过去，用两根手指拎起小抹布的一角，极不情愿地在“窗户”上来回擦了两下，算是对老师的要求做出了回应。

到了孩子们最喜欢的合作劳动游戏环节，小朋友们自由选择伙伴，两个幼儿面对面站好，一起合作擦窗户。所有的小朋友都拿着工具跟随音乐开心地劳动，又是豆豆落单在角落里，默默地看着其他小朋友。

一边是热火朝天的劳动场景，一边是无所事事的豆豆。豆豆这是怎么了？她为什么对劳动游戏提不起兴趣呢？她脸色正常，肯定不是因为身体有所不适。

下午开展区域游戏的时候，我在植物角和孩子们一起种着“太空种子”，远远看着豆豆把弄小水壶，于是我灵机一动，说：“豆豆，请你帮老师把洒水壶拿过来好吗？”“好！”只见豆豆一改往日的不情愿，跑得飞快，拿起洒水壶就往我这里跑。“哎呀！豆豆，我的手上有很多泥，你能帮我给种子浇点水吗？”我举起沾满泥土的手，满脸期待地看着她。“好呀！”只见她像一个小大人似的在种植区忙碌着。

过了一会儿，我悄悄地来到豆豆身边，赞扬她说：“豆豆，谢谢你刚才帮助了小种子，小种子会在你的照顾下慢慢发芽哦！”“是真的吗？”只见她一脸疑惑地看着我。“那当然了！”“老师，照顾小种子可以当劳动小达人吗？”“你今天为种子浇水了，你现在就是劳动小达人！”“我回家告诉妈妈，今天我也参加劳动了，老师还表扬了我。平时家里打扫卫生的时候，妈妈总是嫌我帮倒忙，每次我去帮忙，她总是让我走远点，‘滚’一边去，别碍她的事，总是嫌我越帮越乱。”只见她一脸委屈的样子，嘟着小嘴说。“我们豆豆今天表现得很棒呢！”只见她一脸兴奋，充满了自信。“老师，下次打扫卫生的时候，我想和糖糖一起扫地！”我回答说：“好啊！”随后她高兴地跑开了。

看着豆豆离开的身影，我曾经的困惑解开了。豆豆不是不爱参与班上的生活活动，更不是嫌弃劳动，而是另有其因。

下午四点，豆豆妈妈如期而至，来园接孩子回家。我迎上前去，向豆豆妈妈介绍了生活活动中豆豆的表现。交谈中，豆豆妈妈的微笑戛然而止，表露出一脸的懊悔，她说：“我和她爸爸工作都很忙，平时是爷爷奶奶照顾豆豆，老人一般把家务都包办代替了。好不容易遇上周末，我要赶紧打扫卫生、收拾房子，每次豆豆来帮忙，我总是嫌她越帮越忙，不让她参与。真没想到平时几句无意识的话会给孩子带来这样的影响。”随后，我告诉家长，孩子参与家务劳动可以“萌发幼儿爱劳动的情感”，这也是幼儿园保教工作的重要目标之一。建议家长在家中带领幼儿多参加亲子劳动，并且想办法让劳动更富有趣味性，例如将擦桌子称为“给桌子洗洗脸”，将拖地当作“给地板挠痒痒”等。还可以适量地降低劳动的要求和难度，以及对孩子劳动效果的期待，只要孩子能参与就及时给予肯定和赞扬。

转眼又到了每周的劳动日，孩子们踊跃地领取了自己的劳动小任务，豆豆不再耷拉着脑袋躲在小朋友后面，而是拿起小拖把一边拖地一边说：“我给地板挠痒痒、搓澡澡喽，哈哈哈哈哈。”其他小朋友见状纷纷拿起小工具和她一起开心地劳动起来。此时此景，的确令我欣慰。

像豆豆妈妈这样的家长，并非刻意不让孩子参与家务劳动，而是担心孩子会添乱，会越帮越忙；也有一些家长对孩子过多地溺爱，把孩子当“王子”“公主”养，或以孩子尚年幼为由，不让他们在家动手做事，甚至连孩子生活中的衣食都代劳；还有的家长在孩子不愿意做家务时，引导无方，又抱怨孩子懒，反复给孩子贴上负面的标签……凡此种种，其负面的影响都会大同小异，不利于培养幼儿的劳动意识，或将幼儿难得萌生的一点劳动意识扼杀在萌芽状态，致使幼儿失去对劳动的兴趣，甚至对劳动产生厌恶感。家庭是培养幼儿劳动意识的重要场所，且适合于幼儿参与的劳动事项也很广泛，例如打扫清洁、清洗蔬菜、收纳物品……

豆豆在幼儿园重拾在家丢失的劳动热情以及豆豆妈妈对孩子参与家庭劳动态度上的转变，给了我信心。于是，我想好了，下次家长会可以请豆豆和她妈妈现身说法，让家长积极参与孩子劳动意识的培养。

当然，培养孩子热爱劳动的意识要有充分的耐心和信心，无论是老师还是家长，都不能用成人的劳动标准去要求孩子，不要因为一次做不好而责怪孩子，更不能因孩子没有做好而自己去做，伤害孩子参与劳动的积极性。我们要多鼓励孩子参加劳动，让他们在了解、体验这些劳动内容与过程的同时，创造机会让他们感受自己收获劳动成果的喜悦，引导其看到劳动的价值，并自然而然地对劳动产生情感共鸣。孩子完成劳动任务即使存有缺陷，也要对孩子的劳动积极肯定，对不足的地方进行激励性评价，如此孩子会更乐于接受并不断进取。对于个别劳动意识萌生较慢或不明显的孩子，则要个案分析，只要我们对孩子有信心，假以时日，相信其一定能够做最好的自己。

假如作品宝宝会说话

王婷君，武汉市武昌区实验幼儿园

在一次美术作品展示环节，教室里突然传来响亮的声音："王老师，墨墨把我的作品丢地上了。"循声望去，只见壮壮几乎带着哭腔向我求助。看到壮壮向老师告状，墨墨赶紧抢着说："壮壮用黏土捏的汤圆作品实在是太丑了，瘪瘪的，我不想让他的丑作品和我的美作品放在一起。"好几位小朋友也跟着起哄，边笑边说："太丑了，太丑了……哈哈哈……"此时，壮壮眼里含着泪花，似乎感觉所有的小朋友都在嘲笑他，而不仅仅是在嘲笑他的汤圆作品。

我没有直接制止孩子们嘲笑嬉闹的举动，而是轻轻地走到壮壮身边，小声地问道："壮壮，你看上去很不开心，可以跟老师说说吗?""我捏的汤圆作品被墨墨丢掉了，我有点伤心，其他小朋友还笑话我。"壮壮低声回答道。"是啊，老师看到你很认真地捏出了这个汤圆作品，要为你的认真点赞，现在汤圆被丢在地上真是太可惜了，汤圆宝宝也会很伤心吧!"我大声地说道。"是的，汤圆宝宝肯定很伤心。"壮壮瘪着小嘴巴说道，情绪有所缓解。一直在一旁观看的墨墨，听到我与壮壮的对话后低下了头，似乎意识到自己做错了。

作品展示仍在进行中，小朋友们七嘴八舌，指指点点……我拿起壮壮的作品，提高嗓音说道："小朋友们，请看一看，壮壮捏的小汤圆虽然没有其他小朋友捏的圆，但是这种小小的汤圆也很可爱，这告诉我们汤圆的形状不一定都得像个乒乓球。”听到我的讲解，有小朋友附和道：“是呀，这种小汤圆也很可爱。”“我妈妈做的汤圆米酒中的汤圆有的还是长条形状的。”……停顿片刻，我又接着说道：“认真完成汤圆作品的小朋友都值得点赞，但是不管是不是自己喜欢的作品，我们都不能随便丢弃，因为那是别人辛辛苦苦做出来的，一定要尊重别人的劳动成果。”听到这些话，墨墨若有所思地点了点头。

当天放学，我专门见了墨墨妈妈。得知墨墨在班上丢掉壮壮的作品时，墨墨妈妈连声表示回家后要加强教育。“墨墨妈妈，我不是打算‘告状’，而是想知道墨墨在家里是否也有不珍惜他人劳动（果实）的举动，或者说只要他自己不喜欢的东西就要扔掉。就像今天这样，他认为壮壮的汤圆不好看，就擅自丢掉。”明白了我的意图后，墨墨妈妈说：“是啊，平时孩子在家经常喜欢扔东西，没有爱惜物品的意识，家里的好多玩具都被摔坏了。我也经常提醒他，要爱惜自己的玩具，更不能在家里乱涂乱画。但是孩子面对我们的唠叨经常无动于衷，我们也比较头疼。”最后，墨墨妈妈还反复说，希望老师以后多给家长支招。

与墨墨妈妈交谈中，我脑海里浮现出孩子们不会珍惜、不懂尊重的许多其他的场景。幼儿不懂得珍惜他人的劳动成果，不会尊重他人劳动的现象的确比较常见，墨墨当日的举动只是将问题暴露出来了。静心思考，这怎么能都归责于小朋友不懂事呢？他们刚上幼儿园不久，才开始面对更加复杂的世面。不过，老师和家长发现了他们的缺点或弱点，就得抓住机会及时予以正面的引导，不能因为问题常见而熟视无睹，也不能因为他们年幼无知而放任自流。墨墨妈妈的态度在家长中具有一定的代表性。作为老师，我们除了满足家长的愿望，“多给家长支招”外，还应该有所作为，利用好劳动教育的机会，引导孩子尊重他人的劳动成果。

第二天，我以“假如作品宝宝会说话”为题在班上组织了谈话活动。

"昨天美术展示活动上，有小朋友展示了自己的汤圆作品，大家知不知道作品是什么?"我想引导孩子们回忆前一天的活动场景。"作品就是我们自己动手制作的漂亮手工。"壮壮大声地说道。"作品还可以是我们折叠的小飞机。"有小朋友补充说。"是呀，其实作品就是我们的劳动果实，是我们自己用双手创造出来的。""那你们想一想，如果作品宝宝被扔在地上受伤了，它会说些什么呢?"听到这句话，孩子们更加活跃，你一言我一语地议论开了。有的小朋友说："作品宝宝一定会很生气吧，因为被破坏后就不漂亮了!"有的小朋友说："作品宝宝应该会疼得哭起来吧!"也有的小朋友说："作品宝宝的小主人一定会很伤心，因为他的劳动果实被破坏了。"听到孩子们这么说，我感到他们已经领会了本次谈话活动的意图，有点窃喜，也增强了信心。我顺势引导说："对呀，作品宝宝被破坏了，它的主人一定会很伤心，所以我们不仅要爱护自己的作品宝宝，更要爱护我们生活中的任何劳动果实。"孩子们频频点头，表示认可。

让小朋友认可老师提出的观点比原先想象的要容易得多，然而问题的重点不能只停留在引导孩子"频频点头"的层面。我想到墨墨丢掉壮壮的"丑"汤圆，他并无刻意恶心壮壮的意愿，而是在日常生活中不知道如何表现"爱护""尊重"，于是我立马转移话锋，问道："我们应该怎样爱护大家的劳动果实呢?""我们拿东西时要轻轻地拿，轻轻地放，不能随便乱扔。"墨墨大声地附和道。听到墨墨的回答，我甚感欣慰，看来他已经知道自己错在哪儿了。"是的呀，作品宝宝可是大家认真创作的劳动果实，我们要爱护它，保护它。墨墨小朋友说得真好，让我们给他掌声鼓励。"小朋友们掌声响起，我看到墨墨脸上露出了笑容。

"其实在日常生活中，我们会经常见到破坏或者不尊重同伴劳动成果的现象。有一次在玩区域游戏时……"不等我说完，乐乐边举手边说："我那天用积木一层一层地搭建了一座'超级停车场'，可高兴啦！可是，这个时候突然有个小朋友将‘超级停车场’推倒了，还笑着说没有他搭的‘城堡’好看。”说到这里，乐乐很伤心。梅梅说，有一次她绘画时，有个小朋友直接拿起笔在她的作品上乱涂乱画。看样子班上还有几位幼儿都有这样不愉快的经历……时间过得很快，谈话活动就要结束了，我简单地提到班级垃圾桶里有时候有丢弃的食物，区角里也能发现遭到随意破坏的漂亮作品……便结束了活动。

常言道，冰冻三尺非一日之寒。幼儿良好的习惯养成并非一次谈话活动就能持续终生，但是它为在班级开展珍惜作品、尊重劳动的正面教育与引导拉开了序幕。为了培养孩子们珍惜劳动成果的好习惯，我们指导家长带领孩子开展花钵蔬菜种植活动，让孩子通过参与浇水、施肥等过程，体验劳动的艰辛。然后，让家长用收获的蔬菜做成菜肴，让孩子在品尝自己的劳动果实中，感受劳动带来的喜悦，萌生和加强珍惜劳动果实的意识。与此同时，我们在班级创设了“图书漂流”活动，引导家长带领孩子一起收集并阅读珍惜他人劳动成果的绘本，然后将绘本带到幼儿园与小伙伴们一起分享，《玩具诊所》《旧东西也要珍惜》《怕浪费婆婆》《我是小花匠》……可谓琳琅满目。在进餐前的环节，每次请一位小朋友介绍自己带来的绘本故事，并让小朋友相互之间交换各自带来的绘本，然后带回家去做亲子阅读。

每当看到孩子们在教室里交换绘本的热闹场景，每当听到有孩子说“不可以浪费农民伯伯辛辛苦苦种出来的粮食”“不可以随便乱丢垃圾”“不可以随便破坏这个作品”，我仿佛听到的是孩子们拔节的成长声，看到了孩子们的行为习惯的转变。当初因为班级发生了丢掉“丑”汤圆的事，我们开启了珍惜劳动果实的教育，随后的“图书漂流”活动的初衷是强化幼儿珍惜“作品”、尊重劳动的意识。然而，未预想到的是，这些活动不仅促进了亲子阅读和班级的阅读分享，还引导了家长带领孩子参与家庭花钵微型种植，让孩子体验到劳动的艰辛与收获的喜悦。由此可见，参与生活劳动、享受劳动成果、爱护他人作品、珍惜劳动果实，乃至尊重劳动者，都是幼儿劳动教育链上的珠子，环环紧扣，不可或缺。作为幼儿园老师，我们应该有一双善于发现的眼睛，将珍惜作品、尊重劳动列为劳动教育的重要内容，引导小班、中班的幼儿在生活中参与劳动，理解劳动，从小养成热爱劳动、尊重劳动的良好习惯。

“大哥”引发的争议

黄佳颖，武汉市武昌区实验幼儿园

合作游戏成为大班幼儿的主要游戏活动，现场能经常看到孩子们三五成群结伴玩耍，各自讨论游戏计划，他们的游戏伙伴相对于中班也趋于稳定。虽然他们时而会根据游戏的需要组合成“群”，但是班级有几个游戏组合的成员仍然比较固定。每当开展户外游戏，孩子们就像欢脱的小鸟，“嗖”地一下“飞”去寻觅自己喜欢的游戏材料，准备“大干一场”。

阳春三月的一个周二，天气特别好，阳光暖暖，春风柔柔，孩子们迫不及待地来到户外。晨晨、阳阳和俊俊三个是好哥们，每天形影不离。参与合作游戏，他们自然就形成了一个固定的组合。阳阳和俊俊屁颠屁颠地跟在晨晨后面，跑向游戏区角。“大哥，今天我们玩什么呀?”阳阳边追边问。“你们想玩什么呀?”晨晨反问道。他对“大哥”这个称谓已经习以为常，说话做事都显得有点“大哥”的范儿。俊俊接着说：“我们都听‘大哥’的。”

听到他们的对话，我没有太在意，因为这样的对话场面并不是第一次出现在游戏区角。“小弟”习惯了听从“大哥”的指挥，“大哥”当得像模像样，甚至乐此不疲。然而，当天游戏结束时发生的一幕引起了我的关注。

“大哥”说是在听“小弟”的意见，问他们想玩什么，其实他脑子里早有点子：用积木搭一顶帐篷。在晨晨的指挥下，阳阳负责运积木，俊俊和晨晨一起搭帐篷。他们未料到，第一次搭起的帐篷坍塌了。俊俊和阳阳见状不知所措，俊俊说："这可怎么办呢？""不要紧的，刚才帐篷底下的积木没有放稳，我们再来一次。先将底下的几块积木放好，再往上搭，肯定不会垮了。"晨晨分析原因，提出安排，说着就已经开始重新摆放积木了……

看到他们很快搭好的帐篷，想起晨晨遇事不慌、镇定指挥的样子，我甚感欣慰。在幼儿合作游戏中，一个有担当、有点子、有示范作用的组长是何等的重要。晨晨这位"大哥"在三人小组中发挥的作用，何曾不是在合作游戏中扮演了"组长"角色呢？有晨晨引领游戏活动，他们三人互相吸引，一起玩要得不亦乐乎。

愉快的时间总是过得很快！又到了收玩具的时间。俊俊大喊："收玩具啦！收玩具啦！"阳阳跟着收了起来。可是晨晨却无动于衷，还在欣赏着自己的"成果"，他找了一块小玩具板垫在屁股下面，独自玩了起来。这时，在一旁收玩具的桃子看见了，疑惑地对晨晨说："你怎么不收玩具啊？"晨晨抬头看了桃子一眼，很快就低下头继续玩自己的，并轻飘飘地说："我是'大哥'，'大哥'不用收拾玩具。"桃子提出质疑，说："可是你们是一起玩的呀！""搭帐篷的点子是我出的，收帐篷就是他们的活。你放心，一会儿他们就收好了。"一旁的佳薇嘀咕着："'大哥'更要多做一点事才对呀。"看着晨晨不听劝告，佳薇拉着桃子默默地走开了。

收拾玩具，俊俊和阳阳表现得很主动，没有和晨晨相比，也许这是他们三人组合的默契，或者是他们在游戏中的明确分工。然而在其他同伴眼里，晨晨这个"大哥"的形象就打了折扣。晨晨在回答桃子的质疑时说的一句话"'大哥'不用收拾玩具"，引发了我的思考。看样子在幼儿眼里，"大哥"并不是简单地随口喊一声的称谓，从几个孩子对待"大哥"的不同理解与态度看，他们对"大哥"的角色、承担的责任、应有的作用等持有不同的看法与认识，并且这种差异一定会影响幼儿对友情、平等等概念的建立与理解。想到这里，我便确定在游戏后的回顾环节，让孩子们说出在游戏中发生的令自己困惑的事情。

果然，一向很有正义感的桃子和佳薇对晨晨刚刚的“大哥”派头进行了“讨伐”，引起了班上激励的讨论。“我觉得‘大哥’应该有责任心！应该主动收玩具，而不是看着别人收！”桃子率先表达不满。晨晨嘴巴噘得高高的，很明显他不服气。“‘大哥’应该带领大家做好事，但是带头不收玩具，看别人收，这样是不对的！不应该称为‘大哥’！”小徐分析得很有道理，直接对晨晨的“大哥”地位表示质疑。晨晨低下了头，满脸通红。

“晨晨虽然没有和我们一起收玩具，但是在搭帐篷的时候，是他想出办法，解决了坍塌问题，还教我和俊俊如何摆放积木，我们的帐篷才搭出来了。”阳阳站了起来说，“如果他愿意跟我们一起收玩具，我们还是愿意跟他一起玩！”听到阳阳的话，晨晨逐渐抬起了头，既感动又羞愧地看着阳阳。“对呀对呀，如果晨晨和我们一起收玩具，就是一个很棒的‘大哥’！”俊俊对阳阳的观点表示认可，并有所期待地看着晨晨。

晨晨在班上属于特别有主见的小男孩。记得有一次家访时，晨晨妈妈告诉我，父母为晨晨的成长创造了比较自主的氛围，只要孩子能做的，都尝试让他自己做，很多家务也让他参与其中，这样他遇事比较有主见，也表现出一定的担当。与此同时，晨晨也时常表现得有一些强势，甚至有些许任性，在家里或同伴面前经常说一不二。在幼儿园里，晨晨身边总不缺乏像俊俊和阳阳这类“追随者”，正好他的年龄在同伴中略微大一点，崇拜他的小伙伴就习惯性地喊他“大哥”，特别是在三人组合中形成了“大哥”指挥“小弟”的局面。

幼儿之间萌生友情的确是一件好事。晨晨表现出的智慧也应该在男孩中提倡和发扬。尽管因晨晨没有参与收拾玩具引发了争议，但是“大哥”与“小弟”之间的情谊仍然是单纯的、可贵的。只是，幼儿在身心发展的过程中，教师和家长的及时引导不可缺位。

于是，在班级讨论后，我找到了晨晨，开诚布公地问道："小朋友说你没有参与收拾玩具，你是怎么想的呀？"果然不出所料，晨晨说："有我的两个'小弟'收拾就够了，而且每次游戏过后一直都是他们收拾玩具。"我启发晨晨换位思考："如果你参与了其他小朋友的游戏，但是有一个人觉得因为游戏是他想出来的，那他不收拾玩具，只让你一个人收拾，你会高兴吗？下一次游戏时，你还想继续和他一起玩吗？"晨晨想了一会儿，默默地低下头说："不愿意。"

晨晨在同伴中属于自尊心比较强的，但我相信他不参与收拾玩具没有"耍大牌"的意愿，只是潜意识地以为，作为"大哥"自己该干的是"大事"。我便将询问原因转向正面鼓励："晨晨，你的点子总是很多，有学习能力，也会玩出很多厉害的游戏，的确像个'大哥'，所以俊俊和阳阳都愿意跟你一起玩。他们喊你'大哥'，是因为他们觉得你很棒！其实你们几个也是好朋友，对不对？虽然一次两次他们觉得没有什么，但是你长时间不参与收拾玩具，他们一定会伤心的哦！"晨晨不好意思地说："以后我还要带他们搭更厉害的帐篷！我们一起玩，一起收拾！"晨晨与我击掌约定：做一个有担当、负责任的好"大哥"。

在观察"大哥"的行为、围绕"大哥"展开的讨论以及与"大哥"个别交谈中，我一直在想教师究竟应该如何看待幼儿中"称兄道弟"或以"大哥"自居这类现象。像晨晨"大哥"与俊俊、阳阳"小弟"这样的故事在幼儿园里并不少见，尤其是在大班的男孩子中，这是小朋友们个性与社会性发展的结果，也是一种很自然、正常的现象。发现幼儿中对此现象出现不同的意见与看法，教师及时介入，正面引导肯定是有必要的，但是力度如何掌握，的确需要教育智慧。

有的幼儿喊同伴"大哥"是因为自己年龄相对较小，有的是因为"大哥"的确有大哥的样子，成为幼儿身边的"偶像"；会不会有的大哥则是以

“大哥”自居，或崇拜电视剧中的“大哥”“老大”，从而采取行动在同伴中树立“威信”，并时而摆摆威风？但愿是我把问题想得过于复杂了。

幼儿园是一个集体生活的场所，也是一个“迷你”社会。来自不同家庭且性格各异的幼儿相聚一起，这是他们萌发人际关系概念和学习如何与同伴相处的重要阶段。合作游戏作为幼儿的基本活动，能有效地让幼儿自然而然地习得社会交往的宝贵经验。这其中也许有挫折、有矛盾，但一定会有经验、有成长。幼儿在一次次与同伴、材料、环境的互动中，朝着自己的“最近发展区”慢慢前行，逐步靠近。作为教师，我们就应该及时发现，“看见”儿童，俯下身子，倾听儿童，启发引导，成就儿童，从而让每一朵盛开的“花”都能绽放出它最美的姿态。

由贾炫退园引发的思考

吴敏，武汉市武昌区实验幼儿园

金秋九月，一批新幼儿入园。在哭哭闹闹、嬉戏不停的幼儿中，贾炫格外引人注意，入园当天他就让小伙伴对他避之不及。“流血了……老师，古古流血了……”“贾炫把古古的头敲破了……”我顺着孩子们的呼喊望去，贾炫正安静地拿着吹风机玩耍，仿佛什么都没有发生。我快步过去问道：“贾炫，发生什么事情了?”贾炫头也不抬地说：“是他非要抢我的玩具，我看那吹风机很好玩，但他就是不给，我才敲了他几下，看他还敢不敢和我抢。”“贾炫，有什么事情要好好说，动手是解决不了问题的。”贾炫随手丢掉吹风机，转身去寻找其他玩具，还喃喃自语：“那我不要吹风机了，什么破玩具。”见状，我牵着他的手轻轻说道：“这件事情，是你做错了，古古一会儿从医务室回来，你要主动向他道歉，请他原谅你。”我的话音还没有落下，贾炫突然情绪非常激动，用力甩开我的手，哭着大喊：“是他先和我抢玩具的，我没有做错，为什么要道歉?你们都是坏人，爸爸在家也是这样的。”见状，我倒是需要先安抚他的情绪。午睡前，见他情绪稳定，我慢慢引导他回忆上午的事情，他突然在我耳边悄悄地说：“老师，你能不能教育一下我爸爸，告诉爸爸不要动手打妈妈，也不要打我?每次爸爸都这样打我。”看着贾炫小手胡乱挥动的样子，我陷入了沉思，还有这样的爸爸和丈夫?

事后，我拨通了贾炫妈妈的电话。“因为疫情的原因，贾炫这半年一直放在乡下外婆家，在那里他玩得比较野，还经常与他表哥动手打闹。贾炫这次肯定不是故意的，我今天也会好好问问他原因，但是孩子爸爸平时要求很高，一急就会对他动手，所以孩子有时候也会动手打人……”随后，我又拨通了贾炫爸爸的电话。“老师，平时贾炫都是由他妈妈负责管教，他妈妈常说家庭教育要顺应孩子的天性，所以孩子平时想怎么样就让孩子怎么样，做错事情也不引导、不教育，还说我们要对他温柔、包容，所以他现在脾气越来越急躁，一点事情不顺意就大吼大叫。每次我教育孩子的时候，他妈妈就出面阻止，和我大吵大闹，孩子就在旁边看着。大人吵架对孩子影响也蛮大，我是真的不知道怎么办了，老师你有什么办法吗?”

贾炫的妈妈，个性强势又敏感，爸爸也具有同类性格。两个人在孩子的教育上各执己见，都很焦虑，爸爸信奉的是“旧式”教育观——“不教不打不成人，黄金棍下出好人”，而妈妈对孩子则迁就、溺爱。爸爸平时工作很忙，少有时间陪伴孩子，因此孩子对爸爸也不是很亲昵。

贾炫其实是一个十分聪明的孩子，不仅自理能力强，而且语言能力发展得相当不错。但是有段时间，贾炫每天午睡都尿床，与其父母沟通后才知道，他妈妈因为贾炫觉得冬天太冷不愿意起床，就开始给孩子穿尿不湿睡觉，等孩子早上起床再脱下来，孩子大了仍然带着尿不湿睡觉，渐渐地，孩子养成了在床上尿尿的习惯。绝大多数小班孩子能做到不憋尿、自主如厕，于是我给贾炫父母打电话，希望大家一起帮助贾炫养成自主如厕的习惯。贾炫爸爸表示支持，但第三天我就接到了他打过来的电话：“他妈妈半夜把孩子端起来尿尿，我提醒她要让孩子自己尿尿，后来孩子尿床了，她把孩子裤子全脱了，任孩子一个人在房间里面哭叫，我过去管孩子，她还对我怒吼，说要是这样她就再也不管了。”

一天午睡时贾炫对我说：“老师，我妈妈要和老贾离婚。他们天天在家里吵架，有时候两个人还打架。”看着贾炫的脸庞，我疑惑不解地问道：

"为什么要叫老贾呀？应该喊爸爸呀。"话还没有说完，孩子瞥了我一眼，低下头倒在枕头上，把背对着我。

贾炫每天还是会与其他小朋友发生摩擦，他妈妈每隔一两天就要向受伤小朋友的家长道歉。直到有一天贾炫又与其他小朋友发生争执，贾炫妈妈哭泣着告诉我："老师，我是真的没有办法了，我开始工作了，以后孩子的事情都交给他爸爸处理，有什么事情请您直接联系贾炫爸爸。"此后，贾炫变得越来越急躁，稍有不如意就会大发雷霆，摔板凳、掀桌子……几乎每天用牙咬一个孩子，久而久之，班上的孩子都对他敬而远之。

每次和贾炫爸爸聊孩子的情况时，这位知命之年的男人总是眼眶泛红，不停地摇头叹息……上完小班后，贾炫再也没有回到幼儿园。

本该与同龄孩子一样在幼儿园享受愉快的教育和生活，贾炫却过早地结束了他的"学前教育"，这在幼儿中无疑是个例外。贾炫的退园，与幼儿园本身没有直接的关联，更不存在家庭经济负担不起或无人接送的问题。每当想到这个孩子的童年，想到他的家庭氛围，想到他的未来，我始终难以放下对他的担忧与牵挂。虽然贾炫退园纯属个案，不具有普遍性，但是不和谐的家庭环境或不恰当的家庭教育导致儿童出现不良习惯与怪异性格并不鲜见。贾炫退园纯属家庭原因，其父母的选择以及家庭因素起到了决定性的作用，老师则鞭长莫及，难以留住孩子，更难以改变家长。事后深入思考与分析，我则认为贾炫在短暂的幼儿园生活中，一直陷入"拉锯"的局面之中，孩子自己不知如何是好，在人生的起步阶段便在"拉锯现象"中煎熬。

爸爸和妈妈间的"拉锯"。如前所述，贾炫自幼在两位家长的"拉与扯"中生活，这场家庭"拉锯战"具有几个特征。

一是父母角色示范严重扭曲。常言道，父母是孩子的第一位启蒙老师，他们本应该具有良好的角色意识，引导孩子从小就从模仿家庭成员言行中养成良好的生活习惯和道德品质，然而贾炫从其父母的身上受到的影响几乎都是负面的，不是打人就是骂人，似乎只有这样才能解决问题。无论他的爸爸妈妈是否意识到自身的问题，其实他们在日常家庭生活中一直就是这样做的。长此下去，父母正面角色被严重扭曲，负面角色不断强化，最终积重难返，要矫正孩子的行为谈何容易，更何况家长似乎暂时还没有寻找到先改变自己再去改变孩子的可行办法。

二是父母持有不同教育观念。贾炫的爸爸对孩子不仅有期待，而且望子成龙的心气较高。他一旦以为孩子偏离了自己预期的轨道，就依据自己信奉的教育理念“不教不打不成人，黄金棍下出好人”，对孩子采取比较极端的教育手段。从教育的专业角度看，贾炫父亲的教育理念，比起没有理念的家庭教育更可怕，它已经不属于教育惩戒的范畴，且与家庭教育的正常轨道背道而驰。另外，其母则“常说家庭教育要顺应孩子的天性”“对孩子则迁就、溺爱”。毋庸置疑，父母双方一定都是打着“为了孩子好”的旗号，各自出奇招，对待孩子采取了不同的态度。虽说孩子年幼难分辨是非曲直，但是他一定会根据自己的认知与喜好做出判断与选择。

三是父母遇到问题互相推诿。贾炫在成长过程中，特别是进入幼儿园以后，状况频出是预料之中的事，但是当幼儿园教师通报情况、协商教育引导方法时，其父母则采取了互相推诿、互相指责的态度。教师联系家长的目的是互通情况，查找原因，共同研讨并实施恰当的教育措施，并非追究家长的责任。但是，由于其父母教育理念不同，互相指责，最终演变成两人各自在为自己不负责的行为找托词，或者对纠正孩子的不当行为束手无策，百般无奈。

家庭的“拉锯现象”事关父、母、子三方，任何一方都没有成为赢家，受伤害最深的还是孩子。因教育理念与态度相左对孩子的影响，其父母感受很深，可两人就是跳不出“泥潭”；也许对孩子未来产生的影响更严重，他们暂时还无暇顾及，这也许是他们选择让贾炫退园留家的因素之一。

幼儿园与家长间的“拉锯”。如果说“爸爸和妈妈之间的‘拉锯’”是显而易见的，那么教师与家长之间的“拉锯”则是相对隐性的，这并不是幼儿园包括教师或家长与对方过不去刻意展开了“拉锯”，或有意回避相互之间在教育孩子问题上的分歧与冲突，而事实上这种“拉锯现象”是双方都不愿意看到的局面，但是它却客观存在。

教师履行岗位职责的具体方式之一就是发现和纠正贾炫的不良习惯。在贾炫发生状况时，除了向家长通报外，始终坚持教育和引导幼儿，通报家长并请家长向相关的幼儿及家长道歉，这也是职责所在，并无与贾炫家长过不去的意思。然而，贾炫在幼儿园从老师这里听到的是一套，在家里看到的、领教的则是截然不同的另外一套。在幼儿园里，贾炫并不抵制老师的批评与引导，时而对老师说“你能不能教育一下我爸爸，告诉爸爸不要动手打妈妈，也不要打我”，实则在老师面前敞开了心扉。贾炫的话并没有让我感到震惊，倒是让我看到了他内心深处的正义感、祈求与呐喊。在幼儿园，他能向老师透露心声；一旦回到家里，他面对的还是“老一套”。学前教育不同于义务教育，不具有强制性特质，若是家长选择将孩子留在家中，作为幼儿园教师，我们除了劝说也别无他法。

闲暇之时，我时常在想，贾炫在幼儿园期间，每天至少有 8 个小时受到幼儿园良好环境与氛围的正面影响，即使家园之间客观存有“拉锯现象”，但是幼儿园的氛围还是会对他产生影响，施以正面的拉力。尽管他时而把在家里习得的无礼、专横、霸道等不良习气带到了幼儿园，但是只要坚持引导，他定能区别好坏、辨别是非。在两种环境下，他会本能地进行比较并做出相应的选择，而这极有可能是正确的选择。现在他 24 小时居家，幼儿园正面的教育和引导缺位，不知道他还能否从其他途径获得一些正能量，其父母是否能从改变自己做起，然后努力影响和改变孩子。

出于教师职业的责任感，我放心不下贾炫，我更希望家庭教育的“拉锯现象”不要在其他家庭重现。然而，父母教育观点不一致，父辈与祖辈对孩子的态度有较大分歧的现象仍然存在。作为教师，我们无意介入幼儿的家庭生活，但是加强家园联系、提供必要的家庭教育指导依然是教师的分内职责。正因如此，我在此分享了贾炫退园的案例，希望我们教师以及家长从这个鲜活的案例中吸取教训，努力减少“拉锯现象”对孩子的负面影响，家园协力避免“拉锯现象”再次发生。

输了，没关系

李水莲，武汉市武昌区实验幼儿园

周一的上午，秋高气爽。我带孩子们到户外开展“过小桥”的游戏活动，这个游戏他们玩过多次，且非常喜欢，自然都熟知游戏规则：爬过“草地”（地垫），独自走过“小桥”（平衡木），跑步到达“小河”对岸为胜利。

小朋友们分成红、黄、蓝、绿四个纵队，各队人数相等。随着发令员一声“比赛开始”，孩子们兴奋地呐喊着，一个接一个爬过“草地”，走过“小桥”，再快步跑到“小河”对岸。各队跑在前面的孩子到达对岸后都兴奋地为自己的队友大喊：“加油！加油！我们要第一名了。”第一轮比赛结束，我宣布了四个队的成绩，获得第一名的红队集体欢呼起来：“哇，我们赢了！我们第一名！耶！耶！耶！”突然，蓝队里传出一声尖叫：“都怪你，都怪你！跑得那么慢，我们输了！”我定睛一看，原来是悦悦，她一边责怪一边生气地拍打希希的手臂，希希委屈地哭了起来。

我快速走到悦悦的身边，制止了她的拍打行为，蹲下身轻轻地抱住了希希，安慰她不要哭，随后转头轻声地问悦悦：“你为什么拍打希希呀？”悦悦生气地嘟起嘴巴，大声地说：“我们蓝队本来就快要赢了，都怪她，跑得那么慢，害得我们才得第三名，气死我了。”希希带着哭腔说：“我已经跑得很快了，她还要责怪我。”了解事情的原委后，我对悦悦鼓励道：“没关系，你们已经很努力了，第三名也很了不起了。”听到我的话，悦悦不干了，歇斯底里地大喊大叫：“我不要，我不要，我就要第一名，都怪她跑那么慢!”说完，她“哇”的一声大哭起来。看到悦悦强烈的反应，班上的“大姐姐”苗苗走过来安慰她，却被她一把推开。这时，悦悦的好朋友萱萱走过来，拉起悦悦的手说：“悦悦，不要哭了。”说完她还抬手贴心地给悦悦擦了擦眼泪。调皮的泽泽冲着悦悦做鬼脸：“羞，羞，这么大了还哭鼻子。”沐沐傲娇地说：“我们是第四名呢，我都没哭。”同学们纷纷安慰，“打人是不对的。”“要跟希希道歉。”“对啊，输了也没关系啊。”“下次你们队会得第一名的。”

为了避免冲突，我将悦悦带离，但她还一直低着头生闷气。我安抚她说：“悦悦你看，虽然你们没有得到第一名，但是你们努力了，就是最棒的。希希也努力过了，她也是棒棒的。可是，你却把希希弄哭了，怎么办?”悦悦还是不吭声。

为了帮悦悦缓解失落感，我又组织了一次游戏。这一次我没打算给各纵队计时排名次。新一轮游戏完毕，悦悦所在的蓝队还是没能跑到第一。于是她又重演了发脾气那一幕，对我责备道：“李老师，不公平，你把希希放在我们队，她动作那么慢，我们当然输了。”我微笑着对她说：“谁说你输了，老师还没有来得及宣布，你就发脾气了。刚才玩游戏的时候全班小朋友都很积极勇敢，用尽全力，每个孩子都是棒棒哒！可是不等老师宣布结果，你就发脾气，你觉得这样做好吗?”听到这里，悦悦低下了头，我轻声说道：“那我们跟希希说声对不起，好吗?”我点头示意鼓励，她缓缓地走到希希面前，不好意思地小声说了句“对不起”，马上就跑开了。“没关系。”希希微笑着回答，马上就原谅了她。

在接下来的自选游戏中，我一直关注着悦悦，她很快融入小朋友中，开心地选择自己喜欢的器械进行游戏，而我则对她刚才的表现有点担心。从小班开始，她就表现得好胜心很强，做什么事情都想争第一。事实上，她确实做什么都是第一，可以说她还从没有体验过“失败”。我担心，如果引导不好，下次遇到这样的事情，她还是会“输不起”“责怪队友”，这将有碍于她未来的生活与社交等。

几经思索，我与悦悦妈妈约定在放学离园时见面。我简单地向她介绍了孩子当天在户外游戏中的言行举动，并想听听家长的看法。悦悦妈妈歉意地对我说：“她爸爸很宠爱她，同时对她期望很高，要求她事事争取第一……”“她在家有时也会这样，无论什么事，一旦输了就大哭，受不了一点点挫折与失败。所以，有时候我们会让着她，故意让她赢。”

悦悦妈妈的反馈，道出了问题的症结。与其说悦悦“输不起”，不如说是家庭教育中父母对孩子的期望值过高，没有对孩子进行适当的挫折教育。为了能得到父母的夸赞，孩子容易“争强好胜”，可一旦失败，面对挫折时，就容易采取一些极端的做法，如怪罪他人、撒泼哭闹等。孩子只知道满足家长的要求“争强好胜”，并不理解“输”在现实生活中也是难以避免的，更不了解“赢”和“输”是相对的。即使是因为自己努力不够而“输”了，也要学会面对，从失败中吸取教训。

我俩的看法一致，接下来的交流更直接、更畅通了。“悦悦今天在游戏中体验到了失败，对她来说是一件好事。因为只有输得起，才能赢得起。”我鲜明地表明了自己的观念。“只有输得起，才能赢得起，您说得太好了。今晚回家后我一定将您的观点转告孩子他爸。”这时，悦悦来到了幼儿园大门口……看到悦悦牵着妈妈离园的身影，我相信只要家长的教育方式发生变化，孩子的变化则指日可待。

期待不是等待。于是，我查找并比较了关于输赢的有关资料，选取绘本故事《输了没关系》为切入点：故事主人公——小马布瓦，热爱奔跑，在跑步比赛中，以为冠军非他莫属，然而在比赛中却输了，连第三名都没有得到，他很伤心难过。最后在鱼姐姐、猫头鹰先生的安慰与鼓励下，布瓦找回了奔跑的快乐，即使没有得到第一名又如何呢？快乐最重要！现实中的悦悦的经历和态度与绘本中的布瓦太相似了。第二天，我与全班小朋友一起分享了《输了没关系》。

悦悦的“争强好胜”在班级具有一定的代表性，即使有的孩子现在没有表现出此种心理，也很难说他们未来就不会遇见同样的困惑。围绕“过小桥”游戏中孩子们暴露出的问题，随后我又在班上开展了以“比赛输赢重要吗”为主题的辩论会，让孩子们在辩论中发表对输赢的认识与看法，引导幼儿认识到输赢都只是生活中的小插曲而已，不必太在意，重要的是参与和感受其中的快乐。

几天之后的一大早，悦悦见到我就笑眯眯地说：“李老师，我昨天跟爸爸下棋，我赢了一局，输了两局。”“我特别喜欢下棋。”“爸爸说输了也没关系，总结经验，下次说不定就是我赢。”看得出来，小姑娘心情很好，丝毫没有受到输棋的影响。我顺便追问了一句：“输给爸爸没关系，如果输给小朋友呢？那还会不会生气？”“不会的。他们输给我们队的时候，没有人生过气。我不会再生气了。”听到悦悦的话，我心里很欣慰，感觉她一下子就长大了：从“争强好胜”“输不起”，到正确面对失败，有自己的思考与想法。看来班级开展的一系列活动和父母的言传身教深深地影响了她，改变了她。

对于3~6岁的孩子来说，“输不起”其实是一种正常现象。无论做什么事情，孩子总希望自己能做得更好，比别人强，获得周围同伴和父母的认可，这没有错，值得赞扬，值得鼓励。可过分的争强好胜，容易让孩子缺乏宽容心，不能包容别人，从而形成封闭、孤僻的性格。

望子成龙的传统观念仍然在很多家长心目中根深蒂固，有的虽然口头上讲孩子的成长要“随缘”，不必苛求，但是刻意或不经意地培养孩子争强好胜的家长大有人在。其中不少家长对教会孩子面对“输”的认识不足，甚至忽视了“输”在孩子成长过程中的作用与意义。幸好悦悦在游戏中暴露了自己的弱点，让教师和家长有机会及时介入，采取有效措施端正孩子对输和赢的认识与态度。

父母是孩子一生中最好的导师，要有意识地让孩子经历些困苦，在孩子“跌倒”时坚定地告诉孩子：输了没关系，重新再来！借此，逐步培养孩子的逆商，让孩子不仅在顺境中能健康成长，在逆境中也能应对自如！

教师是专业工作人员，要阐述如何引导孩子正确看待输赢，可以引述诸多的理由；对孩子进行日常教育时也可以变得比较简单，即引导孩子学会从失败中总结经验，不以大哭大闹来取胜；把孩子的好胜心引导到正确的竞争上面来，而不是事事拔尖、处处要强。只要我们有双善于发现的眼睛，坚持从细微之处着手，就一定能为孩子的健康人生奠定基础，使他们既赢得了，也输得起，不为一时的赢而止步不前，更不为一次的输而自暴自弃。

谁让奖赏变了味

王婷君，武汉市武昌区实验幼儿园

在一次餐后的区域活动中，孩子们都玩嗨了，没有一个小朋友记得顺手将自己的小凳子放回教室指定的区域。看着凌乱的小板凳，我赶紧提醒甜甜："甜甜，今天你可是值日生，请你看看小朋友的板凳有没有摆放整齐。若没有摆放整齐的话，你可不可以帮助小朋友们摆放整齐呢?"甜甜看了看挂在自己身上的值日生小牌子，极不情愿地开始摆放起小板凳。"值日生任务完成好的小朋友会获得小星星粘贴奖励哟!"我故作提醒地说道。"真的有小贴贴奖励吗?那我也来帮忙。"旁边的妍妍兴奋地说。见有小朋友为了小贴贴争着帮忙，甜甜眼里瞬间有了光，仿佛大力士加持一样，不一会儿就和妍妍一起把所有的小板凳摆放得整整齐齐。然后，她一蹦一跳地跑到我的身边，开心地说："王老师，我把所有的小板凳都摆放整齐了，我的小星星粘贴呢?"我履行自己的诺言，也算是执行班级的奖励办法，当即就给两个小朋友颁发了小星星贴纸。"看，我拥有小星星贴纸啦!"甜甜一脸傲娇，得意地向同伴炫耀。"我也有，我也有，老师也奖励我啦!"妍妍兴奋地举起刚刚得到的贴纸。

看到两个孩子拿到贴纸时兴奋的样子，我突然意识到哪儿不对劲，便陷入了沉思：原来，驱使甜甜如同大力士般履行值日生职责的能量并不是光荣值日生的称号带来的，而是小星星粘贴的魔力。

清代著名教育家颜元说过，教子十过，不如奖子一长。从中班开始，有些孩子自主劳动的意愿不如以往强，为了激发孩子们劳动的欲望，我经常网购一些孩子特别感兴趣的贴纸及小玩具当作奖品。不出所料，孩子们对这些充满趣味的小奖品非常感兴趣，只要提到有小粘贴以及小玩具奖品时，孩子们瞬间就表现出极大的兴趣。奖励的初衷是巩固孩子们良好的行为习惯，也是为了不断激励和提高孩子们参与班级劳动和服务的积极性。然而，我慢慢地发现，似乎孩子们的兴趣一直聚焦在老师发放的新奇小玩意上，而不是在自身的行为习惯上。

奖励孩子获得如此效果不就是本末倒置吗？这么小的孩子怎么就萌发“功利”“现实”意识呢？回顾第一次网购贴纸及小玩具以来，孩子们每次获奖时兴奋的样子，我陡然感到孩子们的兴趣逐步从班上的激励办法转到他们心爱的贴纸及小玩具上。此刻，我也庆幸甜甜和妍妍当日的举动让我意识到要从我自己身上找原因。每当孩子们出现良好的行为习惯时，我总是刻意强调奖励小粘贴或小奖品，而忽略了孩子参与劳动或其言行本身的意义，这让孩子们在不知不觉之中产生了表现好就是为了获得小粘贴的功利心理，没有把“表现好”作为自己言行举止的努力目标。年幼的孩子需要教师多奖赏、多鼓励，这本身没有错，但如何正确运用奖赏激发孩子内在的动机，需要我们把握好奖励的方式与频次，否则奖赏就会变味。

意识到自己误导了孩子，我便及时采取措施纠正。于是，我在班级组织了奖励讨论会，将奖励的主动权交给孩子们。当孩子们听到这个新奇的说法时，瞬间沸腾起来了。甜甜带着不敢相信的语气问道：“王老师，这个奖励真的是我们自己说了算吗？想要什么都可以吗？”我笑着回答说：“这个奖励是你们说了算，但是说出奖励之前我们大家得一起想想自己的目标是否容易实现，不然把大家都难倒了怎么办呢！”我的话音刚落，教室里就爆发出一片孩子们的笑声。我顺势引导孩子们往非物质奖励方面思考，提示道：“除了一些小礼物的奖励，我们还可以想出更多的奖励方式，例如，我们可以奖励游戏优先权，可以奖励位置优先选择权或者担任一天小老师等，这可比那些小礼物有意思多了。”听到这里，孩子们的思维似乎也更活跃了，壮壮说：“可以奖励和好朋友坐在一起。”妍妍开心地说：“可以奖励当一天的小小监督员。”“我想老师给我一个大大的拥抱。”“我想给小金鱼换水，天天照顾它。”孩子们你一言我一语地讨论着。听到这里，我内心深感欣慰。原来，孩子们对于奖励有这么多有趣、可爱的想法，有的还超出了老师的预想。

奖励讨论会画上了圆满的句号。我将孩子们提到的与可行的奖励方式记录下来，并做成卡片保存，教室内的希沃白板中的优化大师开始记录孩子们完成任务的情况。孩子们每完成一项小任务，就可以在希沃白板上找到自己的照片，加一颗小星星，一周结束后依照获得星星的多少排序，然后抽取提前准备好的奖励卡。例如，获得星星数量最多的孩子最先抽取奖励卡，获得星星数量第二名的幼儿则第二个抽取奖励卡，以此类推。这种新颖又有趣的奖励形式获得了孩子们的大力支持与广泛赞许。

幼儿园是孩子们生活的场所之一，家庭是他们生活的另外一个主要场所，而且多数家庭及家长对孩子会实施丰富多样的奖励措施。我们经常听到这样的声音：“你好好吃饭我就奖励你看电视，你乖乖听话我就奖励你一个棒棒糖，你好好睡觉就给你买一个想要的玩具……”所以，教师还得跟家长们一起，齐头并进，共同谋划，努力改进对孩子的奖励与激励方式。

离园环节是教师与家长交谈的极佳机会，花时间不长，但交流的内容很丰富。问及家长对孩子的奖励方式，大部分家长的反馈是：“我会买一些孩子喜欢的小礼物，或投其所好，他要什么就给什么，只图他高兴。”其实家长的答案不出所料，这种直观的物质奖励确实可以快速地解决一些眼前的问题，让孩子高兴。随后我在班级家长群里发布了亲子小任务，即制作奖励心愿卡。孩子可以和爸爸妈妈一起制作奖励心愿卡，每当孩子完成一项任务时，都可以选择一张心愿卡。心愿卡的制作方式可随孩子的心愿：由爸爸陪伴一小时，家长陪伴看半个小时绘本，由孩子自由支配半小时，观看一集动画片，等等。

每当看到孩子们在教室里认真完成自己小任务时开心的场景，每当听到有孩子说“我又完成了一项值日小任务啦”“我可以兑换想要的心愿卡了”“我昨天晚上拥有了自由活动半小时的心愿卡”，我仿佛听到的是孩子们在成长道路上的脚步声，孩子们从对物质奖励的依赖转向增强完成任务的内驱力和兴趣的脚步声。

幼儿园一日活动中实施奖励措施的目的，并不是要幼儿围绕奖励这个指挥棒转，而是要以此引导他们参与活动、激发兴趣、持续做好一件事。当然，奖励手段的使用也需要因幼儿的年龄段不同而有所区别。对于低龄段的孩子来说，可以适当使用物质奖励的方式刺激一下，逐步引导他们对激励做出积极的响应，推动他们积极向上。对于已经熟悉奖励、激励的中班、大班孩子，则不可简单地、重复地、过度地、持续地使用物质奖励，不然就会误导孩子为了奖励而努力，使孩子变得功利化，这样不仅不利于激发孩子的内驱力，反倒会起到阻碍的作用。奖励与激励看似是简单的教育举措，但在教育实践中运用起来，还是有很多讲究的。给予奖励与奖品不是教育孩子的终极目的，它只是教育过程中的一个可用手段。作为教师，我们必须保持清醒的头脑，千万别让奖赏变了味。

“小亮点”激发幼儿科学探秘兴趣

欧阳梦雪，武汉市武昌区实验幼儿园

爱因斯坦曾说：“科学就是探秘，探秘就是乐趣。”幼儿科学实验活动既能满足幼儿动手和交往的需要，又因充满新奇和刺激而深受幼儿的青睐。那么如何引导幼儿进行科学探索，让他们从科学活动中感受和发现乐趣，体验科学活动带来的无限奥妙呢？

课间餐刚刚结束，维维小朋友就急不可待地来到区角里玩耍，看到建构区有一摞 DVD 光盘，他拿起一张定睛一看，却发现光盘的两面并没有什么特别好玩的。维维将光盘拿在手中翻转两下后准备扔回原处时，透过窗户的一束阳光正好照射到光盘上，他无意间看到一个小亮点在天花板中间闪了一下。他立刻被小亮点吸引住。他睁大眼睛望着小亮点，随意将手中的光盘晃动了一下，只见天花板上的小亮点也随之移动了一下。“不可思议！”维维感到很惊讶。他随即转身到建构区又拿了几张光盘，将光盘平铺在阳光能照射到的地面上，天花板上就出现了多个亮点，一闪一闪。维维又调整光盘的角度，将几张光盘斜着放，这时教室的墙面上同样出现了闪闪的亮点，稍微晃动光盘，亮点就从这儿跳到那儿，真是有趣极了。

阿福突然指着教室的天花板喊：“大家快看！天花板上有亮光在闪烁！”一旁的月月也抬起头来，发现圆圆的亮点后也很惊讶。“这是什么呀？”“好漂亮啊！”“怎么有那么多亮亮的东西在跳动？”孩子们叽叽喳喳地议论着。

发现这一神奇的现象后，孩子们纷纷跑到建构区去拿光盘，开始模仿维维的动作。顿时，墙面上的点点光斑，仿佛是一颗颗星星，闪烁着耀眼的光芒。

看着孩子们充满好奇的眼神，我也被他们的情绪所感染，不由得想，既然孩子们喜欢这些“神奇”的小亮点，为何不抓住这个机会给孩子们讲讲光的反射原理？

光盘探秘开始啦！我将孩子们召集到教室里，开口便问道：“你们用光盘做游戏时，发现了什么？”然然说：“有个亮亮的东西跑到墙上去了。”维维说：“我晃动光盘，光点也会动。”原来，只要左右摆动手中光盘的位置和角度，反射出的光斑也会移动，一会儿照射到墙上，一会儿照射到天花板上，甚至还跑到特别高的房顶上……我又问：“那它是怎样形成的呢？”航航说：“光盘将光照到墙上去了。”“有道理。当太阳光照射到光盘上，光盘把太阳光反射在墙壁上，墙壁上面就会出现一个亮亮的光，它叫光斑！”面对孩子的回答，我在及时给予肯定与认可的同时，随手拿来一张光盘，分别用正面和反面对着太阳。全班的孩子一起观看我手上的光盘反射出的亮点，都频频点头，好似明白了其中的道理。

在孩子们身边的生活用品、玩具中，还有其他的物品也能像光盘一样，在太阳光的照射下反射出光点。这些都值得孩子们去发现、去探索、去研究，从而加深对光的了解，并萌发探究科学现象的兴趣。

次日，为了让孩子们对光的反射现象有进一步了解，同时利用他们的好奇心挖掘幼儿兴趣点中的教育价值，我又在班级组织了一次探索光斑的活动。

摆在幼儿面前的是提前准备的具有反光性能的活动材料，我指着材料问孩子们：“这些物品你们都认识吗？”孩子们兴奋地回答：“认识！有手电筒、镜子、台灯……”这一问唤醒了孩子们对这几样日常用品以及生活经验的记忆。我接着说：“请你们想一想，除了光盘，还有哪些东西能在太阳光的照射下形成光斑呢？”孩子们的思维一下被打开了，他们想出了许多。“我发现镜子可以。”“我还看见过我爸爸的手表在太阳下闪光。”“我们装水果的盘子也可以！”“喝茶的杯子！”孩子们欢呼雀跃，大胆地表达自己的想法，一一说出他们知道的可以反光的物品。

接着，我请孩子们自由探索，并观察交流。“小朋友们，你们试试眼前这些物品，看看有什么新的发现，检验一下你们刚才所说的对不对。”我话音刚落，孩子们纷纷伸手拿起了自己认为可以反光的物品。“我发现镜子的光斑很亮！”“我发现脸盆的光斑是一圈一圈的！”“我发现小小的物品照出来的光斑也是小小的。”孩子们交流着自己的发现，沉浸在发现操作的愉悦中，讨论氛围热闹非凡。

我拿出准备好的记录表，逐一询问孩子们的发现：“能反光的物品距离墙壁很近时，反光点的大小有变化吗？”“刚才，我拿着光盘走动时，没有看到光点变化。”维维说。“那我们手上的物品大小不一样时，反光点一样大吗？”“不是。我用的是小镜子，比他们用盆子照出的反光点小多了。”然然说。我又问：“那反光点的形状与我们的反光物品是一样的吗？”

“有没有谁想过，在物品上写字、画画，反光点会是怎样的呢？”我想起了小时候看幻灯片的情景。孩子们没有马上回答，而是齐刷刷地望着我。我示意轩轩拿来了彩笔，与孩子们在镜子上面画出不一样的花纹，果然光点中就有孩子们画的花纹。这时孩子们更加兴奋起来，动手在各自的物品上画画、涂色、写字，然后将自己创作的作品反射到天花板与墙上。孩子们相互欣赏着别具一格的作品，脸上绽放出了灿烂的笑容。

月月说：“看我照出了一只小猫！漂亮吗？”

珩珩说：“你反射出的是什么？是小鸡吗？”

琪琪说：“我的是小汽车，哈哈，你的是正方形。”

萌萌说：“老师，我照出的光斑像一只小兔子！”

大家高兴地把自己的发现告诉同伴和老师，感受着探索小亮点带来的乐趣。面对他们的奇思妙想，我及时给予了肯定和赞赏，不失时机地和他们进行探讨。通过这次活动，孩子们在玩一玩、想一想、画一画中充分表达了自己的感受和体验，表现了自己独特的个性特点以及丰富的想象力，相信这对他们以后的观察、理解、思维等方面都有很大的帮助。

维维在玩耍时，无意之中发现了光盘在阳光下的反射现象，继而引发了全班同学对反光物品及光反射的好奇心。孩子们对光的反射现象的兴趣超出了我的预料，此前未曾主动想过要组织孩子们探讨光以及光反射现象。现在思考起来，很有可能是自己原认为光的探索偏重科学，超出了孩子们熟悉的生活及生活现象，他们力所不能及。是孩子们的好奇心以及他们对科学探索的兴趣给我上了生动的一课。

班级生成的“光斑游戏”探索性很强，一直都吸引着孩子们。孩子们逐步完成了一系列的“光斑游戏”，他们利用身边随处可见的镜子、玻璃等反光物品探索出了很多新奇的玩法，发现了种种有趣的科学现象。后期，我们将在科探区里投放哈哈镜、三棱镜、凸面镜、凹面镜等更多不同类型的镜子，让孩子们从各种角度用不同方式继续探索！

我发现孩子们对光盘反射光的现象充满好奇后，当场让孩子们继续深入探索，这不仅满足了孩子们的好奇心，而且起到了强化兴趣的作用；继而又有计划地投放具有反光特点的材料，将孩子们无意之中的发现引导到有意识的探索轨道上，实现了幼儿在玩中游戏，在游戏中观察、体验、学习的目标，这也正是学前教育科学领域所提出的要求。

记得曾有关心学前教育的“外行”朋友问我：“幼儿园是否需要依据教材授课？”当时我回答说：“没有教材，但需要遵循《3~6岁儿童学习与发展指南》。”朋友半开玩笑地说：“那幼儿园的老师可以随心所欲了，幼儿学习的‘成败’尽握手中。”在孩子们对光反射的探索中，我感悟到朋友说的

“随心所欲”并不能随“我”心所欲，而应该随幼儿心所为，发现和追踪幼儿的好奇心，激发他们探讨生活、探索科学的兴趣，这就是一本无形胜有形的教材。

兴趣，是孩子学习的内动力。它能使儿童在学习活动中萌生个人的爱好和追求，是儿童学习活动中最活跃的成分。正如孔子所说：“知之者不如好之者，好之者不如乐之者。”因此，教师要善于抓住时机，点燃幼儿的兴趣之火，引导幼儿实现从被动的“要我学”到主动的“我要学”的大转变。在生活与教育过程中，我们还应该保护好孩子的好奇心，并抓住机会进行积极主动的培养，让兴趣成为孩子学习的最好老师，成为孩子探索科学的最强动力！

不因猜忌而寒心

范秀丽，武汉市武昌区实验幼儿园

一阵连绵不断的电话铃声，让我不得不加快脚步拿起电话，却还是没接到。就在我帮自己的孩子洗漱不到二十分钟的时间里，手机记录了 4 个未接电话，都是幼儿园同事打过来的，这让我的心不由得一紧，便赶紧先拨通其中的许老师的电话。“凯凯妈妈又打电话投诉雷老师了。”许老师接通电话便直奔主题，语气中充满无奈。

原来，当日是节前在园的最后一天。雷老师自费给她班级的小朋友们购买了节日礼物，同时也想到她曾经与许老师配班带过大（2）班的孩子，她就按大（2）班孩子总数购买了等额气球手环，作为节日礼物送给孩子们，希望与孩子们一起感受节日的快乐。下午雷老师在不当班的时间抽空将小礼物送到许老师班上，准备分给孩子们。大（2）班孩子们见到好久未见到的雷老师，纷纷主动与雷老师互动，雷老师热心地将小礼物分发到孩子的手上，活动室里充满一片欢笑声。当时还有些小朋友在劳动或游戏之中，不在活动室，雷老师便将小礼物留在活动室里，还不忘提醒小朋友们稍后记得自己拿。如果数量不够，她现在带的班上有几个孩子没有来，可以先挪出来。雷老师与孩子们互致节日祝福，挥手再见，离开了大（2）班活动室。

凯凯妈妈下午接凯凯离园时，看到班上多数小朋友手上都拿着气球手环，而凯凯手上没有，她以为孩子放在书包里了，就没有多问便带着孩子回家了。晚上8：00左右，凯凯妈妈情绪激动地给许老师打电话，质问许老师班级送的礼物是不是雷老师拿来的，是不是故意不发给凯凯的。“雷老师一直不喜欢我们家凯凯，她这是故意伤害孩子的幼小心灵。雷老师有违师德，不配为人师表，我一定要投诉她。”凯凯妈妈在电话里，越说嗓门越大。

听到许老师在电话中的介绍，我回想到凯凯家长曾经有过的过激举动。凯凯妈妈说投诉雷老师，她还真不是说一说而已。几个月前，雷老师带中（2）班时，凯凯妈妈投诉过雷老师。投诉的理由很简单，就是因为孩子回家说雷老师没有给他发小贴纸。当时雷老师耐心地做出了解释，给孩子发小贴纸是一种激励方式，是对完成任务的孩子们的肯定，其目的是引导更多的孩子达成校园的生活与活动目标。然而，凯凯妈妈不认可雷老师的解释，一口咬定是雷老师不喜欢凯凯，还说雷老师简直就是在狡辩。

一个小气球手环，礼品很轻、价值不高，但是家长较真一定另有原因。联想到凯凯妈妈对雷老师的成见与误解，我必须首先听取各方面的陈述与意见，深入了解情况。于是我打通了雷老师的电话，她打开话匣子说个不停，我能感觉到她一直在等待机会宣泄情绪。

凯凯从其他园转入中（2）班，性格有点内向，说话细声细气，做事不紧不慢，每逢稍有难度的小任务就表现出畏难情绪，但在老师和小伙伴的帮助和鼓励下也能很好地完成任务。对于有这类特点的孩子，任何老师都没有不喜欢的理由。凯凯刚来时，凯凯妈妈就私信问过一个很奇怪的问题：“雷老师，你有姐妹或是亲戚在附近当老师吗？”我当时回复她：“我是独生子女，家里没有亲人在附近当老师。”他的妈妈也就没再说什么了。直到有一次凯凯妈妈知道我给当天值日任务完成得很棒的孩子发贴纸进行表扬时，她又一次私信问：“雷老师，你是不是不喜欢凯凯？为什么别人有贴纸而凯凯没有？他回来哭得可伤心了，你有什么冲我们大人来，不要欺负小孩子。”我跟她解释，小贴纸是发给当天当值日生小朋友的，凯凯是下周当值日生，如果他也能完成相关任务，我也会给他小奖励的。凯凯妈妈说：“不就是个小贴纸吗？你发给他一个不就完了，害得他哭得这么伤心，心灵上受到这么大的伤害，你负得起这个责任吗？”然后，她就不再理我了。第二天我才知道她向班主任许老师投诉了。

这次我自费给孩子们送气球手环惹的事，让我很憋屈。如果我不“多事”，就不会给大家带来这么多麻烦，自己也不会第二次遭受投诉。下午我若将孩子们召集在一起后再分发礼物就能确保每个孩子都有，但是我不忍心打断正在专心致志劳动和游戏的孩子们。气球手环的数量也是足够的，我还担心有破损，还特意跟许老师说，可以到我班上去拿。我怎么也没想到家长会这样看这件事。

雷老师的这番诉说并非因为她矫情，而是她失落、难过、委屈的真实表达。从老师的主观意愿以及凯凯在园的实际感受看，雷老师的言行举止并无不当之处，然而她那热爱孩子的一片真心却被对她抱有成见的家长深深地刺痛了。除了安慰、劝说，我还能为自己的同事做点什么呢？作为教师，我们的出发点和落脚点都是用关爱呵护孩子健康成长。想到这里，我只好继续劝慰雷老师，做好自己能做的一切，即使遇到自己不可控的或不被理解的情况，我们也得面对，坚信只要我们初心不改，原则不弃，就一定会得到更多人的认可。

通过与两位同事的电话沟通，当日下午的事发经过已经清楚明白了。但是事情因家长投诉教师而引发，明知很有可能碰钉子，我仍然鼓起勇气拨通了凯凯妈妈的电话。凯凯妈妈毫不隐讳地表示：“雷老师不喜欢凯凯，每次发东西都不发给他。上一次她没给凯凯发贴纸，她还跟我解释，我看她是一位年轻的老师，就想着原谅她一次，大事化小。今天发气球手环，全班的孩子都有，唯独凯凯没有，这是故意在给我的孩子小鞋穿。凯凯回家常说，许老师会抱抱他，还说许老师喜欢他，而从来没说雷老师抱过他，她就是不喜欢凯凯。而且，凯凯此前在外面上培训班时就遇到过另外一个雷老师，我们与她之间也发生了很不愉快的事情，雷姓这么特别，我长这么大就遇到这两个'雷人'。她们肯定相互认识，肯定说过我们之间的事，这才都不喜欢我们凯凯，故意伤害孩子的心灵……"

我本来以为自己对家长的反应做好了充分的心理准备，然而凯凯妈妈的遐想和猜忌让我很震惊，她超乎寻常的思维逻辑是我始料不及的。不过，这也让我彻底了解到问题的症结。

于是，我心生一计，试探性地询问家长是否可以与凯凯聊一下时，凯凯妈妈同意了，她在递给孩子手机之前还换成了免提模式。

"凯凯，你喜欢老师吗？"我直接问道。"喜欢。"孩子简洁地回答。"那今天雷老师给你们准备的礼物你喜欢吗？"凯凯开始放松自己，高兴地说："喜欢，我去拿的时候没有了，只有两个破的在袋子里。""那你告诉了老师吗？""没有，我玩了昊昊的气球手环，后来他的也玩破了。""哦，是这样的呀，下次再遇到这种事情记得跟老师说，雷老师那里还有多的呢。如果喜欢的话，我们问问老师可不可以再要一个，好吗？"

家长听到我和凯凯的对话后似乎明白了什么，主动接过电话，刚才比较紧绷的通话氛围有所缓解，我便乘机分享了自己带班时发生的几个故事，如如何理解小贴纸的意义，何时给孩子"爱的抱抱"等。穿插其中，我把雷老师自费给两个班的孩子们买了足数的节日礼物的事情也告诉了她，此刻凯凯妈妈沉默了，在电话的另一端一直不说话，但是我相信她在听。我继续说："试想，如果不是因为您之前对另外一位雷老师心存芥蒂，那么您遇到现在的雷老师时，您也许就能像对待其他老师一样心平气和了。”“我也是害怕孩子在外面受人欺负！”凯凯妈妈终于再次开腔说话了。她在电话中情绪的起伏、态度的转变，让我确信她已经释怀了，至少不会继续将此雷老师与彼雷老师关联起来。

随着学前教育的快速发展，很多有志青年加入幼教队伍，她们自己在还没当妈妈的年纪就当了一个班级孩子的“妈妈”，白天关注孩子们的一日活动，制作教学具、打造环境，晚上有时还要开展家园沟通，这一切对于青年教师而言的确是一个挑战。

夜已至深，我不忍心再去打扰经历心理煎熬的雷老师，但我相信她一定能正视现实，绝不会因受到家长的猜忌而心寒，节后返园的她将再度热血满满，继续将爱心传递给每一个可爱的孩子！

“调皮得很”的男孩也在变

潘瑜，武汉市武昌区实验幼儿园

“潘老师，你快来我们班看看！展娃的行为非常危险，我们根本阻止不了他。”跟随着王老师，我来到展娃所在的班级，眼前的一幕让我震惊了！只看见活动区散落着书包，睡房内被子被丢在地上，而展娃则在睡房的床上跳来跳去，一位老师守护在他身旁，还不停地“求”他赶紧下来。展娃佯装什么都没听见，反而跳得更欢。这时，一女孩跑来跟我说：“老师，展娃刚刚咬了我，你看可疼了。”我看见小女孩的手臂上有明显的牙印，蹲下身关心地询问女孩：“展娃为什么咬你？”“我自个儿在玩，展娃上来就抢我的玩具，我不让他抢走玩具，他就咬了我。”一个男孩见状也跑来告状：“老师，展娃刚刚也打了我，他还把老师的手臂抓伤了！他太坏了，我们都不想跟他玩。”

记得展娃入园第一天，他乖乖地牵着妈妈的手，看上去有点依依不舍。他的妈妈曾对我说：“老师，我们家展娃调皮得很，希望老师们一定要对他严格一点。”我热情地摸了摸孩子头说：“妈妈请放心，孩子看上去很乖，一定能很快适应幼儿园的生活。”真是时隔不几日，展娃令我“刮目相看”，他入园当日那份乖顺荡然无存。

为确保安全，班级老师安抚班级的幼儿，保育老师整理物品，我便留下一对一地陪伴展娃。为试图让展娃安静下来，我顺手拿着一筐乐高玩具，将他带到教室安静的一角，对他说：“展娃，老师跟你一起拼积木吧。”没想到，展娃很配合地和我一起玩积木，他还说：“老师您看，这是我拼的……”他头脑灵活，拼搭能力也很棒，还表现出很强的语言表达能力。

展娃两次给我留下不同的印象，对比鲜明，让我意识到他的不寻常，便开始对他进行点对点的观察与记录。展娃在集体活动时，他几乎没有坐定的时候，参与户外活动时乱动手瞎踢脚，就跟狂舞似的；老师上课时，他在座位上不时怪叫，或随意离座走动；区域游戏时，他喜欢争抢同伴的玩具，从来不与同伴交流；他对待活动和小朋友毫无耐心可言，总在不停地“搅局”，每逢有人劝说，他就攻击同伴……

曾读到文献资料，了解到幼儿发展性障碍。该障碍以注意力缺陷为最主要的症状，并伴有多动、冲动、固执和自控能力差等特征。这类儿童智力正常或基本正常，但学习、行为及情绪方面有缺陷，表现为注意力不易集中，活动过多，情绪易冲动，较难与人相处。虽然不能轻易给展娃戴上“发展性障碍”的帽子，但是细致分析展娃的家庭教育与环境，不难看出他的缺陷已经在其家长的预料之中。不然，入园的第一天，他的妈妈为何要告诉老师“一定要对他严格一点”呢？其实，孩子服不服“管”、好不好“管”，家长是最了解的。

展娃的爸爸平时工作特别忙，时常上下班没有准确时间，照顾孩子的任务自然就由妈妈承担。然而，妈妈对展娃的宠爱到了溺爱与袒护的程度，一味地满足展娃的任何需要，她以为这就是孩子应该经历的快乐成长。另外一方面，爸爸对展娃的要求却非常严格，要培养孩子的规则意识。受“棍棒底下出孝子”理念的支配，他习惯于用高压与暴力手段纠正展娃的错误，致使父子关系疏远、情绪对立。也许孩子的爸爸从未想到，他在家的情绪、对亲人的态度等其实都在给予孩子负面的“示范”与“教育”，让展娃不知不觉地养成了冲动、任性、易怒的习惯与性格。加之父母的教育理念与方式形成鲜明的反差，理性地分析，展娃在家庭里能接受到的正面和恰当的教育比较欠缺。

展娃刚入园就暴露了明显的缺陷与问题，然而家长只是以为孩子“调皮得很”，根本没有意识到所谓的“调皮”会对孩子的健康成长产生比较严重的负面作用。显然，家长对改变孩子的习惯，调节孩子的情绪，既缺方法又无信心。于是，应对这个严峻的具有挑战性的任务便落在了教师的肩上。

第一，融洽师幼关系，消除抗拒心理。师幼关系如何会直接影响对孩子的辅导与教育效果。在最初的几次辅导中，我的策略是同展娃一起做游戏、聊天，不对展娃的言行做任何评价，更没有刻意地训教。在这个过程中，我与展娃情感融洽了，他逐渐消除了抗拒心理。渐渐地，他愿意把自己的事情与想法讲给老师听。

第二，深入分析成因，抓住问题症结。展娃常常用对立表达对同伴、教师、家长的感情与态度。面对劝告、提醒、解释、引导，当然有时也包括批评、斥责、嫌弃等，他极有可能把这些当成是他人对自己的蔑视、刁难、瞧不起等，在感到自卑的同时又想挽回自尊。于是他就常以粗暴的行为发泄自己受到的压抑、烦躁、不满的情绪。只要感到自尊心受到伤害，他便立刻做出强烈的反应。为了赢得他人尊重，他就采取过激的行为方式，吸引大家的关注，从而证明自己的存在，久而久之便形成了习惯。

第三，矫正错误认知，择机适当引导。针对展娃的缺陷，我精心挑选绘本，并给他讲故事，让他在理解故事的过程中认识到自己常出错的原因在于自身对人对事的认知与态度不正确，从学会说“对不起”“请原谅”开始，逐步改掉冲动与任性的毛病。每次辅导，我都细心倾听他的意见，了解他的想法与心情，尤其是发现他情绪不稳定时，主动引导他宣泄，在他情绪平和、心理平衡后再耐心讲清道理。随之以后，他越来越重视别人对他积极的评价，特别是在自知有缺点后，表现出强烈的改正愿望以及请求原谅的想法。

第四，寓教于活动中，坚持激励为主。对幼儿情绪的调节、习惯的培养，仅用口头教育与引导是不够的。结合幼儿的特点，我们在游戏活动与体育锻炼活动中，给予展娃重点的关注。针对展娃对新游戏兴趣大，而对重复玩的游戏积极性锐减的特点，老师调整游戏规则，引导他改变同一种游戏的玩法，逐步使他延长注意时间。老师指导展娃练习拍球、踢毽子等活动，进而让他参与班级内各种体育比赛活动，使他能经常保持平衡心态，逐渐减少攻击性行为。与此同时，老师采用代币制奖励方法。针对展娃多发、频发的缺点，例如上课离座行为、攻击性行为等，明确要求他逐步减少犯错的次数，并依据进步给予奖励，包括奖励小红花。积累一定数量的小红花后，可向老师和家长提出要求，满足他一个小愿望等。

第五，加强家园联系，改善亲子关系。鉴于展娃家长的教育观念处于宽与严两个极端，给予家长必要的指导必不可少。我们加强了与家长的常规联系，在引导家长转变教育观念与方法的基础上，指导家长从改善亲子关系入手，不断加强与孩子的交流并改进交流方式，适时了解孩子的所思所想；注意孩子的饮食营养，合理安排孩子的作息时间，让孩子养成良好的生活习惯；根据教师提供的指导要点，监控孩子有效注意时间；关心和鼓励孩子，及时肯定和赞赏孩子的微小进步，注意培养孩子的自信心。展娃的家长做出了很大的改变，夫妇二人逐步统一了家庭教育的理念，方法上也有所改进，亲子关系变得融洽。

功夫不负有心人。经过一学期的跟踪辅导以及家园配合，展娃的自控能力明显增强，注意力集中时间有所延长，上课离座次数有所减少，攻击性行为有所改善，促进了良好人际关系的发展，提高了适应性水平，能较好地融入小伙伴之中。在思想认识上，他开始重视自己行为带来的后果。但是，理性地看，展娃的转变仍然是初步的，是在教师和家长的特别关注下发生的。若要让展娃将被动转变变为自觉行动，家园仍需继续努力。

幼儿“告状”——难得的信号

胡蝶，武汉市武昌区实验幼儿园

在区域活动中，孩子们自由地选择各自喜欢的玩具，丁毅邀请晨晨和他一起玩，两个孩子非常愉快地在一起做游戏。可是玩了一会儿后，晨晨不高兴地对丁毅说：“你不遵守游戏规则，我不想跟你玩了。”丁毅马上说道：“我会遵守规则的，快看，我帮你拼搭一座桥。”晨晨满脸的不高兴，站在一旁对我说：“老师，丁毅还是不讲规矩。”丁毅仍然不想离开。我在旁边小声跟晨晨说：“宝贝，丁毅他知道自己不对，承诺要遵守规则，你们继续一起玩吧。”听我这么一劝，两个孩子都笑了起来，又在一起继续玩游戏。几分钟后，晨晨气呼呼地说：“哼，你还是不遵守规则。”晨晨撂下玩具就离开了，嘴里还不停地说：“我等会儿再告诉老师。”

丁毅拿起玩具在桌面上乱扔、乱砸，并不时地发出笑声。他的怪异举动吸引了在旁边玩游戏的小朋友，大家都将目光投向他。丁毅愤怒地说：“别看我，有什么好看的，你们再看我，我就打死你们。”他一边说一边扬起手，露出凶狠的样子。其中有小朋友用挑衅的语气说：“老师看到你了，你敢打我们?”“我们让老师告诉你的妈妈。”

看到晨晨很快融入其他小朋友的游戏之中，笑声不断，十分开心，丁毅又跑去凑热闹，加入他们并一起玩游戏。刚玩了一小会儿，在丁毅与晨晨都想玩同一个玩具时两人发生了争执，丁毅将晨晨推倒在地，还用拳头打他的肚子。我看到两个孩子如此激烈的冲突，马上上前制止，扶起晨晨，并将他们隔开。丁毅立马又跑到另外一组去参加游戏，看到强子在座位上玩玩具，看中了也想玩，却遭到强子的拒绝。丁毅本来情绪尚未平复，现在更加恼怒，抓住强子的手，狠狠地咬了一口。强子高喊着：“哎哟，老师，丁毅咬我！”

2—3 分钟以后，我见丁毅情绪平静了，便走到他跟前，把他牵过来准备和他聊聊。丁毅却全程抗拒，好似认识到自己做错事情了，非常不安，但他却不愿意认错。他的眼睛转来转去，略显焦虑，最后终于憋不住了，从牙缝里挤出四个字——就会告状。然后他就把头撇到一边，仍然不理睬我。

我见他仍然不高兴，便把他牵过来抱在怀里，用手轻轻地拍打着他的肩膀，稍微安抚后，引导他说：“今天你确实对小伙伴不友好，我都看见了，并不是因为他们向老师告状。”他的情绪又激动起来，用小嘴巴往我衣服上面靠，做出欲咬人但又不敢下口的样子，而且反复多次做同样的动作。我一边对丁毅讲解与小朋友相处的正确态度与方式，一边继续安抚他的情绪。丁毅在情绪逐渐平复下来后，诚恳地向两位小伙伴道歉了，说了一声“对不起”。

丁毅在幼儿园蛮横无理，与小伙伴发生摩擦的行为常有发生，但是像当日这样在一段比较短的时间内与多个孩子多次发生冲突，动口咬人，遭受同伴投诉的情况，还是比较少见的。丁毅入园以来，我一直都很关注他，平时和他妈妈交流得也比较多。当日发生这一系列的异常情况后，我便及时与其家长进行了交流。

丁毅妈妈为了更好地照顾、养育孩子，不久前辞去了工作，全职在家。在丁毅入园前的一段时间里，丁毅妈妈曾上班兼顾照应孩子。她按照自己的理念与方式，在“养”字上下足了功夫，在“育”的方面基本上就是顺其自然，满足孩子的一切需求。丁毅的蛮横、易怒、霸道、缺乏规则意识等，与妈妈的溺爱不无关系。直到丁毅入园后暴露了缺陷，他的妈妈才意识到家庭教育的不足，开始与教师探讨育儿的正确方法。

我之前也跟丁毅妈妈有过交流，发现她不再工作后，其人际交往圈变得狭小，难以得到多支点的社会评价，更无法多维度地感知自己的变化和成长。她将照顾孩子当作自己的主要任务，将自己全部的成就感和自我价值感寄希望于孩子的健康成长，她也特别渴望得到别人的肯定与认可。家长在心理上发生的这些变化，直接影响对孩子的教育，其中反映出的一个突出问题就是妈妈的护短行为。

此前与丁毅妈妈的几次交流，我倾向于鼓励，通报的都是丁毅在园的点滴进步，然而这次非但没有好消息，而且还告诉她孩子在班上一日多次遭到小伙伴告状的问题。对于孩子妈妈的反应，我已有一定的思想准备。

见面时，我先重点介绍了丁毅的优点与进步，当我说“但是呢……”时，丁毅妈妈立刻插话说：“是不是孩子今天惹祸了？”“也谈不上惹祸，就是今天有几个小伙伴向老师告状，说丁毅不讲规矩，用拳头打人等。”我缓慢地进入实质性谈话内容。“那些孩子们告状的事，老师您也信啦？”丁毅妈妈本能地对我们的交流产生了抵触心理，不等我把话说明白，就让我不要把孩子们告状的事当一回事，也许在她的心目中，我这个老师见家长也是来“告状”的。当天，我把想说的话都给丁毅妈妈说了，她支支吾吾，也不知事后她会做何感想。

然而，当日丁毅在幼儿园与孩子们发生的摩擦以及与其家长的交流引发我许多的思考，这其中就有一个频率较高的关键词——告状。我回忆了一下，丁毅与小伙伴发生矛盾时，他们就多次提到“告状”或用“告状”的语气向老师通告信息，丁毅妈妈也视教师的交流为“告状”。

通报情况，特别是通报负面的信息，指出孩子的缺点与问题，在幼儿之间、师幼之间、家园之间戏称“告状”或“打小报告”，这也是一种比较常见的现象。说实话，以往我还真没有将类似“告状”现象当回事，是丁毅妈妈的激烈反应，让我不禁思考：这种“告状”或“告状”式的信息通报方式，应该引起注意。

孩子在幼儿园活动中意见不合，发生矛盾、冲突是很难避免的，他们遇事就一口一声地叫“老师”，过去我一直都以为是小孩子没事找事，然而，回忆针对丁毅的“告状”声，联系到班级在其他情景下孩子们向老师反映情况，“告状”之类的表达并不是那么简单，更不全是负面的“小报告”。孩子在教师面前“告状”，有的是求助，感觉自己受到其他伙伴的“威胁”“欺负”，便希望得到教师的帮助，请教师伸张正义；有的是监督，看到同伴没有按照教师宣布的规矩行事，就想告诉老师一声有人违规了；有的是爱管“闲事”，向老师揭露小伙伴的不良行为；有的是表达依赖，本来与同伴没什么大不了的事，就是喜欢不停地在老师面前说张三道李四，刷刷存在感……不管是哪种原因与情形，孩子们“告状”提供的信息是丰富的，有的是危机或危险的预警，有的是心理与心情的表达，有的是同伴关系的反映……只要教师用心听取、细致分析，就能从中获得较多的有用信息。当然，也有个别孩子偏好“告状”，自身不善于与同伴交往，而将责任与问题推给对方。即使如此，这也从一个侧面反映出好“告状”的孩子的弱点。因此，对于孩子中的“告状”现象，也需要分辨情况，还可适当引导。

例如，丁毅在同学们面前表现欠佳，引发多位同学告状，这不仅反映了丁毅的同伴关系较差，而且也是他专横不讲规则的体现，还暗示着他很有可能会因为同伴关系紧张而受到孩子们集体的抵制，在班级里变得更为孤立。正是因为孩子们这些引发丁毅不满的告状，我意识到有必要与丁毅家长做及时的沟通，争取在较短的时间内，帮助孩子纠正不良习惯。

至于像丁毅妈妈这样误将家园沟通视为教师“告状”的毕竟是极个别

现象。作为教师，我们应该尽量避免“告状”式的家园沟通，在向家长通报孩子在园的行为习惯时，要坚持鼓励为主，多报喜少报忧，将孩子发生在园里的问题就在园内处理好；通报孩子的缺点与问题，要先报喜后报忧，让家长在思想上做好准备。即使家长对教师“告状”持有不同的态度，甚至抵制教师反馈的情况，我们也要耐心细致地做好解释工作，把“告状”变成谈心。若是为了迎合家长，对孩子的缺点与弱点避而不谈，最后受害的还是孩子和家长。“一切都是为了孩子”，这句话在家园沟通中不该是一句空话。只要我们认真履行岗位职责，问心无愧，相信家长迟早能理解、会接受、愿配合。

将选择权交给孩子们

董晓雯，武汉市武昌区实验幼儿园

进入大班后，孩子们的参与意识增强了，凡事都有自己的看法，或评论或提出建议。虽然当时我是第一次带大班的小朋友，但是发现孩子们能大胆发表意见，我还是很欣慰，在心底里将此作为孩子们长大的一个标志性举动。

开学后不久，班级需要在教室里选择美工区的位置，这正好是让孩子们发表意见的恰好时机，于是我和孩子们一起讨论起来。小美走近睡房，边指点边说："美工区可以放在睡房外面，那里有栏杆和窗户，可以展示我们的作品。"桃子接着说："我想应该摆放在阳台那边，那边阳光充足，光线很好，而且同样有栏杆可以用来展示作品！"不一会儿，孩子们的讨论越来越激烈，各自提出方案，陈述理由，有的赞成，有的反对，都表现出自己喜欢的方案志在必得的架势。

公平起见，我建议孩子们投票表决，结果显示，孩子们都喜欢阳台的位置，其实我内心所选择的答案却不是这个。在美工区，他们最喜欢玩颜料和拓印等需要水的活动。他们票决选择的阳台位置离盥洗室最远，很不方便，难免会把水洒得到处都是，而且存在滑倒的风险，很不安全。想到潜在的风险，我更感担忧。于是，我说："我觉得美工区在书包柜这边更好呢！离盥洗室很近，你们可以就近玩需要水的水彩，还能方便拿取自己的彩色笔。要不就摆放在这里吧！"听到我说话的口气以及陈述的理由，孩子们倒是没有反对，很快地接受了我的建议，开始忙碌起来，布置美工区。

在随后的园本研修“教师课程互学”小组分享活动上，我介绍了自以为成功的案例，没想到老师们就此展开了讨论。有老师直接问我：“你让孩子讨论、投票的目的是什么呢？”我理直气壮地回答说：“想听听孩子们的想法，让他们参与班级环境的打造。”“他们的确参与了，但是最后没有选择他们投票最多的位置，而是选择了你认为最适合的地方！那孩子们的讨论与选择有何意义？”我愣住了，弱弱地辩解说：“我也是为了孩子们的安全考虑，而且也想让孩子们节约时间，将时间和精力集中到绘画创作上去。”有的老师建议：“那是因为你没有把问题抛给孩子，没有引导孩子进一步去探究水源问题。若是深入引导，孩子们在解决问题的过程中会获得新的经验呢！既然你选择了投票的方式，就应该尊重孩子们的意见。不然就会失信于孩子。”听了老师们的意见，我陷入了沉思，脑海中出现了小时候同样遭遇过“假选择”的我。

还记得小时候，妈妈总是喜欢把我打扮得漂漂亮亮的，早上出门问我想穿小白鞋还是红色小皮鞋。为了和小伙伴一起玩的时候跑快点，我选择了小白鞋，妈妈却说：“红色的配今天的裙子更好看些，小白鞋不耐脏，小皮鞋可贵了，要多穿几次，才算派上用场，不然你脚变大了就穿不了了。”听着妈妈说的话，我只是点头答应。妈妈晚上做饭问我：“今天想吃回锅肉还是烧鳊鱼啊？”我高兴地说：“回锅肉。我想吃回锅肉拌大米饭！”妈妈却说：“小孩吃鱼会变聪明，妈妈烧的鳊鱼也好吃！”在经历多次这些没有意义的“假选择”之后，我对于选择的态度变得漫不经心，“随便”“都行”成了我的口头禅……

回想起自己的童年，我有些自责。当时我把自己的想法强加给孩子们，他们一定很失落。也许下次再请他们做选择时，他们会嘀咕：“反正最后都是要听老师的。”长此以往，幼儿的自主性、自信心都会受到影响。他们会等着接受教师认为“好的”或“有意义的”选择，而不是主动思考从而做出自己的选择。

所以我开始反思：如果抛开“教会你”“为你好”的执念，去尊重孩子们的想法，结果会是怎么样的呢？成人做的决定一定是对的吗？当成人和孩子的想法发生冲突的时候，如果选择相信孩子，真正放手，对孩子说，“你们来决定吧”，孩子们是不是会给我们带来惊喜呢？

又过了一段时间，由于班级角色区材料破旧，需要重新打造，我比以往任何时候都更加真诚地让孩子来表达对角色区域主题选择的想法。有的孩子说喜欢买卖活动，有的孩子说自己的妈妈喜欢喝奶茶，想开一家店卖奶茶。特别是提到奶茶，很多小朋友开始高兴地分享和妈妈一起喝奶茶的经历。我自己没有打造过类似的角色区，内心有些迷茫而且不知道如何打造。但是既然决定尊重孩子的意见，即使我有自己的想法，这一次也一定要相信孩子们，兑现自己的承诺，让孩子们自己做决定。

当然，让孩子们做决定并非撒手不管。在孩子们讨论的过程中，我抛出了许多问题：“开奶茶店需要什么东西呢？”“奶茶店里面有几个人？怎么玩？”孩子们好像心中有数，纷纷回答说：“有杯子，有打包的袋子，还得有吸管。”“奶茶店里有点单的人，还有做奶茶的人。”在和孩子们的探讨和交流中，我们还一起制作了调查表，让孩子的爸爸妈妈带孩子一起去观察奶茶店里面的人都有哪些分工、各自做些什么，然后回到班级一起分享观察到的内容并且共同打造奶茶店。他们在参与制作过程中都十分投入，而且特别耐心、细心。看着他们小心翼翼地将刚做好的“珍珠”一颗颗分开放好后，我脸上露出了满满的成就感，也体会到了尊重孩子的选择的价值。这时，我发现原先对于奶茶店玩不起来的顾虑已经不复存在，反而看到了孩子们在这个过程中展现出的主动学习的能力、合作的态度以及认真学习的品质。不仅如此，在遇到寒冷的冬天时，孩子们还推出了“热饮”，当没有人光顾的时候，孩子们还利用小推车开始吆喝“送外卖”。原来，只要给他们机会，抛弃成人掌控一切的执念，他们会带给我们更多惊喜。

随着孩子年龄的增长，他们面临的选择也会越来越多，他们渴望掌握自己的生活节奏，做自己生活的主人。与孩子彼此尊重、平等相处，才是幼儿园教师该有的态度。在不断理解孩子的过程中，我慢慢放下那些个人建议和执念，开始倾听孩子的声音，尊重他们的选择，口头禅也变成了“好！你们做决定吧”。我也从原来关注孩子哪里做得不好或哪里还需要进步，逐步转向发现孩子的闪光点，欣赏孩子的精彩观点。孩子们感受到了自己的力量，变得更加自主、活跃，也更乐意分享自己的想法，真正成为自己生活的主人。

做加法从做“捡”法开始

黄思曼，武汉市武昌区实验幼儿园

区域活动时间到了，小朋友选择了自己喜欢的区域开始玩游戏。乐乐和浩浩把他们最喜欢的建构区的水管玩具拿到桌子上，开始了他们的“拼搭大比拼”游戏。“看，这是我拼的超级无敌机关枪！”乐乐已经拼好了一个玩具，兴奋地拿在手上比画着。“这是我拼的装有闪电炮弹的战斗机。砰！砰！砰！”浩浩也“耀武扬威”地展示自己拼好的玩具。正当他们玩得热火朝天的时候，有小朋友不小心把桌子上的几个水管玩具碰到地上去了，但是他们并没有把掉在地上的玩具捡起来。看到他们玩得正开心，我也不禁被他们的快活气氛打动，心想：算了，反正活动结束之后都会一起收回去的。我就没有当场提醒他们收拾掉落的“水管”。这个时候，硕硕从旁边走过去，看到地上散落的玩具，就一个一个地捡了起来，并放在了装水管玩具的篓子里面。过一会儿，他又在地上捡到一片纸屑，并拿着纸屑在区角里面徘徊，好像不知道该把纸屑放在哪里。我走过去提醒他：“地上的垃圾应该放在哪里呀？”他恍然大悟：“垃圾要放在垃圾桶里面！”于是，他就把纸屑丢在垃圾桶里面了。

收玩具是小朋友在幼儿园每天都会做的事情，我们班大部分孩子都能在游戏结束之后把玩具送回它们的“家”，但是在玩玩具的时候还是会出现把玩具掉在地上不管不顾的现象。每次在小朋友们玩玩具的时候，地上总会散落着不同的玩具。等到收玩具的时候，地上散落的玩具又要花费较长时间才能拾捡干净。

硕硕是一个比较内向和慢热型的男孩子，刚上幼儿园的时候总是哭着说要妈妈。经过一段时间的引导，他逐步适应了新的环境，而且开始慢慢喜欢幼儿园了，但是在平时的游戏以及其他活动中他都不怎么积极，在区域活动中也很少跟小朋友们一起玩。看到硕硕能主动把地上的东西捡起来，我感到特别惊喜。同时我也觉得关于“捡东西”的问题应该得到大家的重视，于是我心生一“计”……

第二天早上，我一走进教室就捂着自己的膝盖“哎哟哎哟”地叫起来。“老师，你怎么啦？”鑫鑫关心地问。“老师刚刚在外面踩到一个香蕉皮，摔倒了，摔得好疼哟！”班上小朋友的注意力都被我吸引过来了，我便跟大家解释道：“因为地上的垃圾，老师摔倒了。地上怎么会有垃圾呢？”“垃圾要丢进垃圾桶里！”聪明的乐乐赶紧为我“打抱不平”。“是的，地上有垃圾就很容易摔跤，你们愿意帮老师检查一下我们班的地上有没有垃圾吗？”小朋友们连忙在教室四处找垃圾，不一会儿就把教室整理得干干净净，角落里面的玩具也被他们送回“家”了。“你们真棒呀！如果大家都能把地上的东西捡起来，我们就不容易摔跤啦！地上干干净净的真漂亮！”我从“摔”疼的“苦脸”变成了“笑脸”。

“地上的垃圾应该丢进垃圾桶里面，那地上的玩具宝宝呢？”我趁热打铁地说道。“玩具宝宝要送回它们自己的‘家’！”鑫鑫小朋友举手说。我用一体机把昨天拍的散落在地上的玩具照片打开了，并介绍说：“鑫鑫小朋友说得很对，掉在地上的玩具宝宝应该要送回它们自己的‘家’，但是这些玩具宝宝为什么没有回家呢？”小朋友看到是自己玩过的玩具掉在地上，都不好意思地沉默了。“我们看看是谁把玩具宝宝送回‘家’了吧。”我切换到一张硕硕小朋友把玩具宝宝捡起来的照片。“是硕硕小朋友！”眼尖的小朋友一眼便发现了。硕硕小朋友看到自己则不好意思地笑了笑。“对，硕硕小朋友看到地上的东西，都会把它们捡起来，他保护了我们的玩具宝宝，也避免大家踩到后摔跤，应该怎么奖励他呢？”“加分！”小朋友最喜欢的就是在班级优化大师上加分了，因为每周得分高的前三名可以得到老师的神秘小礼物。“好，那请硕硕小朋友来给自己加分吧。”硕硕小朋友看到自己的头像在加分的时候亮起来，一双小眼睛也跟着亮了。

在之后的区域活动中，其余的小朋友也发现硕硕会帮助同学把玩具捡起来，同学会主动对他说谢谢。硕硕小朋友得到了同学的肯定，在游戏中也渐渐地积极起来，交到了几个好朋友，再也不那么内向了。

此外，我在班上创设了一块“拾捡小能手”板，凡是能主动把地上的东西捡起来的小朋友，就可以自己给自己加一颗星星，集齐五颗星星就可以兑换一枚贴贴。现在不仅是硕硕，其他的小朋友也加入了“拾捡大队”。掉在地上的玩具、吃饭掉落的饭渣，他们都会主动地把它们捡起来。看着越来越干净整洁的教室，我感到很欣慰。

在抖音上经常能看到这样的小视频：有的公司招聘人员时，董事长或人事部部长会在面试的会议室门口放一个垃圾桶，且故意将桶里的垃圾倒在走道上，垃圾散在地面。参加面试的应聘人员多数都不会注意到垃圾桶倒了，有的甚至绕步躲避垃圾，表现出一副嫌弃的样子，有的还抱怨说这么高档的公司为什么保洁工作做得这么差。只有个别应聘人员路过时，将垃圾桶扶起，将地上的垃圾捡起后放入垃圾桶。面试的结局没有悬念，肯定是捡垃圾的应聘者获得工作机会。这个看似很简单的测试，很多应聘者甚至高层次的专业人员都不能通过。

据说上面这样的测试方式源于国外大公司所做的面试设计，虽然我无法考证这道面试题的起源，但是我能想象，如此简单的场景，检验的不是应聘者的业务能力，而是通过小事，检验应聘者眼中是否有“事”，反映的是态度与意识，体现的是综合素养。既然受过良好教育的专业人士难以经受考验，那么在幼儿中存在这样的问题就不足为奇了。

“勿以善小而不为，勿以恶小而为之。”很多大事都是由小事构成的，培养良好的品德，也是从一切很小很小的事情开始的，对于幼儿更是如此。把地上的东西捡起来，看似是幼儿中出现的一件小事，但是幼儿的习惯养成、处事的态度与意识，必须从小培养起，从而助力孩子从良好的习惯中终身受益。

陪伴来自星星的你

彭凤鸣，武汉市武昌区实验幼儿园

初次见到豆豆，是新生入园前的一次家访。我和配班老师如约来到豆豆家，一个皮肤白皙、扎着两个小辫的漂亮姑娘映入眼帘。“豆豆，快叫老师!”爸爸说着便伸手拉住跑来跑去的豆豆，可她似乎像没听见一样，挣脱爸爸的手跑得更远了。我本以为孩子是见到陌生人不好意思，胆怯不敢说话，毕竟她还是个三岁的孩子。可在接下来的交流中，我才渐渐明白豆豆的这一举动，是上天对她的不公平，赋予她一顶“孤独症”的帽子造成的。

自闭症，亦称孤独症，对多数人来说比较陌生，但对患有此病的儿童家长来说则有刻骨铭心的痛。这些孩子大多数看上去身体都是正常的，外表往往也非常漂亮。但他们虽有正常的听力，却无法与亲人正常交流。他们仿佛是从另一个世界来到这个地球的人，他们对周围的事物漠不关心，无法和普通人沟通交流，所以又被称为“来自星星的孩子”。一直以来，我总觉得孤独症儿童对自己来说只是一个名词，他们陌生而遥远，不曾想过我将要面对一个“来自星星的孩子”。

第一次真正接触一个孤独症孩子，我尽力备好功课，做了大量的准备：阅读相关书籍，与豆豆妈妈交流等。况且豆豆在被确诊后，她的家人比较快地接受了现实，能正视孩子的问题，在专业人士的指导下启动了相关的训练。一切似乎都十分顺利，我感觉自己也做好了足够的心理准备，迎接这个特殊孩子的到来。

可是，豆豆与别的孩子的不同之处超出了我的心理预期。由于疫情防控，家长不能进园，从第一天入园开始，豆豆都是由同在幼儿园上中班的姐姐牵着手当面交给老师。虽然她不哭不闹，但从来不和老师对视，更别说言语交流了。她每天沉浸在自己的世界中，时而突然发声，时而站起来并在教室里跑一圈再回到座位。班级安静的课堂、愉快的游戏，不时会受到她这突如其来的举动的打扰。她不喜欢与同伴说话、玩耍，只是不停地玩着彩笔，或者用积木摆着各种图形；她做事一定要按照她想象中的顺序进行，一旦被打乱，就会发脾气；当她的要求没有被满足或者不开心时，她会大哭大闹在地上打滚……

不出我的意料，我担心的情况很快就出现了：班上的孩子中有的带着一丝害怕，不自觉地产生排斥心理，不愿意接近豆豆。坐在豆豆旁边的孩子的家长也陆续提出能否调换座位，都不希望自己的孩子受影响。如果这样的情况持续下去，豆豆将会被孤立起来，入园就意味着对她造成新的伤害；从长远的角度看，对孩子的发展是非常不利的，也会对班级的氛围以及人际关系产生极大的负面影响。思考与纠结之中，我想起指导老师对我说过的一句话：作为一个老师，不能只看到她眼前这几年，而要看到她的未来，乃至一生。幼儿园生活对于豆豆如此重要，我岂敢怠慢。

豆豆的妈妈肯定比我更了解孩子的行为举止，于是我再次上门家访。为了避免豆豆妈妈对孩子在幼儿园的生活失去信心，我采取了先肯定豆豆的表现，然后向家长讨教的策略。尽管我介绍了豆豆在园能独立进餐、午睡入睡很快，正在逐步适应集体生活等特点，但是豆豆妈妈的关注点仍然和我一样，很担心孩子被孤立，同时也表现出无奈和无助："我们家豆豆的问题是明摆着的，但无论是家长还是她自己，都希望能和同伴有交往、有互动，能融入集体中。"我安慰道："每个孩子生来都是天使，只是生命的体征与性格不同。我们要以平常心坦然面对，不能用消极悲观的情绪影响孩子，更不能放松对孩子的干预和治疗，相信在我们的积极配合下，豆豆会有更大的进步。”听了这话，豆豆妈妈长舒一口气，我顿时感觉到她的心情放松了许多。

是时候向家长了解孩子在家里的表现，请教家长平时在家里应对突发情况的方法了。豆豆妈妈告诉我，孩子发生状况后，第一时间需要做到位的是帮助孩子改善情绪。这简短的一句话，后来一直成为我与豆豆相处的一个重要原则。若是孩子的情绪难以平复，老师的其他任何举动都是徒劳的。

然而，在豆豆妈妈眼中，她又将我当成教育专业人士，很谦虚地要听取我的建议。作为分享，我便建议家长多陪伴孩子，积极参与豆豆的生活，加深亲子交往的感情；利用周末带孩子去户外游玩，为她创造与同龄孩子交往的机会，帮助她学习社交技能，激发她的社会交往欲望。我具体分享了一个我在幼儿园对待孩子的有效方法。例如，午餐时，孩子不愿意放下手中的积木，我们可不能强行拿走，以免激怒孩子。我们则可以采用游戏的方式，达到取走积木的目的。“可以给我一个红色的吗？再给我一个黄色的，好吗？”这样就比较轻松地将玩具拿走，便于孩子按时就餐。如果孩子改变主意，执意将玩具要回，我们则可以反复互动几次等。豆豆妈妈连连点头赞成，并表示在家里一定按照教师指导的方法来和孩子互动。

此后，我经常将豆豆的表现进行梳理，不放过任何一个能和家长交流的机会，充分利用各种途径与方法，有针对性地给予家长指导。我会经常拍一些豆豆在园生活的照片和视频，与家长分享豆豆的点滴进步，以实际行动让家长从自己孩子的身上了解到老师对孩子的关爱，看到孩子的进步，增强对孩子教育的信心及对老师的信任。渐渐地，家长也会主动和我分享自己的育儿经验、与孩子互动的视频等。那一刻，我感受到家长对我的做法的肯定与信任。

与此同时，我也在班上对孩子们进行引导，鼓励其他幼儿主动邀请豆豆参与游戏，也适当地参与豆豆的游戏。我常告诉孩子们，豆豆并不是一个坏孩子，只是年龄还小，身体有些特殊，需要班上小伙伴的关心和帮助，并鼓励小朋友亲近她。当遇到棘手的状况时，我会利用从家长那里了解到的信息，帮助豆豆尽快稳定情绪。比如，有一次午睡起床时，豆豆突然大哭大闹起来，还不停地扯着自己的头发。正当我束手无策时，我忽然想起她妈妈曾经说过，孩子必须是固定的发型，三个小辫，多了少了都不行。当日午睡时，她的头发被揉散，少了一个小辫。我急忙安抚，给她还原发型，她的情绪才得以稳定。

日子一天天过去，豆豆在班上依然会制造不少突发状况，但是我惊喜地发现，孩子们对豆豆的接纳度越来越高："豆豆还小，我们要帮助她。""豆豆，可以给我一块积木吗？"当豆豆开心地将积木递给同伴时，他们会兴奋地跟我说："豆豆愿意跟我分享了，我们成为朋友了……"孩子们对豆豆多了一份谦让和包容。在豆豆突然冲出教室时，总会有一两个孩子主动跟在后面，尽量把她拉回或者告诉老师。孩子们对豆豆多了一份关心和责任。集体活动中，同伴愿意牵着她的手一起做游戏，不再排斥她了。豆豆的进步也一天一天地明显起来，当看到同伴在搭房子时，她会主动去观望，有时还能给同伴递一块积木，当同伴对豆豆说"谢谢"时，她的脸上会洋溢出难以掩盖的笑容。

苏联著名教育家苏霍姆林斯基说："教育的效果取决于学校与家庭教育的一致性，如果没有这种一致性，那么学校的教学和教育过程就会像纸做的房子一样塌下来。"在教育豆豆的过程中，我深深地感到家园共育的重要性，教育的成功必然要家园家校合作共育。每一个孩子都是祖国的花朵、未来的希望，值得我们去关心和爱护，我们应该正确看待每一个孩子身上出现的种种问题，不放弃特殊儿童，不忽略对他们的关注和引导，更不能用有色眼镜看待他们的行为。静待花开是一份责任和担当，特殊孩子的教育比正常孩子的教育更加艰难。只有为特殊孩子创造条件，家园有效配合，不言放弃，才可能等到花儿绽放。对于班级绝大部分孩子而言，与豆豆相伴，他们也学会和体验了关爱、帮助和责任，经历了不一样的成长。对我而言，更是在这一次次的教育历程中收获着满满的感动与惊喜。

雏师与幼童的故事

杨陈婷，武汉市武昌区实验幼儿园

为实现分类指导，推进教师专业发展，有专家以及幼儿园将入职不满五年的新教师称为“雏型教师”。我刚入职不久，自称“雏师”，既无自谦自卑之嫌，更没有为自己的不成熟找借口之意，唯一的愿望就是以此客观描述、准确定位而已。“无巧不成书”，园领导安排我带小班，这就意味着雏师与幼童都是“新手”上路。尤其是与桐宝小朋友之间发生的事，也许构成了我的第一个教育故事，在心目中留下了较为深刻的印象。

开园前的开放日，桐宝随爸爸妈妈来到幼儿园熟悉环境。当时，桐宝的爸爸妈妈和班主任老师交谈，互通信息，而我则在旁边陪着桐宝，他玩得很专注，对身边陪伴的老师并无特别的反应。正因为是“雏师”，我对自己班上的孩子充满好奇与期待，希望借陪伴的机会更多地了解孩子。经过短暂的观察后，我便主动以提问发起交谈：“小朋友，你叫什么名字呀？”桐宝扭头看了我一眼，又自顾自地玩起来了。“能不能告诉老师你喜欢什么样的玩具？”桐宝依然不吭声，这次他就像没听见有人在与他说话一样。桐宝金口难开，我无计可施，只能在旁边默默地盯着他，避免他跑丢了。

十来分钟过后，桐宝突然把手中的玩具狠狠地摔在地上，朝教室门口冲了出去，边跑还边大叫着：“走！要走！回家！”我紧追几步，在走廊里将桐宝“拦截”下来，他妈妈迎上来将桐宝抱在怀里，耐心安抚着。桐宝在妈妈的怀抱中难以“逃脱”，便开始不受控制地大声尖叫起来。初见这种场面，我有点吃惊，更是不知所措。桐宝的爸爸妈妈见状，一边拉着桐宝，一边不好意思地连声道歉："老师，不好意思啊，桐宝第一次来幼儿园，可能不太适应。我们先带他回家，开学时再过来，还请老师多费心。"

班主任教师与我谈到桐宝的家庭背景，我这才知道他妈妈硕士研究生刚毕业，他爸爸是高校老师。由于父母平时的工作和学习都非常忙碌，桐宝一直和奶奶住在单位大院。奶奶很少带桐宝出门，基本上不和大院的其他孩子一起玩，只让桐宝在家里看电视。听了这些，我好像能够理解桐宝第一次来园的异常行为和父母担忧的嘱托，同时开始思考如何帮助桐宝解决沟通和融入的问题。

开园后，桐宝如期而来，他的弱点和小问题也逐步暴露出来。桐宝不懂得与小伙伴交流沟通，从他成长的家庭环境判断，这并不让人意外；在班级的各项活动中，桐宝不合群，时常处于游离状态，这是对新的环境不适应的具体体现，也可以理解；然而，他竟然不会脱裤子上厕所，这让我们几位老师很吃惊。好在是小班的幼童，一切都有机会从"零"起步。

要让桐宝听从指令与引导，必须采取从语言沟通开始训练的策略，我每天花费较多的时间跟桐宝对话。我问他："你是谁？"桐宝也跟着说："你是谁？"我回答他说："我是杨老师。"他也回答说："我是杨老师。"起初，他就像一部跟读机，老师说什么，他就模仿什么，重复老师说的话，没有人称概念，不能理解语义和语境。经过一段时间持续的训练，桐宝终于知道要根据老师的问话来回答问题了。每当桐宝受到老师的肯定，获得小贴纸的奖励后，他脸上会露出得意的笑容，也许桐宝不知道老师心底的笑容与他的一样灿烂。

桐宝妈妈发现孩子的进步与变化也十分开心，每当见面她都会说："老师，桐宝有进步我太开心了，把孩子交给你们我非常放心，今后有什么问题我们家长绝对配合老师。"听了桐宝妈妈的话，我信心倍增。"如果能够得到家长的支持和配合，家园携手共育，桐宝的进步也会更快。桐宝妈妈在家也要多与孩子对话和互动，引导他思考后大声地表达出来，而不是通过他的表情和肢体动作去猜他的想法。”听到我的建议，桐宝妈妈满口答应。

几个月过去了，在老师和家长的配合下，桐宝的语言能力得到了较快的提高。但是在强化语言训练的时候，桐宝在规则意识和融入意识等方面的缺陷又显露出来了。正可谓，一波未平一波又起。

疫情背景下，家长不能入园，于是建立了在家长群中发幼儿在园活动照片的制度，其目的是让家长了解孩子在园活动以及表现情况。几天之后，桐宝妈妈开始在 QQ 上给我发消息，焦急地询问怎么在照片中找不到孩子的身影，家长迫切想知道孩子在干什么。其实，我们几位老师也发现了问题，因为是小班孩子，需要盯住的事情较多，没顾上解决好照片中“漏掉”桐宝的问题。面对家长的询问，我只好照实话说：“集体活动时，桐宝常常一个人跑到角落躲起来，老师把他带过来后，没几分钟他又会跑开。”我此前对桐宝成长的家庭环境略知一二，在与桐宝妈妈交流时不禁问了一句：“你们平时是不是很少带桐宝和其他小朋友一起玩呀？”听到我的问话，桐宝妈妈十分自责，觉得是自已对孩子疏于照顾和陪伴，导致孩子融入能力欠缺。

后来，桐宝妈妈陪伴孩子的意识增强了，陪伴的时间也增多了。晚饭后，她会带桐宝在小区游乐场与其他小朋友一起玩耍，睡觉之前还会给桐宝讲绘本《好朋友》的故事，希望桐宝能够更快融入班集体并与其他小朋友一起玩耍。在班上，我们也经常将那些热情活泼的小朋友与桐宝分到一组，有小朋友会主动地牵起桐宝的手，热情地邀请桐宝一起玩。看到记录着这些温暖瞬间的照片，桐宝妈妈的担心和焦虑也得到了缓解。

我留意到桐宝对音乐很感兴趣。每当音乐声响起，桐宝不管当时在干什么，他都会跑到一体机面前认真聆听，时而还晃晃小脑袋，手舞足蹈，表露出入迷的样子。这也许与他入园前奶奶长时间让他看电视不无关系。于是我将桐宝的喜好告知给桐宝妈妈，并建议“投其所好”，进一步激发孩子对音乐的兴趣。桐宝妈妈积极配合，立刻网购了两套儿童话筒，一套留在家里，另一套由桐宝带到幼儿园和其他小朋友分享。刚开始，桐宝只是在座位上小声地哼唱，每当老师的视线锁定到他，他就立马低下头不唱了。活动后，我找到桐宝，夸奖他唱得很棒，鼓励他如果下次能够拿起小话筒，唱给大家听，那就更棒了。

一次，我们组织孩子学习《吹泡泡》歌曲，桐宝唱得特别认真。我伸手朝向桐宝说：“请桐宝小朋友上台来表演!”桐宝显然因害羞而有些扭捏。“让我们用掌声对桐宝小朋友表示鼓励!”教室里顿时掌声如雷，还有小朋友高喊：“桐宝加油!”桐宝鼓起勇气走到小朋友面前，拿起小话筒唱起了《吹泡泡》。桐宝表演完，教室里再次响起掌声，而桐宝又露出害羞的表情，而这次是笑了。

转眼到了期末，桐宝不仅提升了沟通能力，而且在班上也交到了好朋友。尽管桐宝在集体活动中偶尔会开小差，但是我们相信他今后会越来越棒。放假前，桐宝妈妈在 QQ 上给我发了一大段感谢的话语，感谢老师的耐心与付出，感谢老师的关注与引导。我深知，孩子的改变不仅仅是老师的功劳，也有家长的配合与参与。尽管如此，读到家长的感激之言，我深受感动，职业责任感倍增。

管控幼儿情绪，从管控自我做起

张晗，武汉市武昌区实验幼儿园

在园幼儿的心智尚处于发育阶段，他们中间不少孩子的情绪变化，就像过山车一样，忽高忽低，变幻莫测。然而，面对叽叽喳喳的孩子，长期处于吵闹的环境，教师自身情绪也难免发生变化。尤其是偶尔遇见几个脾气暴躁不听劝告的幼儿，教师的情绪偶尔也会出现不听使唤的时刻，继而直接影响对待孩子的态度以及处理问题的方式，出现教育引导效果不佳或适得其反的局面，甚至还会惹怒家长。我意识到情绪管控的重要性，还得从我与苗苗小朋友的两次交集说起。

那天，区域游戏开始了，孩子们都自主选择了各自想要的游戏材料，开始了丰富多彩的游戏。有的三三两两，角色分明，在玩办家家游戏；有的俨然是小小建筑师，多个孩子聚在一起，用积木建造自己心中的美丽城堡；也有的安安静静地坐在图书角，全神贯注地阅读绘本……

我在教室里巡视着孩子们的游戏，时不时有小朋友邀请我加入他们的游戏。当我走到梓琰的桌子旁时，他拉住了我的衣服，说："张老师，我下飞行棋是我们班最厉害的，你敢不敢挑战一下啊？"我饶有兴趣地看着他笑了笑，并点头示意接受挑战。他很麻利地将棋子还原到原始状态，跃跃欲试地看着我，暗示我先下棋子。我刚拿起棋子准备开始时，就听见喊叫声："张老师，不好了，你快去看看苗苗，他又发脾气了，把区角的玩具全都推倒在地上了。"我的脑袋轰的一下，浮现出苗苗上次在教室发脾气后的情景：所有的玩具筐和玩具都散在地上，犹如大型的“灾难现场”。我怒火如焚，便把肇事的苗苗拉到一边严厉训斥，并强令道：“你今天必须一个人将你撒落的玩具全部分类归整。不然的话，你得小心一下，看我会如何治你。我还不信管不住你这个捣蛋鬼!”苗苗高昂着头，纹丝不动，似乎就是要与我较量一番。师幼两人僵持不下，场面一度难以控制，引来部分孩子围观，最后我只好借梯子下台，让事情不了了之。

绝不能再让前一次的场景重现！我深吸了一口气后，一边在心里默念着“冷静”，一边快步朝苗苗那边走过去。也许是事情刚发生，他的情绪还未到达上次那种最糟的程度，“战况”没有上次的“惨烈”。我暗暗在心里轻呼了一口气，蹲下身，用手轻轻地去牵苗苗的手，轻声地喊道：“苗苗!”他怒目微露地抬起头看着我。我又放缓了语气，微笑着又叫了一声“苗苗”，并顺势牵起了他的另一只手。这时，他才缓缓抬起头看向我，眼睛里闪过一丝诧异，可能往日的经验让他下意识地以为我会很严厉地批评他，而他意外地发现我的微笑和轻言细语，显得有点懵。

“苗苗，你能告诉张老师这是怎么回事吗?”我轻声说道。苗苗虽然没有刚开始的怒气，但还是紧闭着嘴，不回应我的问题，瞪大眼睛静静地看着我。在一旁围观的乐乐开口解释：“张老师，是付奕先拿到苗苗每次玩的锁和钥匙，苗苗去找付奕要，付奕让他自己去材料筐里找，他找着找着就发脾气了。”听完乐乐的话，我心中有底了，便反问道：“谁说苗苗是在发脾气呀？你们看他现在的表情是生气吗?”这时就有小朋友喊道：“没有!”听到小朋友的回话，苗苗紧绷着的脸放松了一点，情绪也有所缓和。我转头问他：“苗苗，你是不是因为找锁和钥匙，才把整个玩具柜里的玩具倒在地上的？觉得这样更好找，是吗?”他明显没料到我会给他发脾气的举动找好借口。他愣了愣，像突然反应过来了一样，猛地低下头，在地上轻轻扒拉着玩具堆，仿佛真的在找东西。

我抬头对围观的小朋友们说："你们看，苗苗不是生气了，他只是在找他想要的玩具，我相信等他找完，他自己就会分类将玩具好好送回'家'的。"小朋友们听到我这样说，都附和道："我们相信！苗苗肯定会把玩具都送回去的。""怎么找不到啊？"苗苗自言自语。手下的动作也从"寻找"玩具变成了收拾玩具。"苗苗真棒，会自己收拾玩具不说，遇事还会思考并且不再发脾气了，他的进步非常大。我们班小朋友都要向他学习。""这么多玩具我很快就能收拾完的，张老师，你看着我收拾。"他傲娇地说着。手上的动作明显加快了，再也看不到他难以自控的情绪了，反而还能感受到他一丝丝的雀跃。

苗苗毫不停歇，很快就将玩具整整齐齐地放回到玩具柜。"苗苗，你真厉害，这么多玩具一下子就收拾整理好了，真棒！张老师这里有个更具挑战的游戏，你要不要尝试一下？""什么游戏？"于是，我带他来到了梓琰的棋盘前。"喏，梓琰说下飞行棋，我们班没有人能赢他，你来应战吧！张老师做裁判，看看你下棋是不是跟你收拾玩具一样厉害。"这时的他已经完全忘记了自己没能得到玩具时的愤怒，而是踌躇满志，一心只想战胜对手。

同样是面对孩子的坏脾气，上次我怒火中烧地选择了和孩子"硬刚"，用严厉的态度欲制止孩子的坏情绪继续发酵，没有在第一时间考虑到孩子除了发泄情绪外的心理需求，没有明确意识到孩子当时是需要老师的关心和理解的，结果导致情况僵持不下。这样做，不但孩子的情绪没有安抚下来，反而将自己卡在孩子的情绪里，难以解脱。这次，我经过冷静思考，进行短暂的反思之后，决定一改以往的刻板言行，用温和的动作和话语"以柔克刚"，给孩子合适的"台阶"，一步步引导他从负面情绪的"高处"慢慢走下来。

老师是孩子成长路上的引导者，承担着教书育人的根本任务，在教育实践中就包括舒缓学生的负面情绪，帮助纠正孩子的不良性格。首先，教师要控制好自己的情绪。教师只有管控好自身的情绪，才能对学生产生感染力，否则于孩子的状态而言，只会起到火上浇油的作用，甚至构成负面示范。其次，教师遇事要更显耐心、温柔。每当面对或处理孩子中的异常情况与问题，教师在言语中需少责备多理解，让孩子能真切地感受到老师“站”在他那边，会保护他，是他值得信赖的好朋友，从而让孩子不抗拒并跟着老师的引导来调节自己的情绪。最后，教师要转移孩子的注意力。孩子情绪变坏或情绪失控的时刻，对于来自教师的大道理，有时候很难听得进去，这时教师必须要充满智慧地去帮孩子走出坏情绪状态，其中转移孩子的注意力是一个比较有效的方式。

对同一名幼儿两个类似场景中出现的状况的处理方式，特别是教师对自身情绪的表露的深入反思，不是作秀给别人看，而是在反思中挑自己的“刺”，让自己看清自身的“庐山真面目”，使自己成熟起来，使自己从烦琐和疲惫中解脱出来。孔子曰：“吾日三省吾身。”真正优秀的教师，都是反思型教师，在日常的教育实践中保持冷静的思考，对自己的教育行为进行审视、追问、质疑、批判、总结、改进，从而提升自己的教育境界，促进自己的专业发展，不断超越自我。

把前行的道路留给孩子

李玲玲，武汉市武昌区实验幼儿园

早上入园后，沫沫从书包里拿出两个漂亮的蝴蝶结发卡，神神秘秘地对我说："老师您看！我要送给瑶瑶和茜茜，给她们一个大大的惊喜！"我好奇地问："为什么要送惊喜呀？""因为她们是我的好朋友呀！"我点点头表示默许，沫沫高兴坏了，拿着发卡就直接奔向她的好朋友，其他小朋友也都围了过来，争着看，特别是女孩子，都对沫沫的礼物表示赞叹："哇！这个发卡太漂亮了！在哪里买的？"沫沫特别骄傲地说："这可是我和妈妈一起做的！你们在外面买不到的。"她慎重地将礼物一一放在瑶瑶和茜茜的手里。这时，琪琪凑过来，小声地恳求说："可以送一个给我吗？"沫沫马上摇头："不行！我现在只有这两个！"琪琪失望地走开了。

下午离园前，孩子们开始整理各自的书包，瑶瑶突然大声喊："我的发卡不见啦！"我马上走过去，她已经哭了起来，嘴里不停地说："那是沫沫送给我的礼物，被小偷偷走啦！"我安慰瑶瑶说："不着急，也许是不小心弄丢了，我来帮你找找。"环视教室里背着书包的孩子们，我发现琪琪神色紧张地捂着自己的书包，心里大概有了数，趁她上厕所的时候查看了一眼，果然丢失的发卡在她的书包里。我依然不动声色，只是安抚瑶瑶一定可以找到，然后放了学。

发卡虽小，也没花钱，但是不经人允许，就拿走他人的物品，这可不是个好习惯。也许小孩子只是因为喜欢，才擅自拿走发卡，但是发现问题，教师和家长应该有比较明确的态度。我在维护放学的路队，便请班级老师帮忙给琪琪妈妈打了个电话，请她家里其他人到幼儿园将孩子接回家，并约好琪琪妈妈来幼儿园面谈。

接到邀约来幼儿园面谈，琪琪妈妈虽然不知具体的原因，但是肯定心照不宣，对孩子在幼儿园“犯错”多少有点思想准备。简单寒暄数语，我就将当日事发的经过与原因完整地讲述了一遍。听着我说话，琪琪妈妈的脸色逐步阴沉下来。她没有袒护自己的孩子，反而还给我讲述了发生在琪琪身上的另外一件事情。

琪琪家长为密切亲子关系，常带她外出参加活动。有一次，他们带孩子到户外参加一场美术拓展活动，琪琪玩得很尽兴。下午回家以后，妈妈帮孩子收拾物品时，发现她把举办方的一个笔筒带回家了。当时妈妈就质问孩子为什么要将这个拿回家，琪琪不以为然地说：“因为笔筒很漂亮，我很喜欢，就想要。”说到这里，琪琪妈妈焦急地问我：“她这样偷别人的东西，我是不是要狠狠教训她一顿，吓唬她要报警，让警察把她抓起来？不然她又像这样拿别人的东西怎么办？”

在与家长的交谈中，我说话选词都比较谨慎，一直都没敢用“偷”这个敏感的字眼，倒是家长脱口而出，可见家长对孩子行为的认识与担忧。妈妈提出的问题让我五味杂陈。孩子的世界纯真又美好，只是对于是非对错没有具体的概念，如果强制打压，不仅会伤害她的自尊，而且也不能真正解决好问题。对于家长不为孩子护短的态度，我很赞赏，但是轻易给孩子戴上“偷”这顶羞耻的帽子，我不敢苟同。想到这里，我安慰琪琪妈妈说：“琪琪在幼儿园一直都是独立能干的好孩子，我相信她的品质，这也是我为什么没有在小朋友面前直接从她的书包里拿出发卡，而是单独约您面谈的原因。我们先不要给孩子下‘偷’的结论，更重要的是通过沟通找出孩子行为背后的原因。”听了我的话，琪琪妈妈一直皱着的眉头松了许多，语气也温和起来。她说："我只是不明白，我们家条件不差，平时孩子要什么就买什么，基本上都直接满足，她为什么会拿别人的东西呢？"我笑着说："您看，这就是问题啊！孩子要什么有什么，潜意识里就会觉得都是她的东西，想要就能要到，想拿就可以拿。"看到妈妈沉默了，我又接着说："有时，延迟满足更能让孩子学会控制自己。您可以在家引导她分辨对错，认清'自己的'和'别人的'这样的概念，带孩子一起来面对问题，用言传身教的方式告诉孩子，别人的东西不是想拿就可以拿的。犯错了可以带着孩子一起纠正，后面老师也会进行引导。"妈妈若有所思地点点头。

第二天，琪琪妈妈带着孩子一起来到幼儿园，她们将发卡还给了瑶瑶，然后递给她一个小兔子的钥匙扣。妈妈对瑶瑶说："对不起，琪琪昨天不小心拿了你的发卡，她也很想和你做朋友。今天她带了一个小礼物，你能原谅她吗？"妈妈的语气很温和，瑶瑶接过了礼物，开心地说："好呀！谢谢阿姨！"我跟在她们的后面，看着这温馨的一幕，不由得给妈妈竖起了大拇指。

在当天的谈话活动中，我给孩子们分享了绘本《不受欢迎的"客人"》，故事里讲到了小浣熊因为爱拿朋友的东西，所以不受欢迎。我邀请孩子们给小浣熊支支招："如果喜欢别人的东西，应该怎么做？"大家纷纷发言："可以问问别人，征求同意。""实在很喜欢，试着跟别人商量，借一下。""告诉爸爸妈妈，也给自己买一个。"……正在大家讨论得热火朝天的时候，琪琪突然哭了起来，她说："我拿了瑶瑶的发卡！"小朋友们一下子就安静了下来。这时瑶瑶主动站起来说："没事，琪琪和她妈妈一起归还了发卡，我原谅她了！"我走过去，轻轻牵起琪琪的手，领着她走到小朋友的面前，对大家说："今天老师要表扬琪琪和她的妈妈。"琪琪马上擦干眼泪，惊讶地看着我，我摸摸她的头，继续说："昨天琪琪拿了瑶瑶的发卡，但是妈妈及时帮助她发现了问题，今天来幼儿园交还了物品，并且现在还主动承认错误。这种知道错了就勇敢承认的行为，叫作诚实，也是一种担当。我们一起来为她们鼓掌点赞吧！”听了我的话，大家纷纷鼓起掌来。

放学时，琪琪特别高兴，她蹦跳着走到妈妈的身边，大声说：“老师今天表扬我啦！”她的妈妈也一扫阴霾，给了孩子一个大大的拥抱：“太好啦！”然后妈妈握住我的手，激动地说：“谢谢老师！”我也由衷地还她一个微笑：“也谢谢您的信任和配合！”

我们常说，要尊重孩子，理解孩子，可是在遇到问题时，却容易混合成人的情绪和思想来处理孩子的事情。教师要走近孩子，就得把自己当成孩子，站在孩子的角度去思考和解决问题，才能将复杂的问题简单化；教师是成人，就要站在孩子的身后去关爱与引导，润物无声地助力孩子健康成长。面对孩子成长过程中出现的问题与缺陷，教师和家长不能简单地批判、指责、吓唬，也不能言过其实，以伤害孩子的自尊为代价去处理。保持家园交流畅通，态度与方法一致，坚持正面引导，谨慎采取帮教措施，不管是在孩子前面拉，还是在孩子背后推，都要把前行的道路留给孩子。

家长从指责转为致谢

施弦，武汉市武昌区实验幼儿园

9月10日教师节是教师感受幸福与快乐的重要时刻。很多家长都会发短信，向孩子的教师致以节日的问候。家长发来的短信多了，我会及时回复家长以表达谢意，有的就随手删掉了。然而，直到如今我一直保存着一条特别的信息："施老师，祝您教师节快乐，感谢您一直以来对妍妍的照顾和关心，谢谢您！"从文字上看，这条节日祝福短信与其他家长的短信祝福并无太大的差别，说它"特别"，是因为其背后发生的故事。每当看到这条信息，我脑海中就会浮现出自己曾经与妍妍的隔代家长之间发生的小误会，不禁百感交集。

随着生活水平的不断提高，幼儿中的超重儿、肥胖儿似乎也越来越多了，这样的现象是好还是坏，家长的看法并不统一，有的甚至以为这是孩子长身体、健康成长的标志而不以为然。妍妍转园初次来到班级的时候，就引起了我的注意。她圆圆的脸蛋，胖乎乎的身体，见一眼就能判断出她至少是超重了！妍妍吃饭的速度特别快，其他小朋友刚拿到饭开始吃时，她已经吃完一碗饭了。小朋友户外运动时，妍妍总是坐在运动器械上一动不动地发呆。见到她"按兵不动"，我就主动邀请她参与游戏，而她却不断重复一句话："老师，我好累呀！我想吃饭了。"

在幼儿园组织的一次健康体检时，妍妍的体重已达55斤，参照儿童身高体重对照表的指标对妍妍进行认真评估后，医生判断她属于中度肥胖儿，并明确建议家长，为了孩子的身体健康，应该控制孩子的体重。依据对控制超重儿的标准中提出的建议，需要幼儿在进餐前先喝汤再吃饭，并要控制进餐速度。在幼儿健康体检之前，我已与妍妍的爸爸妈妈进行了前期沟通，她的爸爸妈妈异口同声地说："我们也一直在为孩子的肥胖而犯愁。"

有一天幼儿入园时，妍妍的奶奶突然怒气冲冲地跑进幼儿园兴师问罪："妍妍回家总说没吃饱，你是不是在'虐待'我孙女？你为何不让孩子吃饱？"对于这突如其来的质问，我毫无思想准备，便一个劲地尽力说明没有"克扣"孩子的伙食。"每天妍妍都是同其他孩子一样吃饭，吃一样的饭菜。我为什么要'克扣'妍妍一个孩子呢？""提醒妍妍吃慢一点，少吃一点主食，也是为了她好呀！不然，她继续超重就麻烦了。"谁知我一提到"超重"两个字，妍妍奶奶更是火冒三丈，说："我家妍妍哪里胖？一点都没超重！她就喜欢吃肉，一直就不爱青菜，身体好得很，胖什么胖！你一个自己都没有娃的老师，懂得个么事？小孩子正在长身体，你该不是刻意虐待我孙女吧？"

奶奶大发雷霆，恶意指责，我感到非常委屈和难过，以致都没想到做进一步的解释，更不敢怒怼回去，唯恐那样会进一步激怒妍妍奶奶，激化矛盾。在与妍妍奶奶无法坦诚沟通的情况下，我只好再次与孩子的爸爸妈妈相约，深入交谈。妍妍的妈妈说："在家里，我们每顿都提醒妍妍控制食量，确保营养均衡，但是奶奶就唱反调，看到妍妍吃得高兴，奶奶就在一旁夸孩子会吃。""请老师不要因奶奶的误解而生气，我们再来做奶奶的工作，请她配合。"妍妍的爸爸补充说。

得到妍妍父母的理解和支持，纠正孩子在幼儿园进餐的不良习惯，我信心更足了。每当有机会，我便耐心地给妍妍讲道理，让她逐步认识到不良饮食习惯带来的严重后果，并时刻关注她的心理和情绪变化。起初，妍妍并不能完全理解老师讲述的道理，也不能满足老师提出的要求，但是勉强能按老师的要求去努力。

每当见到妍妍奶奶，我仍然以礼相待，就像什么都没发生一样。想到老师也是在为自己孙女的健康成长考虑，奶奶的态度慢慢发生变化。在组建班级家长委员会时，我据理力争请妍妍奶奶成为班级家委会的成员。这样，她就有机会经常与教师坐在一起讨论班级的工作。面对我们的真诚和执着，妍妍奶奶更深入了解到我们的工作，她慢慢地变得心平气和了很多。然而，她仍然不认可妍妍存有超重的问题，而且还说："你们一定要让我孙女多吃肉，她就喜欢吃肉，要不然我还得跟你们急！"此时妍妍奶奶的说话语气与过去相比平和多了，这让我看到了工作的效果。于是，我趁热打铁组织了一次家长半日开放活动，创设场景让奶奶亲自发现妍妍的超重问题。

户外运动"小蚂蚁搬豆"正在进行中。小朋友们扮演小蚂蚁，排队依次搬着"豆子"爬过草地，钻过"山洞"，快速将"豆子"放在指定地点才算完成任务。"摸爬滚"对小朋友来讲，就是小儿科中的小儿科，绝大多数小朋友都能很轻松地完成。当轮到妍妍时，她费力地趴在地上，没爬两步就大声叫喊："我爬不动了。"一旁观看的小朋友不停为她助威："妍妍，加油！妍妍，加油！"在大家的鼓励下，她总算没有半途而废，可还没钻过"山洞"，便累得气喘吁吁，任凭老师、家长和小朋友怎么喊加油，都不能站立起来。亲眼看到妍妍的表现与状态，奶奶感到既吃惊又尴尬。

活动结束后，妍妍奶奶着急地找到我说："老师，今天妍妍的表现让我实在太意外了，一直照这样下去可怎么办啊？"很显然，奶奶已经意识到了问题的严重性。我便请来幼儿园的保健医生，请她为奶奶提供关于幼儿体重测量的指标、超重儿的专业研究材料，以及超重后期对孩子的心理和身体健康的危害性视频等，还详细介绍了幼儿园针对超重儿制订的一生一策的减肥实施计划。例如，在饮食上进行控制，饭前一碗汤，多吃青菜和水果，少吃主食和肉类等；适当加大幼儿的活动量，帮其改变不爱动的不良习惯等。同时，保健医生还为奶奶传授了在家可以实施的有效方法。

家园密切配合，不到一个学期的时间，妍妍的体重明显下降，进餐习惯改善，户外运动量不断增加。看到我经常发过去的妍妍在园活动的视频片段，奶奶不仅看到了科学育儿的效果，还对教师增加了几分亲近感，每当在幼儿园与教师见面时，话变多了，态度也变温和了，逐步理解了教师工作的不易以及教师对孩子的真诚。妍妍毕业时，奶奶眼睛里饱含着泪水，语重心长地说："能遇到您这样有责任心的好老师真是我们家孙女的福气啊！谢谢您，施老师，感谢！"自此以后，每逢教师节，妍妍奶奶都会发短信致以节日的问候。

妍妍奶奶的态度来了一个一百八十度大转弯，从指责转为致谢，其间我不仅因为最终被理解思想上获得了轻松，放下了包袱，而且也受到了教育，得到了启示。了解幼儿，尊重家长，用真诚的心赢得家长的心，用专业的技能获取家长的信任，以心换心，多换位思考，与家长共同商讨孩子的成长是一件多么了不起的大事啊！向家长传授科学的育儿方法、正确的教育理念，我们既需要热情、耐心和坚持，同时也要讲究方式和方法。在转变妍妍奶奶错误的育儿方法时，创设"小蚂蚁搬豆"的场景将隐性的问题变成显性的问题，将滞后的问题提前暴露，让事实说话，更易于让家长看清孩子健康方面存在的问题，便于家园统一认识和行动。若是要追寻家园沟通的规律和窍门，对于我而言，这应该是一次深刻的体验。

完成游戏并非游戏结束

吴莎，武汉市武昌区实验幼儿园

游戏材料是幼儿园不可或缺的宝贵教育资源，是落实让孩子在游戏中成长、在玩中学习的重要载体。幼儿园在儿童游戏材料上的投入逐年加大，游戏材料日趋丰富多样。诸如搭建等方面的游戏材料，就像是缩小版的工程项目，材料多样，规格齐全，这从形式上对幼儿产生很强的吸引力，有利于激发幼儿游戏的兴趣与创造灵感。

每当游戏结束，孩子们总会表现出意犹未尽的样子，依依不舍地结束游戏项目。游戏成功了，孩子们欢呼雀跃；游戏不理想，孩子们会陷入思考；游戏时间到了，孩子们会有些许疲惫……在孩子们离开的背影后面，留下的是四处散落的材料，犹如没有收拾的“战场”一般，甚至看上去“一片狼藉”。有时候，没有孩子主动关注那些陪伴自己的游戏材料；有一部分孩子以为，他们只负责做游戏，收拾材料不是他们的任务。这让我不得不思考幼儿游戏“善终”的话题，用何作为游戏结束的标志。

一、“让别人去干吧！”——游戏材料收拾 1.0 版

户外自主游戏是深受孩子们喜欢的游戏，大家争先恐后地将圆柱体、长条木、大小木块从材料区角搬到游戏现场。只要告诉他们自选游戏时间开始了，无须动员，孩子们很快就会进入游戏角色，沉浸其中。然而，户外游戏时间结束时，尚未派上用场的积木，以及部分孩子拆除搭建物留下

的材料等散落在场地的角角落落。

佳琪拉着贝贝的手说："走吧，咱们去收拾玩具。"贝贝转身看了看满场地的游戏材料，不由产生几分畏难情绪，皱起了眉头，噘着小嘴说："这么多的玩具，要收拾多久啊？我才不干呢！我都玩累了，让别人去干吧！"说着就朝反方向走去，一屁股蹲坐在一旁的台阶上。很快贝贝看着有小伙伴跑来跑去，不停搬运材料的忙碌身影，自感不自在。她慢慢地起身，不停地抖动着两条腿。最终，她还是迈开了步子，回到了游戏场地，捡起一个方形积木往材料箱那边走去，这也算得上是参与到收拾游戏材料的活动中。然而，她一直眉头紧锁，无精打采，即便是拿着很轻的游戏材料，双腿也像灌了铅似的，显得好沉重。看到贝贝心情不好，佳琪在一旁不停地鼓励，每当走到她身边还会朝她喊一句："贝贝，加油！"

二、"老师，选我！选我！"——游戏材料收拾 2.0 版

户外游戏结束的音乐响起了。"孩子们，快到老师身边来，我们一起再玩一个超有趣的游戏吧！"本来孩子们就嫌游戏时间过得飞快，一听到指令，便以迅雷不及掩耳之势，放下手中的器材围拢到我身边。贝贝睁大了眼睛，好奇地问道："什么超有趣游戏啊？""老师，老师，您快说说！"佳琪迫不及待地边跳边说着。"前线战士们的炮弹和其他物资快用完了。作为小小勤务兵，我们得把补给赶紧送上。战事这么紧张，你们愿意参加这次特别行动吗？"听我这样一说，孩子们纷纷举起手，跳跃起来喊道："我要参加！""老师，选我！""好，现在散落在场地上的各种器材就是战士们急需的炮弹、枪支和生活物资。小小勤务兵们，咱们迅速按类别把它们整整齐齐地放到箱子里就算完成这项特别任务啦，愿意参加的小朋友向我敬礼！"随后，一只只可爱的小手，呈敬礼状举到耳朵的上方。"行动！"我一声令下，孩子们便快速跑到场地的四周，收拾整理材料。之前劳动时无精

打采的贝贝，现在跑得比谁都快，第一个开始整理游戏材料。

三、“我们真是太棒啦!”——游戏材料收拾 3.0 版

又是一日收拾材料的环节，有几个小朋友的身影吸引了我的目光。贝贝蹲在地上收拾满场地的塑料小球，佳琪也加入了进来。他们的小手捡起两三个小球，便送到球筐。往返几趟后他们便发现一次只能拿几个小球，收拾得太慢。为了少跑几趟，加快收拾的速度，俩孩子选择一次多抱几个球，结果球很容易掉落……

此刻，我抑制住了想上去帮忙和提示的想法，决定相信孩子，不介入，先观察。贝贝抬起头对佳琪说：“我们能不能想个别的办法，一次多运点小球啊？这样收拾太慢了。”“是啊，要是有个大口袋就好了，可以把球装在一起运过去。”贝贝睁大双眼，兴奋地说：“没有大口袋，我们可以做一个啊！”只见她放下手中的小球，拉着佳琪的小手跑到了玩具器材箱附近。我好奇地跟过去，发现贝贝从箱子里找出了很大的圆形彩虹布。“佳琪，你看，这儿有块大布，我们可以用它来做大口袋。”佳琪和贝贝一起使劲儿把彩虹布抖开。这个举动吸引了彤彤的目光，她问道：“你们在干吗呀？”“我们要用这块布做成一个大口袋装小球，彤彤你会做吗？”彤彤兴致勃勃地参与进来，说道：“我们可以像玩彩泥包包子一样，把布的边边都捏到一起啊！”贝贝和佳琪开心地说：“这真是个好办法。”佳琪和彤彤用手握住彩虹布的两端并捏到了一起，让圆布凹成了一个“大口袋”。“贝贝，快把球都丢进来!”三个人分工合作，很快将所有的小球收进“大口袋”。

“我来把‘大口袋’收口!”彤彤把“大口袋”一圈的布像包包子一样紧紧地攥在了一起，拖着“大口袋”。“那我俩在后面帮你推吧!”贝贝和佳琪在后面小心翼翼地用手扶着推。终于，她们成功地将所有的小球快速地送回了“家”。

游戏后收拾整理材料和玩具是幼儿园活动的一个特有的环节。我们曾经希望幼儿参与收拾和整理任务，更多的是希望减少保育的工作量，引导幼儿爱惜材料和玩具。但是，从幼儿游戏后的三个不同场景看，引导幼儿完成好游戏后的收拾整理工作的意义与作用不仅仅限于降低保育工作量，这其中还涉及幼儿的劳动意识、责任感以及游戏的延伸作用等多个方面。现场观察孩子们游戏时的表现，也给予教师许多有益的启示。

一是更新观念，将后续材料的收拾整理作为游戏的延伸。一直以来，教师设计幼儿游戏项目，比较多地考虑了游戏材料的投放、过程引导、现场变数以及游戏效果等，极少考虑到在幼儿游戏结束后，如何发挥游戏的延伸作用的问题。殊不知在游戏结束后，收拾材料和玩具也应该成为游戏的一个组成部分。在“游戏材料收拾 1.0 版”中，贝贝起初不愿意参与游戏材料的收拾与整理，其中一个很重要的原因极有可能是，在她眼里，游戏做完了，任务也就完成了，至于是否参与收拾材料，应该全凭自愿。即使贝贝后来参与到收拾材料的小朋友中，她仍然视其为额外的事项，缺乏主动性。当然，这与教师平日的引导不无关系。在“游戏材料收拾 2.0 版”中，教师对结束游戏提前进行了构思与设计，幼儿对教师安排的后续游戏充满期待，效果截然不同，极大地调动了幼儿参与收拾整理材料的积极性。因此，教师更新观念，主动将游戏的后续部分纳入游戏的过程与环节之中，定会增强游戏的整体效果，同时帮助幼儿形成良好的行为习惯。

二是精心安排，用后续材料的收拾整理引导孩子再创新。收拾整理材料和玩具看似是一件比较简单的事情，但是由于材料的不同以及幼儿合作伙伴的变化，这项原本简单的动作也会对幼儿充满挑战，这也为幼儿自主再度创新提供了较大的空间。在“游戏材料收拾 3.0 版”中，幼儿收拾材料的积极性被调动起来了，然而她们面临一个新的问题，就是如何使用更加便捷的方式提升捡球和送球的效率。于是，她们开始动脑筋、想办法，找出一块布并做成一个“大口袋”来装小球，孩子们的想象力和创造力发挥到极致。从碰到困难、提出解决问题的方案，到相互启发，协调沟通，合理利用现有资源，整个过程构成了一场真正意义上的自主游戏。孩子们在解决问题的过程中碰撞出智慧的火花，综合能力得到了较大的提升。此阶段虽不是原设计的游戏的组成部分，但是一旁观察的教师仍然需要适当地“管住嘴，睁开眼”，将收拾整理材料的自主权交给孩子，任其自主探索。

三是引导体验，通过后续材料的收拾整理激发劳动兴趣。严肃的劳动与轻松的游戏之间并没有严格的界限，劳动即游戏，在户外游戏中渗透劳动教育、培养幼儿劳动兴趣尤为合适。在户外材料收拾整理的劳动小任务中，孩子们的劳动兴趣、劳动能力在逐步提升，其中的成长让人惊喜。当然这也是个需要持续努力的过程，时而会有起伏与波动。虽然幼儿知道户外游戏结束后需要把游戏材料收放好，但实际过程中，时而仍存在幼儿不愿收拾玩具、依赖他人、做事拖拉、材料乱放等行为表现。著名教育家陈鹤琴先生在“活教育”原则中指出，“凡是儿童自己能够做的，应当让他自己做”，“凡是儿童自己能够想的，应当让他自己想”。小取放，大学问。我在思考，如何引发幼儿从“被动地要我做”转换到“自主自发地我要做”，如何从“我做了”升级到“我做得好”。面对类似问题，教师仍然大有可为。我们要把单一的、枯燥的劳动练习寓于游戏中，创设有趣的劳动情境，激发幼儿参与劳动的兴趣和热情，从而增强幼儿劳动的主动性。发现收拾整理材料与玩具中劳动的小技巧，从简单的重复性劳动变成有方法的智慧劳动，让幼儿体验劳动的成就感，享受劳动带来的快乐。

孩子们还在尽情参与有趣的户外游戏，在融入游戏的劳动小任务中，他们依然兴致盎然地挥洒着汗水。“游戏材料收拾 4.0 版”即将登场，后面还有 5.0 版、6.0 版……快乐在继续，成长在继续，值得期待！

家长终于道出孩子的隐情

李水莲，武汉市武昌区实验幼儿园

扬扬是春季学期转来的插班生，他很快就给我留下很深的印象：他不爱干净，脸上长着湿疹，天天挂着鼻涕；他不守规则，从不坐在座位上；他“不会说话”，似乎听不懂老师的话；画画、剪纸等集体活动时，他都不肯动手试试，总是一个人游离在外，玩水、乱扔东西；在户外活动时他到处乱跑，把沙子胡乱扬到别人身上……他对所有的活动似乎都不感兴趣，这令我十分头疼。除了吃饭、吃点心和水果还算“乖巧”外，在他身上，我几乎再也找不出别的优点。

作为班主任，我和他的妈妈进行了无数次的沟通，线下利用离园时间面谈、去家访，线上打电话、发微信等，他妈妈每次都说：“老师，他不听话你就揍他。”我耐心地告诉他妈妈，打不能解决问题，要跟孩子好好沟通。对于孩子不会说话的问题，我建议她抽空一定要带孩子去医院，让专业的医生检查一下。可他妈妈不以为然：“没事的，他的哥哥小时候就是说话很晚，六岁才会说话。”我从教这么多年，第一次遇到这样的家长，也曾感觉很苦恼却又很无助。然而，我未曾想过放弃，孩子刚刚进入幼儿园，他的社会性发展才起步，即使家长对孩子的问题不以为然，但是作为教师，我们从职业与专业的角度总可以有所作为。

这是一节手工课，内容是剪纸“七色花”。我曾经在班上给孩子们讲过“七色花”的故事，大家对这个活动都很感兴趣。当孩子们正在愉快地动手时，我突然看见扬扬与往常有所不同，他两眼直直地盯着桌上的“七色花”，慢慢地凑过来，把“七色花”的手工纸紧紧地攥在手心。我悄悄地走到他身边，轻声地说：“扬扬，来，老师和你一起做手工。”我拿起桌上的小剪刀，放到他的小手里，然后手把手地跟他一起剪。以前每一次他都会把我的手甩开，自己去玩，但这一次他没有抗拒，我乘机鼓励他：“扬扬，这可是一朵有魔力的七色花哦，它会让你的手变得很灵巧、很能干。你瞧！一个花瓣就要被你剪下来了……”我就这样絮絮不休，和他一起剪，他居然没有跑开，没有抗拒，安安静静地让我握着他的手。剩下最后两个花瓣时，我慢慢地松开了手，因为我发现他的手已经在自觉用力了。那一刻我内心很震撼：孩子不是不会，只是缺少自信和兴趣罢了。我忍不住赞道：“扬扬好棒哦！”

扬扬的“七色花”完成了，我观察到他的小脸上，一闪而逝地露出又高兴又害羞的笑容。这是他开学至今第一次完成整个作品，虽然是在我的帮助下完成的，并且还那么粗糙，却带给了他足够的快乐，这让我也增强了信心，看到了希望。当小朋友们一个个将做好的花拿过来给我时，我发现扬扬拿着花快速地跑向自己的书包，由于跑得太快，摔了一跤，他哭了。我走过去安慰他：“扬扬，还疼吗？七色花会让你变得不疼，变得坚强，变得勇敢，对吗？”扬扬看了看我，黑眸中含着流动的泪水，看上去也不再那么顽皮了。他把手工作品放到了自己的书包里，还把书包抱在胸前，生怕被别人抢走。

放学的时候，我挑选了一张“七色花”手工纸奖励给他，让他回到家里再做一朵送给妈妈，他显得特别高兴。晚上，他妈妈非常激动地打电话给我，哽咽着说：“李老师，今天扬扬很高兴，他一回家就把手工作业拿给我看，还缠着要我和他做手工。他现在会用剪刀了，可以安静地坐很久，我太高兴了，谢谢您！”

从那天以后，我发现扬扬开始有变化了，不再像以前那么抗拒集体活动，有时还主动围过来默默地跟着小朋友们一起做手工，我想这是“七色花”给他的信心吧。前几天，他突然间开口叫了一声“老师”，我和孩子们都惊呆了！孩子们兴奋地互相转告：“扬扬会说话了！扬扬会说话啦!”

感受到了老师对孩子的爱与付出以及孩子的进步，扬扬妈妈终于忍不住告诉了我实情：她很早就带孩子去儿童医院检查过了，医生诊断扬扬患有孤独症，建议她带孩子坚持做专业的治疗，上特殊幼儿园。但扬扬妈妈非常抗拒，她担心孩子在特殊环境中心智难以成熟，想让扬扬跟正常的孩子在一起上学，又担心幼儿园老师会另眼相待，所以一直隐瞒至今。

虽然我发现了扬扬诸多的异常，但是没敢联想到孤独症，听家长说出了实情，我顿时心疼极了！看到这个90后的妈妈有了不少白头发、一脸疲惫不堪的样子，我的心里很不是滋味。同样作为一个妈妈，我能深深地理解她的无助和困惑，也许她也有自己不得已的苦衷吧。

得知扬扬的病情，我查阅资料，咨询专家，希望对孩子的治疗有所帮助。既然是病，就需要治疗，扬扬妈妈终于想通了，带着扬扬去医院，配合医生治疗。同时，在幼儿园里，我跟班上的两位老师说明了扬扬的情况，大家形成一致意见：像爱自己的孩子一样爱他，多关注、多照顾他。在以后的每一天，我都争取多跟他进行眼神交流，用他喜欢的玩具、贴纸，一遍又一遍地教他说话、数数；指导、陪伴他阅读，手把手教他做手工、画画。同时，鼓励他妈妈不要急躁，要有耐心，多带孩子去户外游玩，激发其社会交往的欲望；多陪伴，睡前进行亲子阅读，以视频形式详细记录孩子的日常生活点滴，每天打卡记录。周末的时候，我经常跟他妈妈进行视频通话，了解孩子在家的情况，鼓励她坚持下去，为她加油，同时也鼓励孩子和我进行眼神的交流。

一切都在向好的方向发展。现在的扬扬，虽然还会时不时地“惹祸”，但在我们的鼓励、引导下，已经学会说很多话，能安静地在图书区看书，会拿笔画画，用剪刀剪纸，玩黏土……户外活动结束的时候，能很快跑到老师的面前，争着拉老师的手，要排第一个呢！

扬扬其实在很小的时候就显现出了这些缺陷，但他妈妈以“哥哥小时候就是说话很晚”拒绝了老师的建议；心理上不愿意直面现实，在确诊孤独症后又担心老师会另眼看待，从而刻意向老师隐瞒孩子的病情，耽误了早期的治疗干预；之后“感受到了老师对孩子的爱与付出以及孩子的进步，终于忍不住告诉了我实情”。最后，经过我们老师多次沟通，家长终于带着扬扬去了医院，积极配合医生治疗。

扬扬妈妈从最初的隐瞒，到后来在我的耐心指导下，给予了孩子真正的生命关怀和爱，孩子的情况也越来越好。没有哪个妈妈不关爱自己的孩子，只是出于对孩子在幼儿园生活的担忧，才选择如此下策。幸好扬扬在幼儿园与其他小朋友享有同等的关爱，甚至还多获得了一份关心。

当然，我们没有权利埋怨家长因不能接受现状而耽误了对孩子的治疗。即使家长对我们进行了隐瞒，作为新时代的幼儿园教师，也要如《新时代幼儿园教师职业行为十项准则》中所说的，“立德树人”是广大教师的根本任务，要“关心爱护孩子”，要做有仁爱之心的好老师，要努力成为党和人民满意的“四有”好老师。一个好老师，要时时刻刻关爱孩子，善于发现、捕捉孩子的闪光点。对于扬扬这样特殊的孩子，更要做到“特殊的爱给特殊的你”：不嫌弃、不歧视、不放弃，“三心”俱到，即爱心、耐心、细心，即使家长暂时不理解、不配合，我们亦可相信“精诚所至，金石为开”。

爱源于高尚的师德，爱意味着无私的奉献，我愿用爱开启孩子的心门之锁。不管孩子是健康还是有缺陷，无论孩子的心智发育较快或迟缓，或家长的态度是积极还是消极，我们都会崇尚高尚师德，发挥专业人士的作用，努力帮助和陪伴每一位孩子健康成长。

第二编
“你”玩我观看
——游戏案例

“铁路”诞生记（中班）

陈旭慧，武汉市武昌区实验幼儿园

一、游戏背景

武汉，九省通衢，是中国四大铁路枢纽之一。我们幼儿园位于武昌火车站附近，周边还有多条地铁交通线，孩子们对火车站、铁路、列车产生了浓厚的兴趣。

在区域游戏中，他们用积木搭建铁路和车站，故事也由此开始。辰辰和然然用短木片搭建了一条铁路（图 1），他们拿起“火车”，一边顺着铁轨前进，一边“呜呜呜”地模仿着火车的鸣笛声，吸引了其他小朋友的参与。突然，然然生气地说：“你们不要玩了，都把我的铁轨弄断了！”辰辰把车停下来，和然然一起仔细地重新摆好铁轨，并在铁轨上面放上了枕木，火车沿着铁轨跑到尽头，枕木却被推到了一起（图 2），铁轨又断了。辰辰不解地说：“我们的铁轨怎么总是断呢？”

图 1　枕木搭在铁轨上面

图 2　枕木被推到了一起

二、游戏过程与思考

（一）为什么铁轨总是断

然然抓了抓脑袋，若有所思地说："我知道铁轨为什么断了，原因是辰辰你没有把枕木放好。"说着他便开始调整辰辰摆放的枕木位置。然然把辰辰搭建的每一块枕木都压在了两条铁轨的中间，并很自信地说："要压缝！"围观的小朋友挤在一起，不知道哪个小朋友的脚碰到了轨道，铁轨又断了。一直在一旁静静围观的铛铛向前挪动了半步，说："我坐过火车，铁轨是放在枕木上面的。"三个小朋友又一起把铁轨移至枕木的上面。（图3）可铁轨刚放上去，枕木就开始晃动，想要对齐轨道就更不容易了。"这个太难了。"然然边说边看着我。我摸了摸他们几个的小脑袋说："那我们就上网搜一搜，看看铁路长什么样子。"（图4）孩子们惊奇地发现，铁轨的"枕头"有木质的还有水泥的，长长的轨道还是一节一节地焊接成的。

图3　枕木被移至铁轨下面

图4　查看铁路长什么样

视频以及照片资料激发了他们对铁路更大的兴趣。然然说："铁轨是很长很长的，我们这个木片太短了。"于是他们又开始找可以代替长长铁轨的材料，牙膏盒、魔尺、吸管积塑、长木条，孩子们分别试了这几种材料，最后决定将长木条作为铁轨搭在短木片上。(图5)然然说:“这两节铁轨之间的缝隙怎么办?”辰辰说:“我们也来学着焊接一下吧!”辰辰拿来了无痕点胶,把枕木上面的长条积木粘连在了一起。他们搭的铁路不仅长,而且每条枕木的间距也差不多。他们兴奋地向我展示了自己打造的铁路,说道:“老师,你看我们搭的铁路长吗?这个长木条轨道还不会断。”我欣慰地为他们鼓掌。

图5 用长木条搭建铁轨

【教师思考】

陶行知说过“生活即教育”,这句话很好地诠释了生活对于教育的意义,真正的教育只有结合生活才能产生力量。搭建铁路源自幼儿日常生活中乘坐轨道交通的经历,正因为有这样的生活体验,他们才能够用游戏材料完成铁路的搭建,在一定意义上是生活的再现。

随着游戏的深入,幼儿在探索中遇到的问题接踵而来:火车经过积木拼搭的铁轨时,枕木散了,铁轨断了;尝试利用压缝的方法,将枕木与铁轨连接之间的缝压好了,可是再次开动火车时,铁轨依然断了。观察到火车开动时将枕木推到了一起的问题,铛铛想到了自己见过的铁路:枕木在铁轨的下面。可是,枕木移至铁轨下面依然未能解决问题,孩子们对铁轨的兴趣超出了我的预想，我们一起在网上搜索了解更多的关于铁路的秘密。孩子们发现铁轨很长很长，而且是铺在枕木上面的，于是就开始寻找长且不易断的硬质材料，最后选择了班级中最长的积木条。基于生活的经验，他们选用无痕点胶，它既能将连接处粘合起来，又不伤害积木。将长条积木作为铁轨放在用作枕木的短木片上，利用架空的技能再现了铁路的形态。这些都充分说明了中班幼儿有了初步的简单的结构概念，能够根据建构物体的特征来选择材料，能将积木的形状与自己生活中所积累的经验相结合，较多地考虑了材料在形状上的逼真性。

（二）“长颈鹿”挡住了铁路的修建怎么办

不知不觉，他们的铁轨铺到了满满和果果用积木搭建的“长颈鹿”旁边。（图6）

图6　铁轨遇到了“长颈鹿”

然然：“啊，怎么办？它挡住了我们铁轨的去路！”

辰辰：“我们得想办法让我们的铁轨过去。”孩子们议论起来了，你一言我一语。他们的欢乐声也吸引来了搭建“长颈鹿”的满满和果果。

然然：“要不，我们就从它身边绕过去！”

铛铛：“那要绕好远啊！”

满满：“‘长颈鹿’的腿很长，你们可以从‘长颈鹿’的肚皮下穿过去。”说完大家都哈哈大笑。

铛铛：“那我们就搭个会转弯的铁路。”三个小朋友马上行动起来，把枕木摆成了弧形，再放上铁轨。

辰辰：“不行啊，铁轨弯不进去！”（图7）

图7　长木条搭建的铁轨不能弯

铛铛：“那我们把‘长颈鹿’的方向转一下，从‘长颈鹿’的肚皮下穿过去，把它变成‘长颈鹿’车站。”

然然：“弯不进去，还是绕过去吧！”

然然依然坚持自己最开始的想法，想从积木搭建的“长颈鹿”身边绕过去。铛铛和辰辰已经迫不及待地开始旋转“长颈鹿”了，满满见状也参与进来。

我见然然若有所思的样子，便和然然聊了起来。

我：“然然，我也觉得从‘长颈鹿’身边绕过去这个办法可行，你自己有信心吗？”

然然：“可是他们都已经开始调整‘长颈鹿’的方向了。”

我：“没关系啊，你见过可以分叉的铁路吗？”

果果："老师，我见过，就是一条轨道分叉了，变成了两条！"果果边说边用手比画着，可是然然似乎没有听懂。

我："果果，真是太厉害了，要不咱们拿笔画一画可以分叉的铁路？这样然然就可以看明白了。"

调整"长颈鹿"方向的几个孩子忙得热火朝天，而然然和果果正在另外一边尝试搭建可以分叉的铁路。"长颈鹿"站立的方向调整后，铁路犹如通过天桥一样从"长颈鹿"前后腿中间穿过去了，"长颈鹿"变成了火车站"大楼"，一条铁路分叉成两条铁路也初显成效。(图 8)

图 8　一条轨道穿过"长颈鹿"，一条轨道绕过"长颈鹿"

游戏时间结束，要收拾材料了。

辰辰："老师，我们铺的铁路可以不拆吗？"

我："可以啊！你们最终找到了长木条代替铁轨，还穿过了'长颈鹿'，真是太厉害了。游戏故事分享时，可以给大家讲讲哦！"三个小朋友开心得又蹦又跳。他们的欢呼声吸引来了清妍。清妍说："哇，你们的铁路好长好长啊，这能开到十堰吗？我想去看看我爸爸。"铛铛说："当然可以，明天我们继续往前建！”

根据幼儿对搭建铁路的兴趣，我又将绘本《铁路通车了》《中国高铁》投放到区角中。

【教师思考】

幼儿之间绝大多数的社会交往是在游戏情境中发生的，铺轨三人组遇到其他小朋友搭建的“长颈鹿”作品时，能够借他人作品的特点，探索既不损坏他人作品还能继续自己游戏的两种办法：穿过去和绕过去。想穿过去的小朋友觉得长条积木无法扭成弯型，只能从“长颈鹿”肚子下面穿过去；想绕过去的小朋友认为，既然“长颈鹿”尾巴对着铁轨，其他小朋友同时也在此玩耍，就得绕过去。当意见不一致时，他们分别开始行动，于是就有了一部分小朋友在旋转“长颈鹿”的方向，另一部分小朋友尝试搭建可以分叉的铁路，这样既不影响穿过“长颈鹿”的铁轨，还可以从“长颈鹿”身边绕过去，巧妙地新增一条轨道，让原来的一条轨道变成了两条轨道。在解决问题中，孩子们体验到了搭建的乐趣，感受到建构游戏的魅力。单个积木形态不可变，但是拼搭组合出的造型却可以调整和变换成自己想要的位置和角度，这就充分体现了积木具有的开放性特点，完全可以支持幼儿根据自己的想象与需求进行调整。

帕顿根据幼儿在游戏中社会参与水平的不同，将游戏分为六类三个阶段。幼儿铺设铁路遇到障碍物“长颈鹿”，从而探索出了两种不同的解决办法，正好符合联合游戏“萌芽阶段”的特征。

（三）铁路怎样穿过山坡、河流

有了前期铺轨的经验，三人再次进行游戏时，很快将铁轨延伸到更远的地方。清妍说：“我以前坐高铁去十堰的时候，还会穿过隧道，还开到了桥上呢，太好玩了！妈妈告诉我，这是因为通往十堰的路上会遇到很多大山和河流。”然然说：“那我们也来挖个隧道、搭个桥，让高铁穿山过河。”

有了目标和适宜的材料，加上新伙伴参与，接下来的搭建要顺利得多。幼儿们开始协商如何分工，最后达成一致：辰辰、满满和铛铛继续搭建从“长颈鹿”身下穿过去的一条轨道，然然和果果继续搭建绕过“长颈鹿”的另外一条轨道。他们仔细地摆好枕木，并不停地调整铁轨，让长木条一段一段地连接起来。辰辰、满满和铛铛负责在已经搭建好的轨道上面搭建隧道。他们找来了许多长木板和圆柱体积木，将长木板架在圆柱体积木上，很快就搭建出了一条“隧道”，最后还用两个大半圆积木和一个小半圆积木搭出了山峰的样子。(图 9)

图 9　“隧道”搭建成功

然然和果果也开始搭建铁路桥，桥墩很快就放好了，然后又用三角形积木在桥墩两边搭了两个斜坡。起初，他们想搭建一个拱形桥。轮到搭桥面的时候，然然拿着积木犹豫不决，自言自语地说：“用什么材料搭建桥面呢?”考虑到铁轨要上桥，需要宽宽的桥面，果果拿来了泥工板，搭好了桥面。他们还特意将泥工板对准铁轨，让铁轨可以上桥。然然开始往桥面上放枕木。

然然说："这个不行啊，枕木会从桥上滑下来。"（图 10）在一旁搭完隧道的辰辰也过来帮忙了。

辰辰说："这个泥工板不行，换成纸板吧，纸板很长，还可以搭一个长长的桥！"换成纸板后，枕木依然滑了下去。

图 10　枕木从泥工板上滑下来了

孩子们面对一次又一次的失败显得有些焦躁不安，到最后动作开始缓慢，发呆。我感觉到，我需要站出来再次鼓励他们。要解决这个问题，凭孩子们已有的经验是有困难的，需要我介入，于是我思考如何不直接介入孩子的游戏，又能让他们解决这个问题，我想到了孩子们曾经玩过的一个游戏"小球——看谁滚得远"。

通过游戏经验的迁移，孩子们尝试调整桥的坡度，桥坡上的枕木不再掉下来了。（图 11）大家松了一口气，接着又放上铁轨。铁轨终于顺利地通

图 11　调整坡度后，枕木未下滑

过桥了，他们的脸上又洋溢着笑容，继续开始搭建铁路，一条铁路穿过了隧道，一条铁路上了桥，最后两条铁路都进了“十堰火车站”。(图 12) 搭建火车站高架没有圆柱体积木了怎么办？那就用奶粉罐来做支架。两条轨道距离太远怎么办？那就分两个站台。火车站搭好了，他们叫来了清妍，一起分享铁路修到“十堰”的快乐。(图 13)

图 12　铁路桥终于搭建成功

图 13　“十堰火车站”到了

【教师思考】

随着游戏的继续，幼儿搭建轨道的技巧已逐渐熟练，很快将铁路修建到“十堰”，满足了清妍想去十堰看望爸爸的愿望。清妍分享了自己坐高铁去十堰路上的见闻，让搭建铁路游戏情景更加丰富，任务更具有挑战性。

从幼儿心理学角度分析，中班年龄段的幼儿合作性游戏兴趣开始发展，在游戏持续发展中，幼儿形成共同目标，开始分工与合作，服从约定的指挥，一起为玩好游戏而努力。当意识到铺设通往“十堰”的铁路需要钻山跨河后，幼儿之间开始分工，自然形成两组，分别在分叉后形成的两条轨道上搭建隧道和桥。然然在搭建铁路桥时遇到了困难，大家一起来帮忙，表现出合作的意识。面对轨道怎么顺利过桥的问题，幼儿考虑到桥面的宽度要能够放得下铁轨；选择宽宽的泥工板却发现它太滑，又改用纸板来代替；最后，用降低桥面坡度的办法解决了枕木下滑的问题。这一座铁路桥成形的样子出乎我的意料。也许只有亲临现场或亲身经历，才能体会到幼儿搭建中的艰辛与成功后的喜悦。

三、教师小结

（一）在观察等待过程中尊重幼儿的主体地位

当发现幼儿无法继续游戏时，我并没有直接告诉幼儿具体怎样做，而是利用真实修建铁路视频资料引导幼儿思考解决办法。他们的铁路作品深深打动了我，当幼儿提出不想拆自己的作品时，我也给予了肯定与理解，赞赏他们“太厉害了”！此外，根据幼儿感兴趣的游戏投放材料，提供绘本，引导幼儿在主动学习中促进认知的发展。当发现搭建空间已经满足不了幼儿的游戏需求时，我鼓励他们可以到班级走廊搭建，从行动上支持幼儿自主游戏。在游戏过程中，即使很难预料幼儿能否解决他们遇见的困难与问题，除了投放材料与适当的语言引导，没有任何指令性言行，充分地尊重幼儿主体地位，让他们自由选择材料，实现搭建的目的。

（二）在解决问题过程中促进幼儿的坚持性发展

积木建构活动是以积木为基础材料开展的象征性建构游戏活动。解决铁轨断开问题，不停地排列、组合、平铺和重复，到选择适宜的长条积木来解决铁轨断开的问题，为幼儿提供了建立和强化坚持性的机会。

情绪往往影响幼儿坚持性行为，解决铁轨断开的大问题以及受到表扬后的积极情绪，使他们更愿意投入到新的铺轨任务当中。铺设铁轨是幼儿的直接兴趣，遇到“长颈鹿”商讨解决办法是迎难而上，铁轨钻山跨河修建到“十堰”则是建构游戏中延伸出来的新兴趣。在建构游戏中探索铁轨的不同搭建方法：当遇到“长颈鹿”时，一部分幼儿达成一致，将“长颈鹿”旋转换位，只有一个小朋友坚持绕过“长颈鹿”，其坚持已见不动摇的态度难能可贵。在教师和小朋友的帮助下，最后他们成功地将一条轨道分成了两条。两种解决办法，既保留了他人现有的作品，也让他人的作品成为铁路交通的一部分，一举两得。问题可以促使幼儿不断思考，寻找解决办法，在大山河流中迎接新的挑战，从而使幼儿的坚持性得到发展。

（三）在游戏情景变换中激发幼儿的亲社会行为

亲社会行为是人与人交往过程中维护良好关系的基础，对个体及社会的发展具有重大意义。当遇到他人的“长颈鹿”作品，自己的铁轨无法通过时，首先想到的是改变自己的铺轨线路，讨论时也吸引搭建“长颈鹿”作品的幼儿过来帮忙出主意，铁路分叉也得到了同伴的支持。虽然想法不一致，“我”依然支持你，无形之中增强了行为的表现性和态度的灵活性。幼儿亲社会行为主要体现在同伴交往中，已经在一起生活了近两年的搭建铁路小组之间有良好的交往关系，在合作中幼儿的亲社会行为进一步提高。在搭建铁路桥中肯定对方的搭建能力，找材料，反复试错，一起经历铁轨桥面“滑”与“陡”等方面的失败，还能够一起合作、互相帮助，从而锻炼了幼儿的社会适应性。

（四）在回顾反思过程中发现建构游戏的不足

时间有限，余兴未尽。区域游戏的时间段是固定的，游戏时间结束了，幼儿恋恋不舍地停止了游戏。由于幼儿对计划性游戏还不够成熟，很多时候是在玩的过程中迸发出新的想法，这些会有碍于他们进行许多更为精彩的探索与体现。

材料不足，发挥受限。当幼儿开展搭建铁路的游戏后，没有及时添置更多适宜的材料，这一点幼儿在搭建铁轨的时候已经感觉到了，例如长条积木没有办法弯曲，导致需要重新调整积木搭建的“长颈鹿”的方向。如果能提前准备和提供长短不一的木条，会不会让幼儿在不调整“长颈鹿”方向的基础上穿过“长颈鹿”呢？另外，班级的材料对于需要搭建非常严谨的铁路也有一定的限制，同时班级空间也局限了幼儿的游戏活动，以致中途不得不移至走廊继续搭建。

游戏拓展，仍存空间。搭建铁路在班上引发了幼儿的兴趣，相信后期还有幼儿想继续玩搭建铁路的游戏。基于本次游戏的经验，可以建议幼儿思考协商，室内的场地与室外的场地及材料更想挑战哪一个，将同类的游戏引向深入。另外，还可以请家长带领幼儿，在确保安全的前提下，实地观察轨道交通设施，丰富幼儿的知识经验。

周末完成本案例的整理后又是新的一周的开始。没想到，然然周一早上兴奋地告诉我，周末时，他让爸爸妈妈带他乘坐了地铁五号线。这条地铁线的列车是无人驾驶的，站在车头位置不仅可以看到列车在铁轨上行驶，还可以看到它爬到地面上桥行驶，真是太厉害了！

来源于生活的搭建铁路游戏，又激发了幼儿观察和体验生活的兴趣，游戏经历驱使着幼儿主动去了解更多关于铁路的知识。我想铁路修到了“十堰”并不是终点，而是充满未知的起点。班级幼儿的自主游戏，亦是如此。

陀螺“炫”起来（大班）

刘梦兰，武汉市武昌区实验幼儿园

一、游戏背景

“白虎，看招!”嘟嘟边喊边将手中的“陀螺”朝着桌面丢去，只见“陀螺”接触桌面后快速旋转起来，这时我才发现桌旁围满了正在激动呐喊的小朋友，大家纷纷为自己支持的“陀螺”加油助威。原来是嘟嘟小朋友最近看了《陀螺战士》的动画片，也想拥有属于自己的“陀螺战士”，便在游戏中使用雪花片探索、制作出“旋风1号陀螺”。(图1）这一举动吸引了班级男生狂热参与，瞬间陀螺制作风靡全班，大家纷纷投入到陀螺游戏中，也引发了一系列的有趣话题。

图1　嘟嘟拼插的“旋风1号陀螺”

二、游戏过程与思考

（一）陀螺怎么了

陀螺风潮席卷班级的每个角落，顿时班级中涌现出各式各样的陀螺，有三角形陀螺、双层陀螺、重型陀螺、冰雪陀螺等。随着游戏的进行，小朋友们也产生了许多有趣的对话。

“嘟嘟的陀螺为什么可以转得这么快？我的陀螺转都转不动。”蛋蛋挠挠头说。（图 2）

牛仔看了看后回答：“因为你的陀螺雪花片太多了，他的陀螺雪花片就很少，所以你的才转不起来啊！”

小猴子也抢着说：“是啊，雪花片太多太重了，陀螺就转不起来，就像我们穿很多衣服就跑不快，衣服少些就轻松，跑得也快，所以雪花片少就可以转得很快。”

“嗯嗯，对对对！”听了大家的话，蛋蛋赶紧重新组装陀螺。

“小猴子，你的陀螺转着转着怎么就歪下去了？”牛仔说着，指了指小猴子的陀螺。听了牛仔的话，小猴子又转了几次陀螺，不出意外，每次陀螺转起来后一下子就倾斜了，小猴子挠挠脑袋。（图 3）

图 2　蛋蛋制作的“重型陀螺”

图 3　小猴子制作的陀螺（左右不对称）

“因为你的陀螺两边不一样，所以它才会像跷跷板一样，重的一面将轻的一面高高翘起，导致陀螺无法平衡地旋转。所以要想陀螺旋转得稳，就要注意平衡，你看我的陀螺每个支翼的数量都是一致的，转得又稳又快。”嘟嘟说。在嘟嘟的讲解下小猴子才发现自己制作的陀螺左侧是4片雪花片，而右侧则是3片。这细微的差距，让它失去了平衡。随着大家深入的探索，陀螺游戏也在持续升温，每位小朋友都积极地拼装、组合陀螺，期待拥有最强陀螺。

【教师思考】

男生对于陀螺类游戏的喜爱正是促进他们持续开展陀螺游戏最大的动力。在拼插、组装陀螺的过程中，幼儿充分发挥创造力、想象力，从单一的陀螺造型到出现“冰雪陀螺”“铠甲陀螺”，他们不断地尝试、创新。同时，在游戏中幼儿之间的交往、合作能力也随之得以提升。为了拥有最棒的陀螺，小朋友们会主动询问他人或像蛋蛋一样发起讨论“为什么嘟嘟的陀螺转得快”。在你一言我一语中，大家对于陀螺的认知逐渐深入，小朋友之间的交流也随之增多，大家都能大胆地发表自己的想法，帮助同伴解决遇到的问题、困难，许多幼儿因为陀螺游戏而成了“志同道合”的好朋友，关系变得十分密切。

（二）战斗吧！陀螺

“嘟嘟，我要向你挑战，今天我肯定不会输啦！你看这是我的‘铠甲陀螺’，可厉害了！这是三角底座，可以让陀螺快速旋转；这是重心隔板，可以保持陀螺稳定，让它转动时间久一些；这是防护甲，在对战时像铠甲一样坚固地保护陀螺；这是攻击锤，在转动时可以将你的陀螺撞飞。”馒头自豪地介绍自己的新陀螺。(图4)

“我才不怕你呢！我的陀螺才是最厉害的，等下要把你的陀螺撞碎。”嘟嘟不屑地说道，还朝馒头吐了吐舌头。“我一定会赢的！”“我才会赢！”

“是我，是我、我我我。”两人相互叫嚣着，吵得面红耳赤。“现在开始比赛吧！”嘟嘟说道。两人手拿陀螺蓄势待发，当听到指令后，两个陀螺快速地转动起来。(图5)

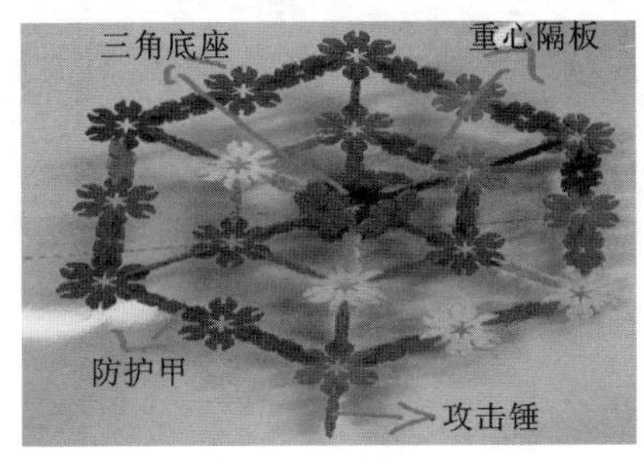

图4　馒头制作的“铠甲陀螺”

图5　陀螺对战场景

馒头冲着陀螺喊道：“冲啊！‘铠甲陀螺’！”

嘟嘟也是大声回击：“撞它，把它撞飞！快快快！”

两个陀螺就像能听懂主人的命令似的，迅速地朝着对方撞去。

“碰”的一声，陀螺撞击在一起。只见“铠甲陀螺”瞬间从中间一分为二，摇摇晃晃地停止了比赛，而嘟嘟的陀螺受到撞击后旋转一会儿也缓慢停下，赢得比赛。(图6)

图6　“铠甲陀螺”一分为二

“哇，我赢了！”嘟嘟说完就骄傲地离去。反观馒头，则满脸失落地将散落的“铠甲陀螺”拿起，嘴里念念叨叨的。看着馒头失落的样子，我也很心疼，准备上前进行安慰。可是转念一想：我也想看看馒头会怎样面对这次的失败。是放弃还是越挫越勇？于是我选择继续观察。

这时，馒头仔细地观察陀螺散开的样子，还时不时拿起来左右比画着。“我知道了！”馒头瞬间满血复活地开始摆弄陀螺，忙活了好一阵子后，拿着他新改良的陀螺朝我走来：“老师，这是我的超级‘铠甲陀螺’，经过升级肯定十分坚固，这回我一定可以打败嘟嘟。”（图7）看着馒头满脸兴奋的样子，我开心地朝他竖起大拇指。

图7　超级“铠甲陀螺”

【教师思考】

在幼儿游戏中，老师作为观察者、引导者、支持者，有时候该不该去介入幼儿的游戏？如果介入，又该怎样介入？如果不介入，幼儿是否能自行解决问题继续进行游戏？

在案例中，当发现馒头挑战失败情绪低落后，老师就面临两种选择：介入，不介入。如直接介入安慰馒头，这样的行为直接打断了馒头的游戏，干涉馒头对接下来游戏的尝试和探索，从而阻碍他解决问题的能力和抗挫能力的发展；如果老师直接帮助他，那他就无法从中获得学习与发展。而本案例中，我则是采取“管住嘴、放开手”的方式持续关注馒头的游戏进度，这样看似放手，实际上是给予幼儿更大的空间，更好地锻炼幼儿遇到失败后的自我反思能力，使幼儿能积极地面对失败，从而寻找更好的方法解决问题，就像馒头在失败后能重拾信心，观察陀螺散落的样子，分析比赛输掉的原因，进一步改造自己的陀螺，从而获得超级“铠甲陀螺”。如果当时我直接介入，安慰馒头，可能就无法看到“等一等”给予我的惊喜。我们要相信孩子解决问题、面对挫折的能力，从而见证孩子的每一步成长，这是我们的责任。

（三）陀螺冲锋，越战越勇

游戏开始啦！陀螺小子们又三三两两地聚集在一起进行陀螺改造，相约对战。很快小猴子、嘟嘟、牛仔几个人一拍即合，展开了激烈的陀螺比赛，一轮比赛很快结束，大家相互交流着陀螺的比赛结果。第二轮比赛也随即开始。只见场地中三位小朋友的陀螺正在快速地转动着，谁也不让谁。这时，一个“意外来客”也加入了比赛，只见它三下五除二地将场上的三个陀螺迅速击飞，被撞击的陀螺随即停止转动并退出比赛，而它则像骄傲的勇士展现着自己的威严。

“馒头，你在干吗呀！”小猴子手插着腰大声吼道。

“我赢了，你们的陀螺被撞飞了。”馒头说道。

“你耍赖，我们又没有邀请你一起玩，你犯规了！”牛仔说着还气势汹汹地朝馒头的陀螺踢了一脚。

馒头见状不服气了：“你们又没说不可以加入，反正我的陀螺就是赢了！我不管，你们输了就是输了！”

几位小朋友谁也不让谁，两方都不服气，牛仔突然说：“我要去告诉老师，看看老师怎么说。”说后快速朝我跑来。

几个小朋友跑到我身边围着我七嘴八舌起来。

“老师，馒头耍赖，我们又没有请他一起玩，他非要加入，他还说他赢了，这不对，不公平。”小猴子气呼呼地说道。

馒头急忙解释道：“就是他们输了，他们还不承认。”

我听后问道：“那怎么样才算公平呢？”

牛仔说：“我觉得要一起同时比赛才可以。不能我们先比赛，然后他再加入，这样我们的陀螺先转了一会儿，时间久些，他的陀螺转得时间短些，不公平。”

嘟嘟说：“我觉得人数已经满了就不能再加入，直接加入比赛会打扰别人，这样也不对。”

馒头：“谁的陀螺最后停止旋转就是谁赢，每个人都应该遵守规则，这才是公平的比赛。”

大家你一言我一语，反观小猴子，他则不发表想法。我问：“小猴子也说说自己的想法吧！”

小猴子说：“我和爸爸看过篮球比赛，每场比赛中就有一位裁判，裁判在里面就可以判断选手对错，还宣布比赛结果，我们的陀螺比赛也可以加个裁判啊！”

大家纷纷表示裁判的提议很好，于是我说：“很好啊！那你们再去试试吧！”

小猴子边走边嘀咕着：“那我们请谁做裁判呢？请九儿吧。”几个小朋友热情地邀请九儿加入游戏，九儿欣然同意后，游戏再次开展。

【教师思考】

《3~6 岁儿童学习与发展指南》指出：5~6 岁幼儿在活动时能与同伴分工合作，遇到困难能一起克服。与同伴发生冲突时能自己协商解决。所以当牛仔找到我主持公道时，我没有第一时间站出来解决问题，而是通过询问：“那怎么样才算公平呢？”引导幼儿说出自己的想法，最后小猴子说出“裁判”角色，然而我也没有直接肯定他们提出的办法是否正确，而是说：“那你们再去试试吧！”让幼儿自己感受增加裁判后游戏的变化，引导幼儿实践自己提出的方法，在实践的过程中找到适合他们自己游戏的最佳办法。

当幼儿在游戏中出现争执、冲突、意见不一致时，可能会因此停止游戏，去告状、反对、协商、讨论、合作等，在一次又一次的语言交涉中和游戏的互动中，幼儿的自我意识、理解他人、情绪控制和通过沟通解决问题的能力都会得到提升。馒头和嘟嘟从开始的争执到最终友好协商，突显出大班幼儿的年龄特点，体现了社会领域的核心经验。

（四）集结吧！陀螺勇士

图 8　小朋友们围在一起商量比赛规则

在班级角落发现几个小脑袋聚在一起，时不时还伴随着“不行、不行”“这个我同意”的声音，吸引了我。我悄悄走过去，发现嘟嘟、安安、九儿几位小朋友正在纸上画来画去。(图 8)

这时，九儿说道：“你觉得陀螺比赛要有什么规则呢?”

安安说道：“我觉得大家进行比赛时，必须听到指令后同时开始。”

嘟嘟说：“我觉得比赛时不能太多人一起参加。”

大家纷纷发表自己的想法。原来在今天的游戏开始之前，几位小朋友在商量陀螺比赛规则。经过大家激烈的讨论，最新的陀螺比赛规则、比赛记录表也“新鲜出炉”。(图 9) 同时，身为裁判的九儿头戴小红帽，手拿红黄牌，神气地站在比赛场地上，有序地安排着陀螺选手们开展比赛。“比赛即将开始，请第一轮参加比赛的三位选手进行准备。”随着九儿的话音落下，三位选手走到对应点准备比赛。一轮又一轮激烈的比赛也在裁判的指令下有序进行，裁判也根据比赛情况记录好了比赛结果，并随时更新比赛名单。(图 10)

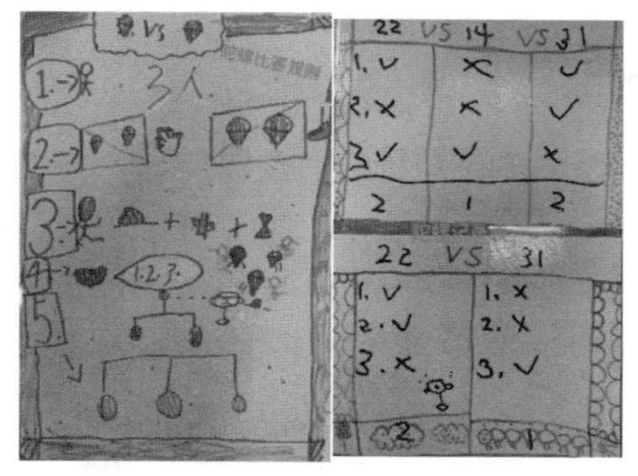

图 9　陀螺比赛规则及比赛记录表

图 10　裁判记录比赛结果

随着时间的推移，游戏比赛接近尾声，当“玩具进行曲”音乐响起时，大家纷纷开始归还玩具。尽管游戏已结束，小朋友还是意犹未尽，在活动室热火朝天地讨论着比赛结果。嘟嘟说：“今天的陀螺比赛真好玩，明天我还要玩!”蛋蛋说：“好玩是好玩，可是我每次都输给你，明天我一定要打败你!”

班级陀螺游戏还在火热进行中，期待更多有趣的画面……

【教师思考】

通过自主游戏的开展，我们发现幼儿游戏中的游戏规则必不可少。只有遵守游戏的规则，才能开展游戏，实现幼儿自身在各方面的发展。从案例中我们不难发现：幼儿发生冲突后，为了保证比赛公平，他们选择裁判介入比赛，并协商游戏规则。游戏开始前，小朋友们围在一起商量陀螺比赛规则。一开始讨论时，大家会出现意见不统一的情况，但是最后定下来的时候，大家也都表示同意，没有任何异议，并按照这样的规则开展游戏。每个规则制定出来，都要求一视同仁，不论是谁，都必须按照规则来操作。在后面的游戏过程中，幼儿也会根据游戏的需要，不断调整规则，体现了幼儿对规则的理解和认识，以及对规则的遵守和运用。

三、教师小结

(一) 支持游戏，让陀螺“动”起来

在幼儿自主、自发、自由的游戏情境中，老师要灵活扮演好适合的角色，有效地支持幼儿自主游戏，做到时刻关注幼儿的游戏进度，分析幼儿的游戏行为，及时关注幼儿的游戏需要，在合适的时机给予幼儿有效的支持。

游戏片段	介入时机	教师介入方式	成　效	教师角色
陀螺怎么了	幼儿向老师展示自己组装的陀螺	手势 言语	保持游戏兴趣	观察者 倾听者
战斗吧！陀螺	馒头对战失败后十分失落	时刻关注 语言鼓励	自主解决问题，推动游戏深入	引导者 分享者
陀螺冲锋，越战越勇	幼儿发生冲突、矛盾并向老师告状	提问引导 参与交流	解决冲突、矛盾，提出裁判角色，提高游戏水平	引导者
集结吧！陀螺勇士	游戏结束 分享环节	参与交流	梳理知识经验，提高表述能力	参与者 倾听者

（二）关注游戏，让陀螺“炫”起来

陀螺游戏深受小朋友们的喜爱，在这样的氛围中，老师始终关注幼儿游戏，鼓励支持幼儿探索、创造，让幼儿在玩中学、学中玩，以获得全面发展。

1. 科学认知的习得。

幼儿能在拼插陀螺的过程中了解陀螺的原理，并自主探索出：陀螺旋转时如果要保持平衡，就要求陀螺每个支翼上的雪花片数量、造型一致；陀螺旋转速度——陀螺支翼越短旋转速度越快，支翼越长旋转速度越缓慢。

2. 良好品质的习得。

在游戏中，幼儿通过与材料互动，对平衡、稳定、对称等科学现象有了初步认知，并通过亲身尝试和操作，完整地体验了“发现问题—提出猜想—行动验证—解决问题”的科学探究过程。这不仅发展了幼儿的探究能力，还养成了幼儿积极探索、积极思考、解决问题的良好品质。

3. 规则意识的习得。

《3~6 岁儿童学习与发展指南》指出：5~6 岁幼儿能够理解规则的意义，能与同伴协商制定游戏和活动规则。这在本案例中就可以体现：当馒头突然加入嘟嘟他们的游戏时，几位小朋友受到冒犯不开心并产生冲突、矛盾后，他们能在老师的引导下交流彼此的观点和看法，并用商量的语气和同伴协商解决问题。幼儿通过建立规则、完善规则，规则意识得以增强，也便于后期游戏的有效开展。

（三）生成课程，让陀螺“燃”起来

结合幼儿自发的游戏内容，老师可以做一位有心人，积极开展多种形式的教学活动、游戏活动，帮助幼儿深入了解陀螺的秘密，从而将经验迁移到自己的游戏中来服务游戏。如：开展科学活动“旋转的物品”，引导幼儿寻找日常生活中哪些物品会旋转，探究物体旋转所要具备的条件，以及不同接触面给予旋转的影响；开展美术活动“多变陀螺”，引导幼儿运用不同材料制作陀螺，感知不同材料制成陀螺的样子的造型美、色彩美；开展社会活动“陀螺游戏我来说”，请幼儿分享自己在陀螺游戏中的开心与困难，同时引导幼儿在与同伴发生冲突时能想办法协商解决矛盾，帮助幼儿培养在输掉比赛时不气馁、勇于面对失败的良好品质。

新手“妈妈”养成记（小班）

曾曼妮，武汉市武昌区实验幼儿园

一、游戏背景

小班的幼儿由于年龄小，入园后一段时间内情绪波动较大，在陌生的环境中会缺乏安全感。在此适应阶段，老师既要满足幼儿对安全感的需求，又要注意培养幼儿在班级的归属感。具有“家庭微缩景观”之称的“娃娃家”游戏，恰巧能够满足刚入园幼儿在心理上的这种需求，不仅能让幼儿的焦虑情绪在“家”的环境氛围中得到舒缓，还能让幼儿在游戏过程中再现生活情景，进而激发他们思考，促进他们情感及个性的健康发展，同时学习自我劳动的生活技能。

二、实录与思考

观察实录一：手忙脚乱的“妈妈”

区角活动刚开始，好几个孩子都涌进了“娃娃家”中，他们兴奋地这边摸摸、那边瞧瞧。乐乐说：“曼曼老师，我特别喜欢这里，这儿就像我的家一样。”“那就好，你们就像在家里一样玩就行。”即使这是孩子们初次尝试游戏，我也没有任何的干预。我看到孩子们很快就沉浸在当“妈妈”的角色之中，不一会儿就听到几个孩子在讨论宝宝的哭声。乐乐说：“宝宝在哭，她是不是饿了？”一会儿又听到一个声音：“不是的，我猜她肯定是想睡觉了。”“那我们快抱起来哄哄她吧!”乐乐说完就连忙把宝宝抱了起来，可能是新手“妈妈”的原因，没有抱小宝宝的经验，导致宝宝差点掉了下来。诗诗说道：“哎呀，你小心一点，你抱宝宝的姿势不对呀!”乐乐说：“宝宝哭了，怎么办呀?”我顺势引导说：“宝宝还会因为其他什么哭呢?”诗诗说：“宝宝尿裤子了也会哭。”乐乐说：“宝宝的裤子没有尿湿。”“要不我们先把她放到床上哄她睡觉吧，然后我们再去做饭。”诗诗说道。她们既兴奋又手忙脚乱，仿佛有做不完的事情，又不知道从哪儿开始。乐乐说：“宝宝睡着了，我们可以去做饭啦。”只见她们刚转身，我就听到有人说：“宝宝又哭了。”一瞬间新手“妈妈”慌了，不知道该怎样去照顾宝宝了。

图 1　两位新手“妈妈”手忙脚乱地照顾哭闹的宝宝

【教师思考】

“娃娃家”游戏模拟了幼儿熟悉的家庭环境与成员角色，是幼儿通过扮演角色，运用想象力，创造性地反映个人生活印象的一种游戏。尽管他们是第一次玩“娃娃家”，但是他们对环境以及对宝宝的反应与需求并不陌生。因此，“娃娃家”可以说是小班幼儿最喜欢、最适合的角色游戏之一。

从观察实录一中可以看出，幼儿对于“娃娃家”非常喜爱，但不知道怎样照顾宝宝。针对这一问题，我释放了一些引导信号。例如，引导幼儿“就像在家里一样玩”。当她们不了解妈妈照顾宝宝的方法，不知道如何安抚啼哭的宝宝时，我提示她们想想“宝宝还会因为其他什么哭”。于是，她们想到了宝宝是否尿裤子了，这样就将宝宝啼哭的常见原因分析了一遍，饿了、困了、尿了，并学着自己的父母照顾自己一样去照顾宝宝。在此过程中，她们能体会到父母对她们的照顾是不辞辛苦、无微不至的。在动手忙碌的过程中，她们愿意自己的事情自己做，喜欢承担一些小任务，在照顾宝宝的过程中树立自信。

初次引导小班幼儿开展游戏，老师在观察时需要表现出极大的耐心，这一点很重要，因为老师时而难免会萌生“帮一把”的念头。观察幼儿自主游戏时适时适度的指导也是保障幼儿自主完成游戏的重要一环，只不过老师的引导要与幼儿的认知能力、知识水平、游戏进展相适应。只有这样才能有效地带领幼儿在“娃娃家”游戏中进行自主操作。这不仅能进一步丰富幼儿的生活经验，还能帮助幼儿学习和提高劳动技能，发挥引导的作用，达到游戏的目的。

观察实录二：做“妈妈”太累了

基于第一次在“娃娃家”中照顾宝宝的经验，孩子们对于照顾宝宝已经有了基本的认识与了解，懂得该怎样有序、正确地照顾宝宝了。时隔不久，又一场在“娃娃家”中扮演妈妈角色游戏开始上演了。其中一位“妈妈”熠熠说：“到中午啦，该给宝宝做饭吃啦。”说完，她便将锅放在了灶台上，先拿了点青菜放了进去，又直接倒进一条鱼，接下来把所有的食材都倒了进去，结果锅里装满了各种食材，甚至有的食材还掉到了地上，然后有模有样地操起铲子一上一下地炒着，很投入。随后她边喊“吃饭啦”，边把各种食物分别放入不同的小碗小盘里，乐此不疲地将装满食物的碗盘一个个地端到桌子上。不一会儿，桌子上放满了小碗和小盘。

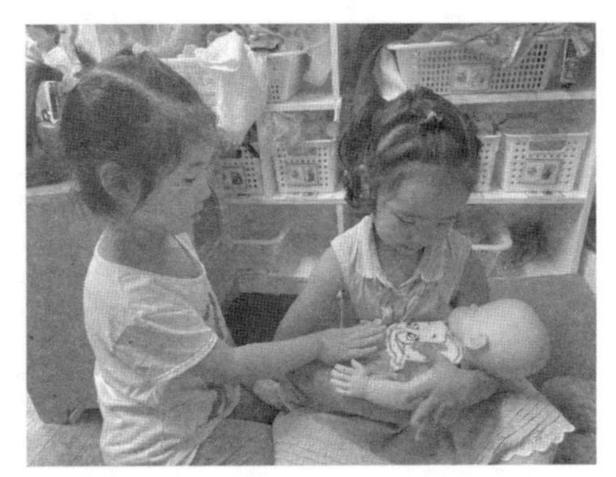

图 2　两位“妈妈”用不同的方式哄宝宝

然而，另一位“妈妈”乐乐却一直不停地哄宝宝睡觉，一会儿冲奶粉，一会儿又给宝宝洗澡。熠熠大声说道："要吃饭啦。"乐乐仍然很投入地照顾宝宝，没有理会她，这时候熠熠自己开始品尝菜肴了。只听到乐乐说了句："当妈妈真是太累了，都顾不上吃饭。"听到这句话，在一旁观看的我不禁感到一丝欣慰。

【教师思考】

"娃娃家"游戏是颇具代表性的角色游戏，涉及角色扮演、任务分工、同伴合作、语言交流等多方面的体验，它对于培养幼儿的社会性行为、分工合作等能力都有着重要的作用。

本阶段幼儿在"娃娃家"中的操作表现较之前好了许多。首先孩子们的角色意识增强了，知道了妈妈在照顾宝宝时需要做哪些事情，并且基本懂得自己的任务是什么，不再像之前那样宝宝一啼哭就手忙脚乱不知所措。但多数幼儿是因为接触角色游戏时间不久而表现出新鲜感和兴趣，并且喜欢选择扮演自己熟悉的角色人物，按照自己的想法去模仿日常生活中成人的动作，例如，炒菜、照顾宝宝这些都是我们日常生活的常态动作，同时看得出他们非常享受这些动作带来的乐趣，并沉醉在自己的游戏中。但是可以明显看出，角色之间缺乏交流意识和分工合作。尽管游戏前他们会自己选择好自己的角色，但是在游戏过程中往往会忘记自己扮演的角色，加上他们的语言表达能力和相互之间的沟通能力相对较弱，相互之间的交流必然就会少，往往也不会期待对方的回应，而是沉醉在自己的游戏中。他们会通过自己的行动表达需求，就像案例中的"妈妈"们都各自干各自的，只停留在单一的动作上，基本上没什么交流。这就直接导致在整个游戏过程中"妈妈"抱怨照顾宝宝真是太累了，顾不上吃饭，而负责做饭的熠熠则不知道她可以帮另一位"妈妈"一把。

观察实录三："妈妈"终于笑了

角色分配的问题解决了，孩子们对于角色的认知更加丰富了一些，慢慢地懂得了角色之间如何相互配合。班级里的“娃娃家”现在不仅备受欢迎，还让孩子们懂得了各个角色的工作任务。

本阶段“娃娃家”里有“妈妈”彤彤、“爸爸”宸宸、“姐姐”诗诗。“妈妈”的工作任务似乎十分明确，她告诉“姐姐”说：“你长大了，你可以自己穿衣服了，妈妈现在要去照顾宝宝了。”说完她就来到了宝宝房中，小心翼翼地抱起宝宝，开始给宝宝穿衣服、洗脸、刷牙等。“爸爸”则在小厨房忙碌着，他把一家人的早餐全部都做好了，整齐地摆放在餐桌上。与此同时，“姐姐”将宝宝的奶瓶拿到盥洗室冲洗干净后，开始冲泡奶粉了。“爸爸”说：“早餐好啦，可以来吃早餐啦！”区角瞬间有了家的味道。“爸爸”还告诉“姐姐”说：“不能挑食哦，什么都要吃，这样才可以长高，变强壮。”一家人其乐融融地在一起吃早餐，“妈妈”露出了幸福的笑容。

图 3　“爸爸”将做好的饭菜全部摆在桌上，等待和家人一起进餐

图 4　“爸爸”做好了早餐，“姐姐”自主洗漱后开始进餐

【教师思考】

“娃娃家”游戏模拟的是家庭生活，需要几个孩子共同参与，一起完成家庭关系的构建。在这些孩子中，有的扮演父母角色，也有的扮演孩子角色，而扮演家庭成员的孩子有更强的团结合作能力，如配合一起照顾宝宝、照顾家庭成员等。在游戏活动中，孩子们不仅对家庭生活有了更清晰的认

识，动手能力也进一步得到增强，并且基本合作能力也提升了。

图5 “爸爸妈妈”一起照顾宝宝

通过一次次的游戏，可以看到孩子们从最初的不会玩、不会分配角色，到后面的主动分配角色和协商分配角色并自己设计游戏情节的样子。“妈妈”知道了照顾宝宝的方法，还可以明确地告诉“姐姐”她的任务是什么，“爸爸”也懂得了在“妈妈”照顾宝宝时他可以准备早餐，顿时家的感觉就浮现了出来。“娃娃家”活动中，教师的适时引导至关重要。例如在小班幼儿初次游戏活动中，教师平行介入游戏是一个比较恰当的方式，在一定程度上可为幼儿提供角色示范与行为参照，有利于幼儿更快进入游戏角色；但是在配合孩子游戏时不可喧宾夺主，不可以自己的思维方式捆绑孩子，而是要让孩子在需要的时候借鉴并模仿后进行自我表现，掌握游戏的主动权。

三、教师小结

“娃娃家”游戏在小班区角游戏项目中，情节相对简单，幼儿对游戏内容相对比较熟悉，是小班幼儿入园后自主游戏的首选之一。它不仅能有效地满足幼儿在入园后对安全感的需求，而且能对幼儿开展劳动教育，可谓一举多得。然而，在设计和实施游戏的过程中，我们始终将对幼儿的劳动教育放在第一位。这是因为随着幼儿对环境的熟悉，他们对安全感的需求会逐步缓解，但是劳动教育则不会随着时间的推移自然地在幼儿身上发挥作用。因此，在“娃娃家”游戏过程中，我们重点关注了引发兴趣、增强意识、学习技能等几个方面。

（一）精心设计安排，引发幼儿参与劳动的兴趣

小班幼儿游戏能力相对较差，设计和安排区角游戏必须充分考虑幼儿的兴趣以及自主游戏的实际能力，“娃娃家”从场景、内容、角色等方面都能较好地激发幼儿的兴趣，而引导幼儿参与也是激发幼儿劳动兴趣的前提。若是设计的内容难度较大，必定会引发幼儿的畏难情绪或使幼儿面对材料不知所措。在民间，也有玩“过家家”游戏的习惯，有的幼儿对“娃娃家”游戏并不陌生，容易接受，愿意参与。当教师在区角投放材料后，孩子们看到自己熟悉的材料，只要教师稍微交流，简单地引导或提醒，就能引发孩子们的兴趣，他们会争先恐后地参与其中。正因如此，在第一阶段游戏中就出现了“孩子们很快就沉浸在当‘妈妈’的角色之中”的场面。积极参与、沉浸其中，就应该视为劳动教育的初步成效，也是随后推进游戏、开展劳动教育的基础。

（二）适时适度介入，帮助幼儿增强劳动的意识

虽然“娃娃家”与许多幼儿在家里玩过的“过家家”如出一辙，且幼儿对游戏的基本内容是熟悉的，但是“熟悉的”并不一定体会到了，也不可能做到，更不可能做好。例如在游戏的第一阶段中，几位“妈妈”发现宝宝啼哭，就不知如何是好。她们分析了几种不同的原因，仍然具有一定的局限性。当老师委婉提示后，她们想到了除了“饿”“困”之外的第三个原因“尿”。值得庆幸的是，听到宝宝的啼哭声，她们想到了“要不我们先把她放到床上哄她睡觉吧，然后我们再去做饭”。在随后的第二、三阶段游戏中，照顾好宝宝已经成为“妈妈”“爸爸”“姐姐”的习惯，他们能自觉地承担起各自的角色责任。这就是对“需求”“场景”做出的反应，或者说萌生的应对意识，就幼儿而言，这就是萌生的劳动意识；就游戏而言，这就达到了增强幼儿劳动意识的目的。

（三）持续推进游戏，不断提升幼儿的劳动技能

从游戏内容看，“娃娃家”游戏持续的时间可长也可短，在第一阶段或第二阶段均可结束游戏。但是在小班开展“娃娃家”游戏持续了三个阶段，幼儿在游戏中的角色表现以及劳动技能的提升显然在逐步向深入发展。我国著名幼儿教育家陈鹤琴说过：“游戏从教育方面说是儿童的优良教师，他从游戏中认识环境，了解物性，也从游戏中锻炼思想，学习做人，游戏实在是幼儿的良师。”回放本游戏的三个阶段，幼儿的表现何况不是如此。他们经历了表现兴趣、增强反应意识、学习劳动技能几个不同的阶段，呈现梯级式上升趋势。例如，在第一阶段中，可以很明显地看出幼儿对于“娃娃家”虽喜爱但又不知道怎么照顾宝宝时手足无措的样子；在第二阶段中，幼儿大致了解了怎样去进行“娃娃家”的游戏操作，但是对于角色之中的配合意识表现较差，不愿意与人交流，仅仅专注于自己参与的某个环节，甚至不愿意参与其他任何工作内容；在第三阶段时，“妈妈”学会了照顾宝宝的方法，“爸爸”学会了做饭的流程，“姐姐”知道了为宝宝冲泡奶粉等，这些都是劳动技能的运用与提升的具体体现。“爸爸”“妈妈”的角色意识也在增强，提醒“姐姐”“不要挑食”“自己穿衣服”，这也是在履行角色的责任，也可视为劳动的特殊形式，强化了幼儿自己的事自己做的意识。

“娃娃家”游戏是小班幼儿入园后开展的第一个游戏项目，尽管幼儿的表现达到甚至超过了设计的效果，但是也存在以下三个不足。

其一，场地不大，发挥受限。小班教室一般都设有专门的独立区域，“娃娃家”通常在班级活动室的一角，所占空间较小，可容纳的幼儿人数通常为 4~6 人。所以当幼儿想要完整地呈现出与生活相关的一些生活活动时，场地是不够用的，更不可能向与生活相关的一些公共场所延伸，如医院、银行和超市等。若是有医院，则有可能引导“妈妈”们找出宝宝啼哭的第四个原因——病。

其二，材料不足，玩法受限。在独立区域投放的材料固定单一，一般具有较强的功能性，包括小床、被子、洋娃娃等高仿真的材料。这些材料一部分是买来的成品，一部分则是由教师发动家长收集到的闲置物品，如用完的化妆品瓶等。低结构、可变性较大的游戏材料的缺少，直接限制了幼儿在游戏中的玩法。幼儿只能就地取材，这在一定程度上限制了幼儿的想象力与创造力。

其三，时间不长，体验受限。在幼儿园的生活中，每个时间段都设定有相关的活动，其中就包括区域游戏，而且“娃娃家”是分段进行的，因此，在操作层面，没有办法让幼儿完整地体验照顾宝宝一整天的全部流程。游戏时间的不足也会影响幼儿的探索与体验，致使幼儿在游戏中的体验、对生活劳动的体验缺乏整体感。

“娃娃家”中孩子们的行为表明，幼儿已从刚入园的不会玩过渡到如今的会玩，在学做“爸爸”“妈妈”的过程中逐渐愿意劳动、学会了劳动，而且“爸爸”“妈妈”的游戏已拓展渗透到了班级的区域活动中。幼儿通过参与一日生活中的各种劳动，掌握了部分劳动技能，还建立了“自己的事情自己做”的劳动意识，动手能力和自我服务能力明显提升，呈现出“我愿做，我会做”的良好状态。在劳动过程中，幼儿的自我接纳程度和自信心不断增强，劳动经验发生质的变化。通过在“娃娃家”中扮演“爸爸”“妈妈”角色，幼儿的劳动经验得以不断提升和拓展，这也更利于幼儿的全面成长。

始于童心，萌发“扇”意
——独具匠心驱蚊扇

曾梦，武汉市武昌区实验幼儿园

一、游戏背景

生活中到处都是纸，印刷绘本的纸，画画用的纸，擦嘴巴的纸，叠飞机的纸……原来生活中到处都充满神奇且有用的纸。仔细观察一下，幼儿园里的纸无处不在。那么，我们的小朋友又可以用纸做什么呢？在剪剪折折公共区，咔嚓咔嚓……一派忙碌景象。

二、实录与思考

观察实录一：手工打造纸扇

珍珍：“好热呀！要是有风扇就好了！”

晓宁：“这还热呀，我们又没在外面晒太阳。你说给我们做核酸的医生多热呀，他们还穿着防护服呢！”

珍珍：“要不我们给他们折一些扇子吧？这样他们就能凉快一点啦！”

“好呀，好呀，正好我们这里有很多纸。”两个小姑娘一拍即合，说干就干。(图1)

她们选择了竹篓里的彩色纸，熟练地折起了扇子。不一会儿，红的、黄的、蓝的……几把充满爱心的小扇子就呈现在眼前。两个小姑娘一边得意地笑着，一边调皮地用做好的扇子给我扇风。

图 1　两个小朋友开始折扇子

“老师，凉快吗？”

“那当然啦！凉快极了！”可能是受了我的鼓舞，晓宁挥动的小手摇晃得越来越快。

“哎呀，扇柄折断了。这个扇子的扇柄太软了！”晓宁突然喊道。

刚做好的扇子用不了两下就坏啦！两个小姑娘显得格外失落，眼神一下子黯淡下来。

“那我们可以用什么办法让扇柄变得更坚固呢？”我试探地问。

“可以用硬一些的纸！”珍珍说。于是，她们开始在竹篓里仔细翻找，瓦楞纸、电光纸、皱纹纸、海绵纸……但似乎没有一种是她们想要的。

第二天，我在剪剪折折区域里投放了彩色硬卡纸、双面牛皮纸、硬纸板、瓦楞纸等多种硬度较大的材料，期待两个小姑娘能在当天的游戏中得到满足。

果然，今天来到剪剪折折区域里，珍珍和晓宁迫不及待试验新材料。

“你看，我的扇子多牢固！”晓宁一边挥舞着小手，一边得意地说着。（图 2）

图 2　两个小朋友折出牢固的扇子

“是啊，这样就不会断啦！”珍珍眉开眼笑，满心欢喜。

我以为扇子到这儿就完工了，但是她们似乎又有了新主意：她们想给扇子做一点装饰，让扇子看上去更美。

珍珍："这个扇子用水彩笔和油画棒都画不好，怎么办呀？"

晓宁："要不用拓印棒或者颜料刷试试看？"

她们又兴冲冲地拿来了拓印棒、调色盘和颜料。

"呀，我这边的颜料流下来了！"只听珍珍尖叫着。

"你赶快用纸擦一下吧！"晓宁回应着。

可是，更糟糕了，卫生纸把印上去的图案都擦花了。

"老师，这怎么办？"眼见两个小姑娘手忙脚乱起来，我赶紧上前帮忙，跟她们边讲蘸取拓印的技巧，边用拓印棒示范。遇到边边角角的狭缝位置，我问道："这里用什么样的拓印棒更合适呢？"珍珍立刻拿起一个更小的拓印棒，回答说："我知道，我知道，用这个小号的拓印棒！"（图3）两个小朋友又忙碌了起来，不一会儿，色彩斑斓的小扇子映入大家的眼帘。

图3　尝试使用拓印技能装饰扇子

【教师思考】

陈鹤琴先生认为，教师应根据儿童的心理特点和学习特点进行教育。幼儿共同存在的心理特点是好模仿、好游戏。孩子的知识来自直接经验，大自然、大社会应是孩子的活教材。给医护人员折扇子的想法源自幼儿核酸检测体验。她们因为自己热而联想到做核酸检测的医护人员穿着防护服更热，于是便想到了要为医护人员折几把扇子给他们降降温。从情感上看，她们的出发点非常单纯可爱，是爱心萌发的体现，值得点赞。在制作层面，她们充分考虑到扇子的实用性与美观性，考虑到要用游戏材料对制作中的扇子进行加固和美化。在一定意义上，生活的直接经验成了孩子的活教材。

“巧妇难为无米之炊”，对于幼儿而言，更是如此。当她们遇到了加固、装饰等问题时，教师在第一时间给予鼓励和支持，这是推动游戏顺利开展的重要因素。最初投放的材料，符合幼儿在游戏时制作玩具纸扇的需要，但是当幼儿在游戏过程中萌生新想法以及发现新问题时，最初投放的材料无法满足幼儿需求，例如对硬度更高的纸张、装饰材料等的需求。根据幼儿材料需求适时调整，教师补充不同硬度和材质的卡纸、各色颜料、拓印工具等，引导幼儿观察与学习，了解拓印的技巧，启发幼儿更好地参与游戏，就显得尤为关键。

观察实录二：独具匠心驱蚊扇

晓宁："珍珍，要不我们晚上去把扇子送给医护人员吧？"

珍珍："不行，晚上我妈妈不让我出门，她说蚊子太多了。"

晓宁："你戴防蚊手环就好啦！蚊子不叮你！"两个小姑娘又在商量着下一步计划。

珍珍："哎，你说我们的扇子要是能防蚊子该多好啊，这样医生也就不怕蚊子咬了！"

听着她们的谈话，我不由得一阵欣喜。在游戏中尝试加入自己的思考并尝试创新，可真是太难得了。

晓宁："我晚上出门的时候，妈妈都会给我喷驱蚊水，我们也给扇子喷驱蚊水吧！"

珍珍："等等，驱蚊水会不会把扇子打湿啊？"

两个小姑娘皱起眉头看着我，仿佛在寻求答案。

我说："你们试一试就知道了，不过喷的时候尽量离扇面远一点哦！"

说完，她们找来了班上现有的驱蚊水，开心地喷着（图4），就像精心呵护着花朵，小心翼翼。

"哇，好香啊！"大家纷纷凑过来看热闹。

图 4　为扇子喷洒驱蚊水

图 5　喷了驱蚊水的扇子没有湿

“老师，扇子没有打湿！”晓宁窃喜地说着。(图 5)

“是的，你们喷的时候距离掌握得很好。”我也替她们开心。

说着，她们又把剩下的扇子一个一个喷上驱蚊水，整个屋子都弥漫着芬芳的味道。

“我们的扇子变得又凉快又防蚊咯！”珍珍开心地念叨着。

“那我们今天就去把扇子送给医护人员吧，他们肯定很开心！”

“好哇！”两个小姑娘一拍即合，区域里随即传来她们爽朗的笑声。

【教师思考】

在此次游戏中，幼儿仿佛在尝试赋予扇子新的生命。她们细心地呵护，就像在传达对生命的热爱。因为扇子不能防蚊，她们将生活经验进行迁移，把自身的防蚊方法尝试运用到扇子上。起初，她们也不敢轻易尝试，害怕扇子会被打湿弄破。老师鼓励她们试一试，言语中流露的支持促使她们不断尝试和创新，起到了从精神情感上鼓励幼儿大胆尝试、不断探索和自主发现的作用，直接促使幼儿获得游戏的参与感和满足感。“喷的时候尽量离扇面远一点”则给予两个小姑娘操作方法上的及时提示，显然她们小小的心灵里蕴藏着创新钻研的匠人精神，操作非常准确，达到了她们预期的效果。面对游戏中的新情况和新问题，积极思考，用心观察，领会感悟，努力创新，这是幼儿在游戏中应取的态度，也是必定要体验和经历的过程，而我们作为教师最想看到的也莫过于此了。当然，在今后的游戏观察中，我是否能多鼓励幼儿进行类似的制作和创新呢？我又该如何进一步引导幼儿将生活经验与游戏相结合呢？这值得我深入思考。

三、教师小结

（一）营造宽松氛围，扶持幼儿热情

陶行知先生说：要解放儿童的空间，使之能接触大自然和大社会。解放幼儿的空间，最重要的是要解放幼儿的心灵空间。幼儿只有在一个没有心理压力的环境里，积极地参与探索活动，思维活跃，观察敏锐，才能激发创新灵感。幼儿可以随心所欲地表现自己的想象，展示与他人不同的创造发明。然而，幼儿由于受自身认知的局限，创造出来的“作品”难免错误不断，甚至“漏洞百出”，教师就应该像爱迪生的母亲宽容爱迪生一样，不随意否定幼儿的想法，在言语上、行为上、知识上、技术上鼓励和扶持幼儿创新思维的热情。

本次游戏中，我赞赏幼儿为医护人员送扇子的纯真和善良，鼓励幼儿积极尝试不同材料，使自己的作品更加牢固和漂亮；肯定幼儿创新制作的想法，引导她们思考驱蚊的办法，这些举动都给幼儿营造了宽松的游戏氛围，有助于她们获得游戏的满足感和成就感。两个小姑娘在游戏过程中充分展示了童心纯真、匠人匠心。她们从提出折扇子到给扇子加固，从对扇子进行装饰到给扇子增加驱蚊功能，每一个小主意的提出，都是创新精神的体现；从找坚硬材料做扇柄到给扇面印上精美拓印，从给扇子喷驱蚊水到将扇子送给医护人员，每一个小小的举动都是她们不畏困难的表现。激发幼儿参与游戏的积极性，鼓励幼儿发展游戏的创造性，肯定幼儿坚持游戏的持久性，引导幼儿真正成为自主游戏的体验者和问题的解决者，这就

是教师为幼儿创造宽松、愉快的游戏氛围所必须持有的态度与举措，其幼儿游戏理念尽在不言中。

（二）提供全面支持，推动游戏发展

教师在幼儿游戏中，不仅作为游戏前环境的创设者，游戏中的观察者和引导者，更是实施游戏过程中的推动者和支持者。支持幼儿不是包办代替，支持幼儿不是让幼儿逃避问题。教师的支持应该是帮助和引导幼儿自己去解决问题。教师适当适度地帮助，应该让幼儿既能够感受和领会到教师意图，又能从自主游戏中体验到成功与自信。教师需要始终牢记蒙特梭利所言：请帮助我，让我自己成长。

尽管此次游戏的过程比较简单，游戏的主角也只有两名幼儿，但是我给予她们的支持是多层面的、全面的。环境材料上，我根据幼儿材料需求适时调整，补充了不同硬度和材质的卡纸、各色颜料、拓印工具、驱蚊水等材料，促进幼儿在游戏中发现与探索。方法技能上，我通过平行游戏，做拓印装饰示范，引导幼儿观察与学习，了解拓印的技巧，启发幼儿更好地参与游戏。精神情感上，我肯定幼儿给扇子增加驱蚊功能的创新想法，鼓励幼儿利用驱蚊水大胆尝试和操作，支持幼儿不断探索和发现。欣赏和鼓励性的谈话，有效地推动了幼儿获得游戏的参与感和满足感。

（三）反思活动过程，发现游戏不足

教师介入不够及时。作为幼儿游戏的观察者，我们需要及时洞察到幼儿的需求，适时答疑，及时介入，正确引导，鼓励幼儿在游戏过程中通过眼观、耳闻、手动，协调配合，更好地发展游戏技能；同时，帮助幼儿梳理游戏经验，总结游戏技巧。幼儿从萌发折扇子的想法到自选材料积极“试错”，从完善、加固到装饰、美化，每一步都是“波折”重重。但是游戏过后，我并没有及时帮助幼儿梳理过程，没有引导幼儿对纸的材质进行比较和筛选，没有引导幼儿去对比和思考，以引导幼儿形成有效的游戏经验。假如我能借此机会在班上开展“多种多样的纸”的生成活动，带领幼儿了解不同材质的纸，学会在游戏前对纸进行对比选择，并将珍珍和晓宁的游戏经验在班上分享，引导更多幼儿参与有关纸的游戏和思考，这样必定更有利于幼儿发展。

游戏材料不够充分。幼儿在给扇子加固和美化时，都遇到了材料不足的问题。比如生活中扇柄以木（竹）质或塑料居多，幼儿根据生活经验也可悉知，但是在纸质区我们缺乏该类材料，只能用其他材料替代。装饰时，珍珍最先提出用剪贴图案装饰，但是材料中并没有剪贴图案，无奈她们尝试了水彩和油画棒。剪剪折折区角材料不足不全，不利于幼儿开展系列活动，在一定程度上限制了幼儿游戏潜能的发挥。

延伸反馈不够到位。这是一次易于操作、可以重复、意义非凡的游戏，对幼儿来说是一种创新的尝试和体验。但是，她们是否在当天晚上将扇子成功送给了医护人员？扇子是否真的给医护人员送去了清凉、驱赶了蚊子？幼儿的心情如何？这些都不得而知。幼儿的积极性和童心需要培养和维护，如果我能在这次活动后及时开展反馈与分享活动，于她们而言，这次游戏可能更加珍贵和难忘吧！

我的“农庄”我做主

——植物游戏融入劳动知识观察案例

易璇，武汉市武昌区实验幼儿园

一、游戏背景

幼儿园的植物角不仅可以美化环境，还可以让幼儿接近自然、亲近自然，激发幼儿探索大自然的兴趣，并在探索的过程中，提高幼儿的观察力、想象力、操作能力、逻辑思维能力，使幼儿的植物知识储备更丰富、更全面。大八班设置了“东湖乐园”的植物角，其中一部分为“休闲农庄”。孩子们在“休闲农庄”里认识常见的农作物，观察、发现植物的变化，参与种植劳动，宛如一群快乐、忙碌的小蜜蜂，呈现出一派热火朝天的劳动场景。

二、实录与思考

观察实录一：我们一起来种植

“号外，号外！‘东湖乐园’里有一个‘休闲农庄’！谁愿意来种植物呢？”悦悦大声吆喝着。小朋友们抬头互相看看，却依然做着自己的事情。悦悦见大家没有理她，她想了想说道：“如果植物种得好，就发奖！”小元宝凑过来问：“这里可以种土豆吗？”瑶瑶说：“这里可以种花生吗？”沐沐也迫不及待地说：“种草莓吧！”“还有小番茄！”“要是能吃上莲蓬也很好啊!”大家你一言我一语，讨论农庄里可以种什么。热烈的讨论过后，孩子们还是没有达成一致，最后他们用投票的方式，选出了票数最高的 7 种植物：草莓、土豆、生姜……

5 月 27 日，星期五，天气晴。在整理离园的活动时，大元宝一边整理衣服一边问：“易老师，花盆可以发给我们，让我们回家种植物吗?”我笑着回答：“当然可以呀!”话音刚落，小朋友们纷纷要求：“我也要带回去!”“我想带回去种生姜!”

5 月 30 日，星期一。小朋友们把在家里种植的植物带到学校。看到宸宸带来的花盆里的植物已经发芽了，大家都好奇地问道：“你种植的是什么呀?”宸宸小心翼翼地托起花盆，满脸骄傲地说：“我种的是芋头，我在家里浇了三天水，然后它就发芽了!”植物生长的速度让小朋友们感到惊讶。有小朋友不太相信，再次问道：“真的三天就能发芽吗？你自己种的?”宸宸提高声音，说：“是真的！我和爸爸一起种的。第一天我和爸爸一起浇水，第二天我一个人照顾它，第三天轮到妈妈照顾它，爸爸妈妈还给我拍照了!”听他说得这么认真，我立马伸出大拇指夸奖道：“你很会分工，真棒!”这一天，小农庄摆满了小朋友们带来的植物！小农庄正式开园啦！小朋友们听到这个消息，兴奋极了，只要一有时间，就会跑到植物角去看看自己种的植物。

图 1　第一天，幼儿在家为芋头浇水

图 2　第三天，芋头发芽了

【教师思考】

“兴趣是最好的老师。”人们对某事物有了浓厚的兴趣，就会主动去求知、去探索、去实践，并在求知、探索、实践中产生愉快的情绪和体验。幼儿在游戏时表达出自己想要种植的植物，并且主动跟老师提出要将花盆拿回去种植，这是幼儿对种植产生了浓厚兴趣的表现，也与过往的种植经验有关联，此刻关注幼儿兴趣、支持幼儿热情，就能帮助幼儿增强兴趣，对参与种植持有自信。因此，我及时肯定了幼儿参与种植活动的主动性，同时允许幼儿将花盆带回家，无意之中衍生出亲子种植方式。宸宸种植芋头的体验不仅证实了家长参与的重要性，而且也向其他小朋友做出了示范。小朋友在充分讨论的基础上，用票决方式选出班级最喜爱的7 种植物，反映出他们的组织协调能力，大有模仿成年人无领导小组讨论的架势。亲子种植和票决方式都是劳动分工或社会活动不可缺少的重要环节，让幼儿从小有所体验和感悟尤为重要。

观察实录二：为什么我的大蒜蔫了

“大蒜的苗怎么弯了呢？”瑞瑞大喊着。他扶起蒜苗，试图让蒜苗再次直立起来，可是一松手，嫩叶又弯下了腰。宸宸：“土太干了，大蒜快渴死了。”瑞瑞立马拿来水壶给大蒜浇水。

可是一个星期之后，大蒜的青叶彻底萎缩，变得发黄干枯。瑞瑞嘟着嘴巴，难以相信地反复跟我强调：“易老师，我们浇过水了，真的浇水了。”而浩浩也不理解，耷拉着脑袋说：“明明都浇水了，为什么还死了呢？”“是真的救不活了吗？”贸贸的声音都变小了，显然很沮丧。其他小朋友们都沉默不语，仿佛觉得是自己没有照顾好大蒜。我鼓励大家：“一次失败不算什么，我们总结一下失败的原因，下次一定可以成功。”于是我们请教了在家种过大蒜的贸贸奶奶，分析查找原因：是不是土太少？是不是土里没有营养了？是不是我们的大蒜没有照射阳光……最后大家决定：再种一盆大蒜！

在小朋友的齐心协力下，一盆新的大蒜种植好了。这时，小元宝灵机一动，两眼放光，提议说：“我们一起来制订一个计划表吧！”雅雅有些犯难，问道：“怎么制订呢？”小元宝迫不及待地分享了自己的想法，语速也快了起来：“我们分一下工啊。你给火龙果浇水，你给花生浇水，你给大蒜浇水。”乐乐也冲到小元宝面前说：“我也想浇水，小元宝。”这时，大元宝看着以前的植物养护记录表，又摇了摇头说道：“除了浇水，植物还需要晒太阳，还要施肥，这些记录表里都没有。”沐沐直接找来纸和笔说：“那我们就来制作照顾植物计划表吧！”大元宝指着以前的记录表说：“我们就把星期几先写出来，哪几天需要浇水，然后就在下面方格打上钩并画上小水滴；需要晒太阳，我们就画上太阳；如果需要施肥，我们就画上几颗小肥料。”很快，计划表制作好了，表格底部还多了一栏，我不理解地问大元宝：“为什么下面还多出了一栏呢？”大元宝指着新的计划表解释说：“因为下面一栏可以签上学号啊，今天谁照顾植物了，就在格子里面写下自己的学号，如果没人写学号，就说明这一天没有人给植物浇水或者晒太阳、施肥。”

图 3　重新种植大蒜

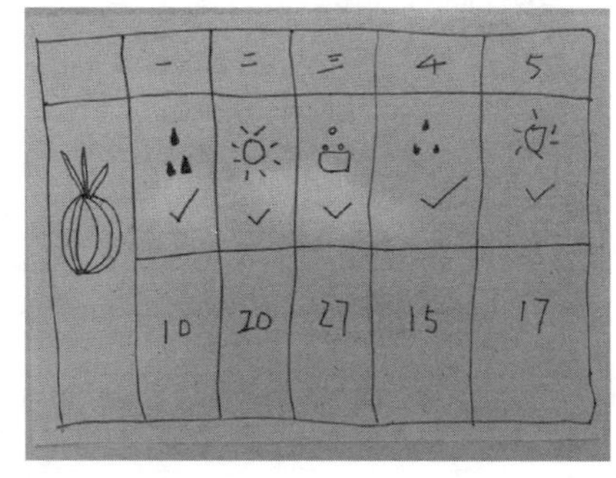

图 4　植物养护计划表

【教师思考】

在幼儿发现大蒜蔫了时，我并没有直接告知幼儿大蒜嫩叶枯萎的原因，而是鼓励他们通过学习他人种植大蒜的方法，分析大蒜嫩叶枯萎的几种可能性，找出产生问题的原因，这就比较顺利地将探索问题的主动权交给了幼儿，激发他们的思维与想象能力；在照顾大蒜苗过程中出现问题，让幼儿发表各自的观点与看法，提出再次种植的办法，较好地引导幼儿选择了解决问题的方案，尤其是幼儿在教师的鼓励下展开的积极探索，帮助他们重拾了自信心，巩固了对种植的认识。幼儿在探索中了解到种植大蒜只浇水是远远不够的，懂得了植物的生长还需要阳光、养分，需要在种植中细心呵护，这已经超出了起初他们对种植大蒜的预期，他们的认识已经上升到对植物生长条件与规律的认识。大元宝建议修改的植物养护记录表，体现了幼儿对科学的尊重，同时在表格中新增学号签名一栏，就是幼儿落实劳动责任制的萌芽意识表现。尤其是在种植过程中遇到困难后，幼儿在教师的鼓励下展开的积极探索帮助他们重拾了种植的自信心，增强了对种植的兴趣。

观察实录三：根长出来了怎么办

小朋友们按照植物养护计划表为植物浇水、施肥，早上他们会将植物搬到窗台处，让植物感受清晨的阳光，植物越长越好。一次，小小管理员搬植物到窗台晒太阳时惊讶地大喊："你们看！根从花盆底下的洞里冒出来了。"说着大家都围了上去，果然芋头的根已经长出花盆外。"根为什么会长出盆底外呢？"我问孩子们。"可能是根太长了吧？""土层不够厚吧？"对此，我们在多媒体上了解到这是因为花盆浅了，盆内空间不够，根才往外生长。小朋友们有了新想法，决定为这个芋头换个大盆。"可是我们并不知道怎么换盆啊？""万一挪动后它死了就太可惜了。"小朋友们纷纷表示有些为难。见小朋友们不得要领，我便提醒他们先在家里和爸爸妈妈一同查阅资料，并将查到的信息与其他小朋友交流。

图 5　根从花盆底部长出来了

周一早上入园，大元宝迫不及待地将自己查阅到的信息与他人分享："我和妈妈在图书馆翻阅了资料，换盆要在晚上，而且提前几天就不能浇水。"叶叶说："我也查过了，换盆的时候要保留一部分原先的土壤。"小元宝把脑袋探入两人之间，挤出一个空间："还有，换的盆子要比现在的盆子大，而且要高一些，这样才够根生长，不能立马就浇水哟。"

有了丰富的植物换盆知识，小朋友们开始为换盆做准备，提前两天就停止给芋头浇水了。几个小朋友像模像样地用手摸摸盆里的土，便判断土已经半干了，可以为它换盆了。小朋友们用刷子一点点将芋头的根与旧花盆分开，并将新的土放在花盆底下，将芋头和带出的土移植到新的盆内。过了几天，芋头越长越好，小朋友们手拉手围着"庄园"转圈圈："芋头又长高了！芋头又长高了！"

图6　合作为芋头换盆

【教师思考】

人们常说："人无常识，百事难成。"知识能为实践的成功奠定基础，在幼儿种植劳动实践中亦是如此。幼儿发现芋头根长出了盆底，想到需要为芋头换盆，但是缺乏换盆知识与经验，致使他们产生了畏难情绪，普遍觉得换盆太难了。幼儿流露出的畏难情绪很明显不是想不想换的态度问题，而是在知识与技术层面需要解决如何换的问题。为帮助幼儿突破思维限制，于是我请他们回家跟爸爸妈妈一起查阅资料，然后与小伙伴分享，以此拓宽幼儿的思路，找到换盆的基本方法与注意事项，这才有幼儿在换盆前后的一系列比较规范的举动——提前断水、保护根部、垫上新土、带土移植等，确保了为芋头换盆顺利进行。一个简单的换盆，让幼儿"以问题为导向"，实现了亲子、师幼、幼幼多方互动，探索和学习了科学知识，提升了

"照章办事"的操作技能。

观察实录四：制作植物专属名片

小导游辰辰在介绍"休闲农庄"时，小游客溪溪突然提问："这种的是什么植物呢？"辰辰说："啊，有的我认识，有的我不认识。""那就让我们来给植物设计名片吧！"溪溪提议道。小朋友们说着便投入到设计名片的工作中。对第一次的设计方案，小朋友们都感到不太满意："不好看呀。""背景太白了。""易老师，能给我们在网上看一看风景区的植物名片是什么样子的吗？"应小朋友的要求，我在多媒体上查找出相关的图片。"有爱心的名片。""有挂在树上的。""哇，还有立在地上的。""有红色的、蓝色的。"……网上的图片帮助小朋友们开阔了视野，他们立马有了想法。溪溪露出自信的笑容说："我可以画可爱的芋头，然后周围还可以画上装饰。"百百也眯着眼笑了起来，仿佛有了更好的想法："我想画个蝴蝶结的名片。"瑶瑶想了想后拿起了笔，边画边说："我来画个叶子，我的洋葱要长出叶子。"不一会儿，他们完成了第二次方案的制作。这次制作的名片以植物的各种形状作为底图，在底图上绘制了许多的装饰，有的还涂上了鲜艳的颜色。其他有种植经验的小朋友也加入第三阶段的制作。根据养护植物的经验，他们将植物的特性也画到名片上了。最后定稿的植物名片内容丰富，色彩鲜艳。活动后，我将纸质名片过塑，请幼儿自己插在了对应的植物盆里。

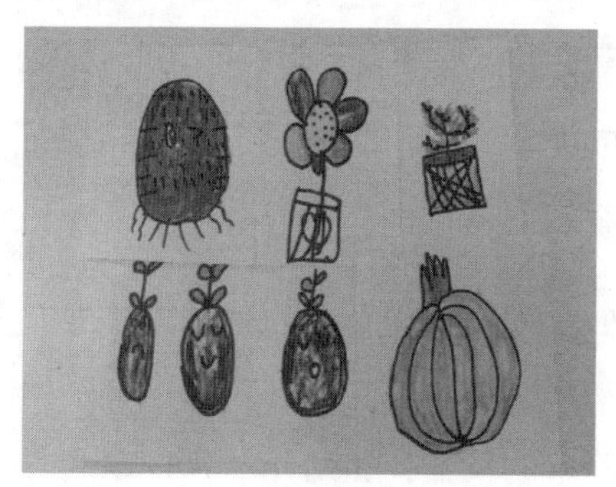

图 7　幼儿设计的第一套植物名片

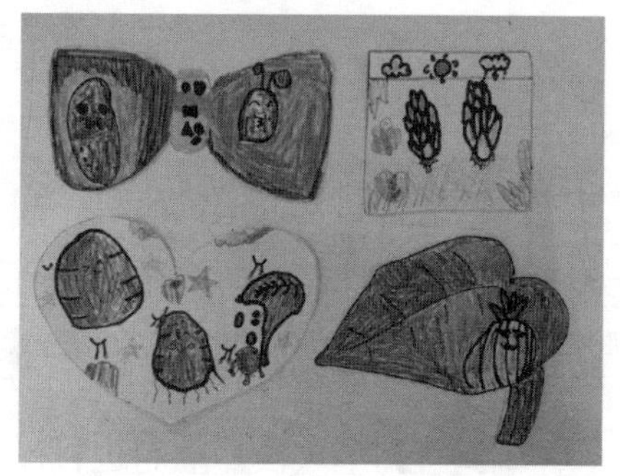

图 8　幼儿设计的第二套植物名片

【教师思考】

法国雕塑家罗丹有句名言："生活中从不缺少美，而是缺少发现美的眼睛。"幼儿发现美的眼力从何而来？在游戏活动中，我们的答案是：唯有劳动实践。从介绍植物名称，幼儿想到了为植物制作名片。在第一次设计名片后，幼儿觉得名片并不是特别好看，展现了一定的对美的欣赏能力以及自我否定的勇气。看到老师帮忙在网络上查阅的图片等相关资料后，幼儿受到了启发，激发了创作灵感，知道了名片有各种形状、颜色、摆放方式。经反复讨论推敲，接二连三更换设计方案，最终制作出理想的植物名片。看似一个简单的名片制作过程，其实充分展示了幼儿的劳动创新意识与能力、审美水准、对美的追求。

三、教师小结

（一）保护兴趣，支持自主游戏

组织种植游戏相对易于引发幼儿的兴趣。然而如何利用好幼儿对种植游戏的兴趣，支持他们自主游戏则与其他游戏项目一样，是个值得重视的问题。在大八班组织的种植游戏中，我们在几个节点上都落实了支持幼儿自主游戏的要求。首先，"休闲农庄"里到底种植什么，由幼儿说了算，这既尊重了幼儿的自主选择权，又从一个侧面进一步保护了幼儿的兴趣。其次，满足了幼儿提出的将花盆带回家与父母共同种植的诉求，请家长与幼儿一起参与种植活动，不仅增进了亲子之间的关系，而且合理利用了家长资源，让班级植物角变得丰富多彩。最后，在换盆的环节，老师只提供知识支撑，而将包括何时换盆、如何换盆的选择权和操作权全部交给了幼儿。这样，我们将"种什么""怎么种""与谁种""由谁种"等几个方面的自主权全部交给了幼儿，是一次比较成功的尝试。

（二）排困解难，提供知识支撑

这次将种植的种类与种子的选择权都交给了幼儿，但这并不意味着幼儿的认知能力与知识水准能完全满足种植游戏的需要。因此，发现幼儿遇见超出他们能力的问题与困难时，老师及时予以引导，重点提供相关知识的支撑。例如，当第一次种的大蒜嫩叶枯黄时，就去请教有种植经验的贸贸奶奶；发现花盆需要更换时，引导幼儿回家与家长探讨；当幼儿不知道植物标牌应该长什么样的时候，老师在网络上搜索多种式样，供幼儿参考，激发幼儿灵感。在游戏过程中，这几次知识与技能方面的帮助，让幼儿明白了劳动也是需要知识与技能做支撑的。作为老师，我认为在幼儿游戏遇到困难时，向他们提供知识和技术的支持，与提供合适的游戏材料同样重要。

（三）深入引导，劳动创造美

用植物美化区角环境，成为种植游戏的“副产品”。观察实录三描述了幼儿看到芋头越长越好后兴奋的场景——“小朋友们手拉手围着‘庄园’转圈圈：‘芋头又长高了！芋头又长高了！’”这既是幼儿看到劳动成果时喜悦心情的表达，也是他们欣赏劳动创造美的特殊方式。在设计和制作植物养护计划表时，孩子们没有照搬过去的表格，而是根据自己对养护事项的理解，创新了部分内容，表现出一定的创造力。更值得一提的是，在制作植物标牌时，孩子们设计了两三套方案，否定初次设计方案的重要原因就是嫌弃它不够美。最终选择的标牌颇具美感，孩子们在游戏劳动中创造了美。

（四）深入反思，畅想“农庄”未来

“休闲农庄”给师幼均留下了美好的记忆，但种植游戏不会就此止步，仍然有较大的发展空间。畅想“农庄”的未来，我们思考了后续可开展的活动。

开辟户外小菜园：在条件许可的情况下，在户外开辟一片小菜园，让幼儿更接地气地体验劳动种植的乐趣。幼儿在蓝天、白云、灿烂的阳光下进行劳动种植，更亲近大自然，使幼儿的身心得到放松，有益于幼儿的健康发展。

体验采摘的乐趣：劳动种植虽然非常有趣，但是品尝劳动成果也是一件非常有意义的事情。由于本次种植的芋头、大蒜等植物，生长周期长，且收获受限，希望能在植物角中种一些生长快、可供采摘的植物，让幼儿体验农家采摘的乐趣，享受丰收的果实。

甘当种植小园丁：大班幼儿在劳动中获得了相关经验，可以说他们是班级植物角里的小园丁。安排大班幼儿和弟弟妹妹们分享自己的经验，手拉手与中班、小班幼儿一同种植，成为弟弟妹妹们的小园丁。

一起建“游泳池”

张敏、喻婷，武汉市武昌区实验幼儿园

一、活动背景

幼儿对于沙池的兴趣似乎与生俱来，每当到沙池游戏时间，他们就迫不及待地开始沙池探宝行动，有的用水桶接水，有的用小铲子挖宝，有的将锅里装满沙……近期，我们在材料区域新投放了长短不一的 PVC 水管，有几个孩子很快就发现了新材料，新的探索也正式拉开帷幕。

二、活动实录与分析

轮到中五班到户外沙池区玩游戏了，孩子们特别期待和兴奋。游戏开始之后，孩子们纷纷冲向了工具区，根据自己的游戏选择了不同的工具，开始忙碌起来了。只见大宇、阳阳、小包、豆豆等几个小朋友拿着小铲子蹲在一旁挖沙坑，挖了一会儿之后，阳阳说：“你们看，我们挖出了一个大沙坑。”豆豆紧接着说：“天气好热呀，那我们把这个沙坑装些水变成一个大泳池怎么样？”其他几个小伙伴连连点头。小包说：“阳阳，沙池对面有

图 1　取 PVC 管并拼装

PVC 管，我俩去把管子拿过来，怎么样？”于是，小包、阳阳拿来了几根长短不一的 PVC 管，豆豆负责挖的沙坑也有小铲子把手那么深了，而且他还将挖出的沙粒垒在新挖的沙坑旁，沙坑看上去更深了。大宇则赶紧跑去开水龙头，小包和阳阳一起将 PVC 管一头架在水龙头下方，一头通向挖好的沙坑。“哎呀，水管不够长！”小包突然叫了一声。“那边还有几根水管，我去拿。”阳阳说着便跑过去取回几节水管。小伙伴们将水管一节一节地拼接起来，但是打开水龙头之后，发现水从水管的接口处漏出来了，只有很少的水流进了沙坑。小朋友发现，要让水流到沙坑，水管的出水口应该倾斜向下，还要用手紧握两节管子的接口处，这样水才会顺着水管流，接口处漏掉的水就很少了。最后水从水管顺利地流进了沙坑，豆豆开心地喊起来：“哇，水来了。”过了几分钟之后，蹲在沙坑旁的阳阳说：“你们看，这里好像被堵住了，水太小了，像‘结冰了’，干了。”这时，小包说：“不是干了，是沙子把水都吸走了，我们需要把这个坑挖得再深一点。大宇，你把水龙头关上。”然后，小包带着其他小朋友顺着水流的方向继续用力挖着。这时，有个小朋友说：“好累呀，挖好了吗？”豆豆立马回答说：“快了，快了，我们马上就要成功了，我们不能放弃，一定会将这个‘大泳池’建好的。”通过大家齐心协力的辛勤劳动，十几分钟后沙坑就变大、变深了。

图 2　挖了更深的沙坑

这时，大宇又打开了水龙头，水源源不断地流入沙坑。小朋友觉得水流太小了，让大宇把水龙头开到最大，豆豆还拎来了一桶水，倒进水管。

阳阳看见下面的 PVC 管的接口歪了，水从接口处流出，他便快步走上前将接口处摆正。随后豆豆搬来了泡沫砖抵在接口两端，将水管固定。阳阳说："豆豆，你可以把桶里的水直接倒在沙坑里，不要让水把接口冲歪了。"豆豆说："知道了，那你们也一起帮我运吧。"大家纷纷拿起水桶一起运水，很快沙坑装满了水，形成了一个"游泳池"。孩子们兴奋地喊道："哇，我们的'游泳池'建好了！"大家开心地将自己的小鞋子脱了，跳进了"游泳池"。他们还丢了一些海洋球在里面，开始愉快地玩耍起来，一个个红彤彤的脸蛋上露出了开心、满足的笑容。

图 3　用水桶往沙坑倒水

图 4　用自己的方式记录自己设计的游戏

【分析评价】

1. 在真实游戏体验中增长知识。在玩沙的过程中，孩子们真切地体验了沙与水之间的联系，感受了沙与水之间的流动性以及沙还具有吸水性等特点。孩子们在这样的探索中建立自己的新知识、新经验。尤其是沙粒的渗透性、吸水性，对于幼儿而言，若非亲眼所见、现场体验，他们是很难想象和理解的。发现水管的水进入沙粒后就不见了，他们想到了水“像‘结冰了’”，“是沙子把水都吸走了”。然后，小伙伴想出的办法是“把这个坑挖得再深一点”。对话中，他们没有解释为何要挖深一点，也许他们想到沙池的底部是泥土，能兜住水。或者，他们觉得挖大一些水多一点，这样沙子“喝”饱了就不喝啦。在游戏过程中，大家能协商讨论，并做出行动。整个过程都十分顺畅，看起来很成功。与此同时，教师投放的材料，创设的环境，例如PVC管、球、木板、废旧容器、勺子、铲子、筛子等工具，孩子们在游戏中都派上用场了。即使向“游泳池”注入的水不可能停留很久，但孩子们利用现有材料，变换玩法，达到了从经验中提升认知的目的。

2. 自主解决问题成为思考者。在沙池挖坑，用水管输水，看似比较简单的动作，但是在实际操作中，孩子们面临的、需要解决的问题具有很强的挑战性。口径大小一样的水管相接时，要确保不漏水是非常困难的；尽管沙池能盛水，但是“游泳池”的外周边仍然是由沙粒垒砌的，水管输送的水若是太慢、太小，“游泳池”就会缺水……在游戏中孩子们遇到这些问题时，他们找到了解决问题的办法。他们用小手握紧两个水管的接口处，防止接口处漏水；水管流量太小，他们就拿来水桶向“游泳池”灌水……孩子们遇到困难，不停地想办法，这是他们思维活跃的具体体现，而且几个孩子从不同角度提出了解决问题的办法。从这个意义上讲，他们都是积极的思考者。在困难和问题面前，他们丝毫没有畏惧感、观望感、焦虑感，而是很坚定地表示“我们不能放弃，一定会将这个‘大泳池’建好的”，对自己设计的游戏以及修建中的“游泳池”充满信心。

3. 在参与游戏中增强合作意识。初入沙池，孩子们并无完整的游戏方案，各自从兴趣出发开始挖沙。是豆豆的提议“那我们把这个沙坑装些水变成一个大泳池怎么样”明确了游戏的目标。在游戏过程中，孩子们基本上没有充当指挥或担任队长的，然而他们之间相互的配合非常默契，表现出较强的团队意识与合作精神。特别是在遇见困难时，幼儿之间没有相互指责或抱怨，态度始终是友善的。无论是合作游戏还是独立自主游戏，当需要以团队形式将游戏引向深入时，幼儿能主动参与、积极配合，这就是幼儿社会性能力增强的标志，也是幼儿自主游戏追求的目标与效果。

【支持策略】

以沙池为场地开展的游戏活动具有灵活、便捷等多方面的特点，不受游戏时间长短的限制，而且教师投放的材料的可获得性比较强。诸如“一起建‘游泳池’”这样的游戏还可重复进行，不断巩固幼儿从中获得的知识与体验，从而进一步提升幼儿的思维及解决问题的能力。

1. 丰富游戏材料。材料投放不足不全是导致游戏中出现部分问题的主要原因。在后期环境材料的提供上，可根据幼儿游戏中出现的问题与状况，增加材料投放，丰富游戏材料。比如：增加连接 PVC 管的半圆、弯道连接头、水泵、漏斗，或者提供口径不等的 PVC 管，引导幼儿学会套管，以解决漏水的问题，或感受水流速度的差异；提供高矮不同的木桩、砖头，引发孩子感受坡度、高度与物体之间的关系。

2. 加强语言引导。在游戏的过程中教师需要适当加强语言引导，例如，就水流而言，会涉及“上方”“下方”“快慢”“移动”“上升”“下降”等词语；即使是幼儿熟悉的沙池，在游戏中他们也会遇到未曾听过的“渗水”“吸水”“颗粒”等词语。相关语言的引导或准确的表达方式，可视情况在游戏前、中、后，通过与孩子们的交流，予以讲授和强化。

3. 鼓励相互交流。中班的孩子以联合游戏为主，初步具有合作意识。本次游戏过程中孩子们配合默契，值得称赞。但很少有小朋友在交流中对所作选择的理由进行阐述。幼儿若是能在游戏过程中或游戏结束后，总结和分享自己在游戏中的具体想法，比如豆豆为什么想到用桶提水倒入“游泳池”等，则可以让幼儿在沟通过程中拓展思维，同时也更有利于推动游戏的深入开展。

4. 注重事后评价。对于幼儿自主游戏而言，事后评价的目的并非是要对游戏效果的好坏进行评判，而是要将评价的重点放在引导上，其实这就是下一次游戏活动的前奏性动员。这样则可为孩子们提供回顾游戏的机会，同时激发他们对下一次游戏的兴趣与期待。在建“游泳池”的过程中，小朋友们仍然留有遗憾，例如漏水的问题、“游泳池”水量不够的问题等没有很好解决，也许他们会想到利用油布或塑料膜来防止水的渗透。

三、教师小结

此次沙池游戏，虽然投放了环境材料，教师对幼儿游戏的方向也有所考虑，但是全然没有想到他们很快达成共识，自主组合一起修建了“游泳池”。幼儿的想象力、创造力、协作力等均超出了教师对幼儿沙池游戏的预期。如“支持策略”所述，幼儿在建“游泳池”的游戏中，还有较大的提升空间，而教师在提供游戏支撑中也需更加努力。组织幼儿自主游戏，对教师而言，至少在两个环节需要接受幼儿自主游戏的考验。一是环境材料准备。尽管幼儿游戏的想象力不可限量，但是教师在准备材料时，应该充分考虑各种可能，这样才能让幼儿将自身的想象力与创造力发挥到极致。二是现场适时引导。在幼儿自主游戏中，教师公认的、恰当的做法就是做一个观察者、支持者和倾听者，但是这并不是要排斥或限制教师在现场的引导。幼儿玩游戏的过程是他们的学习过程，对教师而言也是教育引导的过程。因此，如何应对这两个方面的挑战，值得我们教师不断深入探索。

美美理发店（小班）

吴敏，武汉市武昌区实验幼儿园

一、游戏背景

理发店是孩子们比较熟悉的地方，他们大多都有在理发店洗发、理发的亲身经历，或见过爸爸妈妈在店里理发、烫发、染发。这些生活经验的积累，为孩子们在幼儿园玩“理发店”的游戏奠定了良好的基础。“理发店”角色区域，能让幼儿将现有的生活经验迁移到角色游戏中来。在自己“开办”的“美美理发店”里，他们开始了解一项社会服务，认识一个职业岗位。

二、实录与思考

实录一：媛媛想开理发店

乔乔拿着一个披发小娃娃坐下来，一只手摸着娃娃的头发，一只手拿起小梳子悉心地为娃娃梳辫子。不远处的丫丫看见乔乔为小娃娃整理头发，便一路小跑着加入游戏。她俩一边摸着娃娃的头发一边说道：“我们一起为小娃娃梳一个漂亮的小辫子吧！”说着说着，两个小姑娘开始尝试着各种方法为小娃娃梳辫子。不一会儿，丫丫向我走来，问：“老师，您的梳子可以借我用一下吗？我想为小朋友梳头。”从我手中接过梳子，丫丫慢慢地为乔乔梳头。（图 1）媛媛看见以后也想加入游戏，但她的小手刚伸过去，乔乔就扭头躲开了，嘴里还不停地说："我们的人已经够了，人太多了梳不好的。"媛媛停下手中的活，抓了抓脑袋，若有所思地说："要不我们开个理发店吧？这样大家就可以一起游戏啦。"

图 1　梳头

看到孩子们意犹未尽的样子，在做游戏讲评时，我便问道："谁能说说理发店应该是什么样子？""有理发师呀。""有梳子和剪子。""还有吹风机。"孩子们虽然对理发店不生疏，但是对理发店的认识还是比较少。于是我在网上下载了理发店的宣传视频给孩子们看。丫丫看着视频后不解地问道："那个阿姨头上戴的卷卷的东西是什么？"安安说道："那是一个装饰品，是像小发卡一样的东西。""不是的。我知道，那个是固定头发用的，这样理发师就好剪头发了，头发就不会掉下来。"同同连忙打断了安安的话，对着丫丫大喊道。我重新启动播放器，理发店里的常用工具以及使用方法展现在幼儿面前。丫丫突然大声喊道："噢！这个是做造型的工具，它可以让头发变得卷卷的。""是呀是呀，他们刚刚都说错了，我之前看见理发师在我妈妈的头发上用过，取下来以后，妈妈的头发就变成卷卷的了。"听见孩子们此起彼伏的讨论声，我欣慰地笑了。

【教师思考】

有的地方有剃胎头的习俗，也就是说幼儿第一次理发的体验发生在刚出生不久的一个或几个月内，随后理发将是人生中的一项重要生活活动。在小班阶段，让幼儿参与"理发店"游戏，可以强化他们对理发、理发师、理发店的认识。生活即教育，幼儿参与“理发店”游戏，既是在接受教育，也是在认识和体验生活。尽管在游戏活动中，幼儿对理发店的认识存有局限性，但是他们仍然经历了难得的生活体验。

游戏开始时，乔乔和丫丫为小娃娃梳头，两个小朋友想必是打算把小娃娃打扮得美一点，而此时的丫丫却想到了帮小朋友梳理头发，帮小朋友打扮得漂亮一点；当希望加入丫丫和乔乔的游戏被婉拒时，媛媛便联想到生活中熟悉的场景，提议开个“理发店”。这就是生活留给孩子的印迹，就是印迹给予孩子的启示。从认知的角度分析，在短暂的游戏中，孩子们的认识轨迹清晰可见，从整理假发，到梳理真发，从为一人“理发”，到开“理发店”为更多的人“理发”，孩子们在熟悉的生活场景中习得了新的知识和新的技能，经历了从虚到实、从个体到群体的认识过程。

实录二：美美理发店开张了

理发店要开业了，丫丫突然说：“我们的理发店还没有名字，怎么办？”“我们就叫它‘美美理发店’吧！”媛媛充满信心地说。“就是说我们这个店是美发的，理发了就变美了。”两个小朋友思考了一会儿齐声说：“好！”

理发师锐锐和洗发师小宇一起在店门口大声地叫喊着：“美美理发店开张啦，快来理发呀！”见有个小客人走进店，小宇非常热情地上前问道：“请问你是要剪头发还是要洗头发呢？”小客人彤彤回答道：“我要先洗个头，然后再理发。”“请你坐到这边来。”（图2）说完，小宇带着小客人坐上洗发椅，她先将彤彤的头发弄湿，接着她拿来了洗

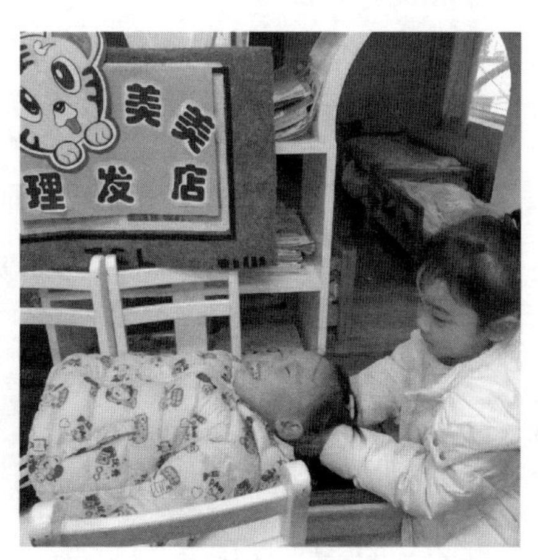

图2　洗头

发膏涂抹在彤彤的头发上，轻轻地帮她搓洗，随后又用花洒把头发冲洗干净。一招一式像模像样。当小客人想站起来时，小宇说道："小客人，请你等一等，你的头发还是湿的。"她边说边拿来了毛巾，将头发擦了擦，随后又用吹风机将头发吹干。这时小宇才不紧不慢地说道："好了，请你去理发师那边剪头发吧。"锐锐非常热情地上前去请小客人落座，随后问道："请问你想剪个什么发型？""天气热了，我想剪短一点，但是要能梳得起来。"彤彤用手比画着说道。"好的。"锐锐似乎明白了彤彤的想法。（图 3）她拿起剪刀正想剪的时候，彤彤突然说："你这样剪的话，头发会弄到我衣服上的，我以前去理发店剪头发的时候，那里的叔叔都会给我围一块布的。"锐锐听完后左看看右看看，最后找来了一块小毛巾围在彤彤的脖子上。剪完发后，锐锐拿来了镜子问道："小客人，你满意吗？"彤彤看了看镜子中的自己，非常开心地离开了。欣欣走到锐锐的身边大声喊道："我想要一个卷卷的头发。"锐锐听了以后把发型工具翻了一遍，然后对欣欣说："我们没有做卷发的工具，你要不要剪下头发？""不要剪，我就喜欢卷卷的头发。"欣欣不满地说。见状，我连忙上去对她们说："我们教室里面有许多材料，也许你们可以找其他合适的材料做卷发呢。"瑶瑶便立马在教室里面来回找材料，终于在积木中寻找到了一个圆形的棒子，她举起圆圆的棒子对着我大喊："我找到啦，这个可以做卷发。"

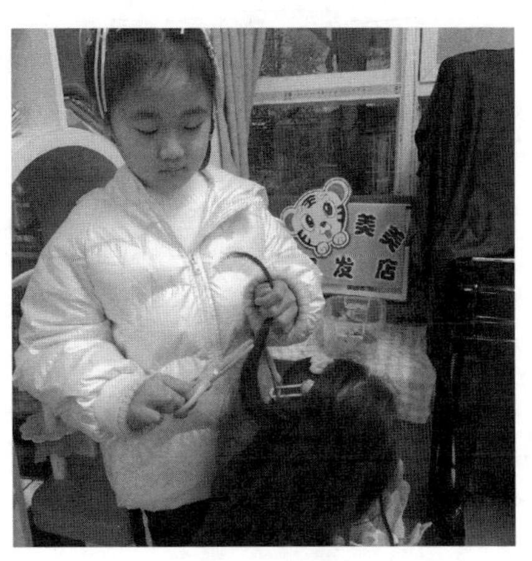

图 3　剪头

根据幼儿对美美理发店的需要，我又在区角中投放了洗头椅、理发工具、美发杂志等。

【教师思考】

游戏中扮演店员和客人的幼儿，都是自主游戏的主角。在“理发”过程中，他们根据各自的知识与经验，相互提醒、相互配合，再现了一段比较精彩的生活片段。从在店门口迎接客人，到引客人入座；从洗发师为客人洗发，到理发师为客人理发；从理发师忘记为客人系围裙，到客人提醒不系围裙的后果等，教师这个旁观者看到了幼儿之间的配合以及他们对理发店基本工作流程的了解程度。

当客人提出个性化要求要做卷发时，理发师并没有因为没有准备卷发工具将客人打发走，而是主动提供了变通方式；当客人坚持要做卷发时，瑶瑶很快领会了老师的提示，在教室里找来圆棒，作为卷发的代用工具，满足了客人的要求，体现了较强的解决实际问题的能力。在游戏活动的分享环节，瑶瑶还向大家阐述了选用圆形棒子做卷发棒的理由，反映出幼儿已将生活中的经验迁移至游戏中。

实录三：阅读留住等待的客人

理发店来了许多小客人，这下可忙坏了洗发师和理发师，一旁等待的小客人们抱怨声不断：“怎么还没理完呀？”“快点呀，我等了很久了！”萱萱有点着急，她不停地重复应答：“快好啦，请耐心等待。”可是，小客人还是在继续抱怨。萱萱见状就跑到图书角拿了一本书，对小客人说：“今天的客人实在太多了，你们先看一会儿书，再等一等可以吗？”拿到书的秀秀和熙熙说道：“好吧，我们边看书边等吧。”(图4) 安抚了小客人，萱萱又回去给小客人理发了。

图4　看书等待

在游戏讲评时，我问小朋友："为什么理发店这么吵呀？"萱萱回答说："今天理发店里来了很多小客人，我们都忙不过来了。""原来是小客人吵着要理发。那后来怎么就没有声音了呀？"我继续问道。秀秀说："后来理发师拿了一本书给我，让我边看书边等。""原来理发师想到了让客人边看书边等待的方法。那你们和爸爸妈妈去理发店时，如果客人很多，理发店里的工作人员会怎么接待你们呢？"我追问道。欣欣说："我上次和妈妈去理发，理发师给我们倒水喝。""原来，当客人多的时候，可以让客人看看书，也可以递给客人水，让他们边看书，边喝水，边等待理发。当出现很多客人等待的问题时，理发店可以尝试用这些方法留住客人。"我的话音刚落，歆歆大声喊道："我知道，还可以做美甲，我和妈妈上次去吃火锅的时候，排队的人很多，我们就做美甲等待。"于是，歆歆走向等待的小客人，找出美甲工具为小客人做美甲。(图 5)

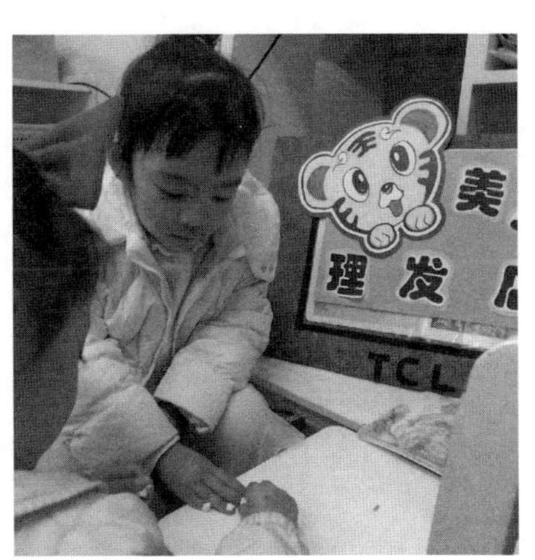

图 5　做美甲

【教师思考】

游戏中，客人因长时间等待而抱怨声不断，这是个生成性问题。应付这样突发的局面，即使是成年人，也不是一件容易的事情。作为"店主"和"理发师"，不仅要保持冷静，耐心听取客人的诉求，还要想办法尽快满足客人的要求。萱萱总结前面单纯口头安抚的办法，灵机一动，去图书角拿了图书给小客人，让他们边看书边等待。从停留在口头安抚，到给客人送上图书，这一举动可以看出幼儿解决问题的能力明显有所提升。从事后游戏讲评中得到的信息看，幼儿学会了将自身的经验迁移到游戏中。

除了幼儿在游戏中自己想出来安抚和留住小客人的具体办法，教师讲评时的设问也为幼儿拓宽思路创造了良好的机会，最终幼儿列出了留住客人的多种办法：阅读、喝水、做美甲等。当然，限于年龄与认知水平，幼儿是否真正理解了这几种方法为何能留住客人，仍需进一步验证。例如，阅读可以令人心静，帮助转移注意力；端水上茶既是礼仪，也可解渴；做美甲既可让客人有效利用自己的时间，又能得到实惠等。从经营理发店的角度看，这也是服务意识增强的表现，可以赢得更多的客人。这些有待在下一步游戏中引导幼儿深入探讨。

三、教师小结

在美美理发店，小朋友还原了自己的部分生活经历，在游戏中又对生活产生了新的认识，相信他们通过游戏，对理发店、理发师以及客户关系会有更多的了解、更加清晰的认识。我对小班幼儿类似游戏虽有期待，但并没有设置任何可供检验的具体目标，然而观察幼儿游戏，参与讲评互动，使我对小班生活游戏设计与引导也有与过去不尽相同的认识。

（一）信任放手是关键

安排小班自主生活游戏，教师难免会担心幼儿的游戏能力，或者说对他们能否将生活经验迁移到游戏活动中的能力持有一定的保守看法。但是，幼儿在游戏中的表现以及创造力往往会超出教师的预期。如前分析的一样，他们在很短的时间里从认识与行为上发生了较大的变化。这是因为，一般情况下，若没有特定的场合或机会，幼儿的生活体验是很难表达出来的。生活游戏正好为幼儿提供了机会，让他们能将游戏与生活经历联系起来。谁能料想，媛媛希望参与丫丫帮乔乔梳头的活动遭拒后，她马上想到要开一家理发店，也许她以为这样她也有机会帮人理发。

因此，安排小班幼儿自主游戏，教师没有必要过于担心，更没有必要过多介入，即使幼儿在游戏过程中遇到困难，甚至导致游戏不那么成功也是正常的。教师完全应该放手让幼儿自主游戏，并且可以相信，在自主游戏中，无论是体验成功还是遭遇失败，对于幼儿而言，都是一种体验，都是在为自身的成长积累经验。

（二）观察分析为基础

安排小班幼儿自主游戏，教师在“放手”的状态下，细心观察幼儿游戏过程中的表现，包括他们的思维、行为、语言、表情等，这是掌握游戏动态与幼儿是否在游戏中获得知识与提升的基础。

观察幼儿的游戏，首先要有耐心，要倾听孩子的心声。教师在游戏指导中，若是缺乏适时的观察与准确的分析，很有可能出现无的放矢的现象，或者不由自主地干预幼儿的游戏活动。例如，在实录一中，乔乔婉拒媛媛参与梳头，嘴里还不停地说：“我们的人已经够了，人太多了梳不好的。”从言语中，我们就能判断，乔乔并不是不喜欢媛媛，而是担心更多的人参与后，就会把头发梳乱。就这一点，媛媛本人已经理解到乔乔的意思，若是教师观察不细，“批评”乔乔对媛媛不友好，其效果会适得其反。其次要有童心，要能够理解孩子的思维。幼儿在游戏中的行为有时是无声的，但从无声的动作中可以看到幼儿的内在思想与情感的流露，所以这更需要教师与儿童换位思考，站在儿童的角度看问题。再次要有专心，要满足孩子的需求。引导幼儿自主游戏是一项专业性很强的工作，教师必须用专业人员的眼光观察，继而根据发现满足孩子在思维、方法、材料等方面的实际需求。

（三）讲评环节不可少

投放材料、现场引导固然很重要，但是针对小班幼儿，尤其是从“美美理发店”游戏活动的情况看，讲评对于解决游戏中的困难与问题、提升幼儿认知等是必不可少的。充分利用游戏的讲评，组织幼儿对游戏中发生的问题进行讨论，让幼儿在讨论中寻求答案，参照教师的评论与提示扩展思路，效果是明显的。幼儿在游戏中不需要教师的单纯灌输，他们更喜欢自己不断地尝试。然而，由于幼儿的年龄特点，他们的认识以及对周围生活的了解是粗浅的，所以有时无法直接解决所遇到的问题，而游戏中阶段性的讲评正是帮助幼儿发现问题、解决问题的好机会，把从幼儿中发现的问题提出来，再放回到幼儿中去，让他们自己去解决游戏中出现的问题，培养他们观察和思考的习惯。

讲评并非只是提示或引导，也包括发现和赞许幼儿的闪光点。如果教师在讲评时及时肯定幼儿的闪光点，就会起到正向强化的作用，有利于幼儿良好的行为习惯的形成、幼儿的社会性发展，从而使幼儿向自主游戏的更高目标迈进。

“娃娃家”里的归整趣事（小班）

王怡君，武汉市武昌区实验幼儿园

一、活动背景

“自己的事自己做。”这是自幼儿开始有动手能力的时候，绝大多数家长都会对孩子所说的一句话。进入幼儿园后，幼儿经常听到教师对他们提出的具体要求，同样也包括这句“经典”。学会做好自己的事情，既是幼儿入园后养成良好的集体生活习惯的需要，也是幼儿通过动手习得基础性劳动技能、不断增强劳动意识的必然要求。“娃娃家”游戏通常是小班幼儿参与较多，也是颇受幼儿喜欢的游戏项目之一。当然，不同的构思、不同的场景、不同的材料，“娃娃家”的玩法也不尽相同，对幼儿教育和训练的侧重点也有差异。结合幼儿生活实际，小二班的“娃娃家”游戏项目专门设计了“归整篇”，引导幼儿结合家庭生活经历，做好自己的事情，提升动手能力。

二、实录与思考

趣事一：为什么衣柜的衣服总是很乱呢

小二班“整理小分队”正式开始了。童童用衣架摆出一个小区域，说道：“明明，我们在这个区域里叠衣服，你在那边，我在这边。”见他这么做，糖糖也用衣架从另一边画一条弯弯的线，说道：“明明，我从这里画一条线到你这来。”包包见状对着童童说：“我也画一个区域和你一起整理衣服吧！”说完就用衣架摆出一个半月形的小区域。地板上摆满了弯弯曲曲的衣架，孩子们自由组合，分成几个小分队，在各自的“娃娃家”里开始折叠衣服。童童一边折叠衣服一边提醒小伙伴：“要用力折叠，像我这样。”包包接着说：“对呀对呀，不然衣服会散开乱成一团的。”小朋友就这样安安静静叠了好一会儿。圆圆高兴地喊道：“你们看，我们把衣服一件一件地放在一起，真好看！”“可是我们整理的衣服一点也不整齐。”关关噘起嘴巴说道。圆圆应答道：“不是用力叠衣服就可以整理好吗？”关关急忙说：“我发现仅用力叠衣服并不能把衣服变得整齐。”孩子们热烈地讨论着，意犹未尽。这时游戏活动结束的音乐响了，“整理小分队”只能从整理衣服转向收拾整理工具了。

在游戏活动评价环节，我与小朋友们分享了他们整理“娃娃家”衣服的照片。看到照片，童童重复提起游戏时碰到的问题：“叠衣服要求的是整理整齐，可是我们不会叠衣服，究竟怎么样才能将‘娃娃家’的衣服整理整齐呢？”圆圆说：“我知道，应该请教老师，让她教我们如何整理衣服，因为我在家就是爸爸和妈妈一起教我整理的。”所有小朋友齐刷刷地看向我，眼神中带着求助。我笑了笑告诉他们：下一次的“娃娃家”归整游戏，我会带着“整理小分队”一起学习如何整理衣服。乘小朋友仍然兴趣盎然，我顺势提出了一个问题：“那我们究竟要怎么合理分工才能快速有效地整理衣服呢？”孩子们纷纷提出自己的想法，有的说可以多件衣服一起折叠，有的说可以接龙折叠……

【教师思考】

作为幼儿园一线教师，我们可以从资料和文献上找到许多关于区域游戏设置和引导的策略与方法作为借鉴。在“娃娃家”之“归整篇”活动中，我主要通过幼儿参与整理衣服的情景，提升小班幼儿小手的协调能力，并且挖掘他们发现问题的能力。折叠衣服活动，不仅可以激发孩子对劳动的兴趣，还可以促进孩子肢体机能的协调发展；不仅能让孩子与材料、情景和同伴互动，还可以让孩子体验劳动的乐趣。更为重要的是，孩子们通过动手暴露了问题与不足，例如，为什么用力叠不好衣服？在较短的一段游戏时间里，孩子们动手尝试自己折叠衣服，暴露了不会折叠的问题，探索了折叠的有效方法，还强化了向家长即成人学习的概念。正因如此，在讨论折叠衣服的方法时，才会出现“所有小朋友齐刷刷地看向我，眼神中带着求助”的情景。

初次尝试折叠衣服，多数孩子做得并不是很理想。教师除了用图片回放孩子们努力的样子与劳动的成果，还需要实施跟进措施，让孩子们对归整保持兴趣。教师在活动评价环节顺势给孩子们提出的问题，则为下一次继续开展游戏埋下了伏笔，引导幼儿继续对游戏有所思考，对下一次活动有所期待。都说孩子小，谁知人小心不小。在游戏过程中，教师从旁观到引导，不仅可以让幼儿互相合作、互相交流，还可以让幼儿用较为缜密的思维来将游戏完成。这是开展“娃娃家”归整游戏的有效意义之一。相信当天回家后，会有很多孩子“缠着”父母学习折叠衣服的妙法。

趣事二：究竟怎样才能完成“娃娃家”的归整

第二天上午，孩子们来到了“娃娃家”，包包、关关、童童等几个小朋友还从家里带来了整理衣服的小袋子。圆圆搬来了小板凳说：“我把凳子一个个放好，这样大家在整理衣服的时候就不会感觉到疲惫了。”接着，所有小朋友们乖乖坐好，充满期待地听我讲解如何叠衣服。“娃娃家”里的衣服分为上衣和裤子两种，我先教小朋友们如何叠上衣，然后小朋友们就迫不及待地跟着练习。可是，关关的衣服一直整理不好，圆圆也在一旁着急地摆弄自己手中的衣服。圆圆对关关说：“关关，你叠衣服的地面不平整，下面有很多散落的衣架，我们要先把衣架整理好，然后再叠衣服。”清理完毕地面的衣架后，关关很快就叠好了他的第一件衣服。不一会儿，小朋友们把叠好的衣服堆放在一起，就像一座小山，一件摞着一件。就在圆圆准备继续在“小山”上堆放衣服时，衣服因为重心太高而倒塌。童童赶紧跑过来，看着散落的衣服喊道：“这些衣服摞得太高了，我们得重新叠放。”看到衣服散落一地，明明像泄了气的皮球，还哭闹起来。我赶紧安慰：“明明，为什么要哭？”明明说：“因为我叠的衣服全部被弄坏了。”“没关系的，可以重新折叠，只要明明重新努力去做，还是可以把衣服重新叠放好的。”就这样，小朋友们又鼓起劲来，重新努力一件一件地将散落的衣服叠放整齐。

【教师思考】

果然不出所料，有的幼儿在参与“娃娃家”归整游戏后，就与家长开展了交流，他们还“从家里带来了整理衣服的小袋子”，相信家长的具体指导能帮助孩子增强完成归整游戏的信心。加之第一次游戏的经历，第二天他们在折叠过程中的表现显得娴熟多了。即使如此，教师也不可期待小班幼儿会具有风险意识或预判能力。在从众心理的支配下，小朋友将自己叠好的衣服堆在一起，这就导致叠好的衣服倒塌，功亏一篑。毫无思想准备的幼儿，面对突发状况不知所措，例如“明明像泄了气的皮球，还哭闹起来”。对于幼儿在游戏过程中出现的这类突发问题，教师应该及时介入，特别是在幼儿出现差错或失败的情况下，教师要帮助幼儿稳定情绪，找出问题，并且鼓励他们再次尝试。在引导幼儿继续完成游戏的同时，教师还要利用好查找失败原因、尝试改进办法的机会，努力培养幼儿的思维能力，让幼儿可以真正做到在不怕失败中不断探索新的整理方法，将失败转为不断尝试的成功之法。

归整衣物看似比较简单，但是由于衣服的形状差异比较大，而且材质相对其他玩具比较柔软，无论是折叠成型还是搬运到收纳柜之中，对于幼儿还是具有一定挑战性的。我们可以适当引导幼儿在挑战中发现更多有趣而又独特的整理方法。因此，根据小班幼儿的认知、生活经验相对欠缺的特点和游戏的难易程度，教师需要通过教学活动，反复指导幼儿学会如何完成整理任务。这对于教师而言，需要的是耐心，切不可操之过急。

趣事三：巧妙安排，让“娃娃家”归整得心应手

孩子们又一次来到了“娃娃家”的整理现场。童童说：“今天我们先划分一下区域，我想跟圆圆在一个区域。”“在一个区域的就是一个‘家’，对吧?”明明向童童确认了他对区域的理解。“这样的话，我们还可以比赛，看哪‘家’的衣服叠得好，叠得快。”明明补上一句。很明显，较之前两次，他的信心更足了。孩子们经历了前一次归整失败的教训，已经学会了在划分的区域内整理衣服，并且在整理衣服的过程中学会了先清理地面。看到孩子们的进步，我由衷地为他们的成长感到高兴。关关来到了我的身边对我说：“老师，我们的衣服全部都叠放整齐啦，你快来看看。”我顺眼一看，不仅关关区域的上衣都已经整理整齐，其他几“家”的小朋友的上衣也折叠完毕，叠放整齐。可是“娃娃家”的裤子还在一旁乱糟糟地摆放着，我略微提高声音问道：“为什么小朋友不叠裤子呢?”所有小朋友都盯着我，陷入了沉默。于是在我的带领下，小朋友们又将裤子摆放整齐，完成了“娃娃家”归整衣物的全部任务。游戏结束时，小朋友们脸上都洋溢着开心的笑容。我相信他们在这个过程中感受到了劳动的快乐，体验到了成功与进步。

【教师思考】

学会划分区域，应该是他们萌发劳动组织意识的一个象征，犹如明明所挑明的一样，“在一个区域的就是一个‘家’”，折叠衣服要以家庭为单位，这其实又回到了“娃娃家”游戏的主题上了。生活游戏就是要为幼儿创造温馨的、实景式的游戏氛围，同时支持和鼓励幼儿在劳动中主动承担、

自主选择和自由创造。在劳动教育的实践中，教师要避免让劳动成为惩罚幼儿的一种手段，避免给幼儿安排过量的和有危险性的劳动任务，避免对幼儿劳动时间、内容、形式、方法的限制。在幼儿眼中，劳动常常是各种各样有趣的游戏。从单一的折叠衣服，到将与折叠衣物相关的几个程序与动作连贯起来，孩子们不仅动作逐步熟练起来，而且还在非游戏活动时段建立起归整和收纳的意识。看到他们折叠衣服得心应手的样子，我时而会有短暂的恍惚，难以分清孩子们究竟是在游戏之中还是在生活之中归整各自的衣物。

他们没有折叠裤子，也许有多种原因，对衣服的理解具有局限性，或教师没有提示裤子也在归整之列。不过游戏接近尾声，这个已经不重要了。重要的是，当要折叠裤子的时候，他们没有抱怨自己不会，而且很快地学会了折叠裤子，为“娃娃家”归整游戏画上了一个圆满的句号。

三、教师小结

（一）用小游戏奠定幼儿综合发展基础

小班幼儿正处在幼小衔接的起步阶段，在这一时期培养幼儿的归整能力，促使其形成良好的归整习惯是非常必要的。幼儿在游戏中获得和培养的归整意识与能力的作用不可小觑。从小时候衣物、玩具归整可以延伸到学习与成长过程中的物品、概念、逻辑等多种归整即分类方式，乃至分类逻辑思维方法等，很多幼儿玩具的设计就融入了这样的理念，让幼儿在玩中感悟分类与管理。归整意识与能力也能体现出幼儿的责任意识、对待任务的态度、工作与生活的习惯与条理性。这就是在开展“娃娃家”归整游戏时，教师不厌其烦地引导和讲解折叠衣物方法的一个重要原因。即使在完成游戏活动之后，教师仍需坚持引导幼儿主动进行整理，学会整理的方法和技巧，包括对归整现场进行清理。教师要有远见，透过小游戏看到它对幼儿未来发展的重要影响，这样才会增强设计与指导游戏活动的自觉，才会将劳动教育融入游戏之中，为幼儿综合发展奠定基础。

（二）用趣味性确保幼儿游戏丰富多彩

劳动在幼儿眼中常常就是各种各样的有趣游戏。根据幼儿的年龄特点，他们喜欢模仿成人的劳动行为，比如擦地扫地、收拾物品等。所以，幼儿最初感兴趣的玩具中就包括常见的成人劳动工具。对幼儿而言，劳动是一种自主、自愿的活动，并伴随着愉悦的情绪体验和自主创造的过程。若是要问小班幼儿他们选择游戏的标准是什么，相信多数幼儿都会把“好玩”放在第一位。对于小班幼儿，很难真正让他们理解游戏的作用与价值，更不可能明白劳动对于人类的意义。因此，依据幼儿身心发展规律，并从幼儿的兴趣和实际需要出发，在小班幼儿中开展劳动教育要突显游戏性、趣味性，用丰富多彩的游戏激发幼儿参与劳动的兴趣，让体验与感悟发生，如此才能达到劳动教育的目的，才能逐步引导幼儿探索和认识劳动角色、劳动空间、劳动时间、劳动成果等，从而继续在不同的游戏中边“玩”边探索。“娃娃家”之“归整篇”能让幼儿持续“玩”下来，趣味性是重要的因素之一。

（三）用实用性引导幼儿体验真实生活

幼儿园的课程有生活性这个属性，而且教育内容越贴近幼儿生活，越能引发幼儿学习的兴趣和参与的热情。因此，在幼儿中开展劳动教育必须要考虑劳动教育的内容与幼儿生活的相关性，或者说在幼儿生活中的实用性。这并非只是推进游戏活动的需要，让幼儿在游戏与生活之间迁移知识与经验，也是幼儿园生活以及保教工作的实际要求。就教师而言，让幼儿学会自己的事自己做，教师可以明显减轻负担，不必花费较多时间与精力用在归整上。在家庭内亦是如此，幼儿不仅可以分担力所能及的家务，减轻家长的负担，还可体验劳动的艰辛与喜悦。因此，教师要真正走进幼儿的生活，深入观察幼儿，倾听幼儿心声，了解幼儿的劳动兴趣与需要，然后根据需要与实际设计和开展符合幼儿实际生活需要的劳动活动、游戏活动，力求避免脱离幼儿真实生活情境的劳动教育，或单纯为了“游戏”而开展的劳动与游戏活动。

然而，“娃娃家”归整游戏仍有不足和遗憾。一是对于幼儿自主游戏有所忽视。为了引导幼儿尽快进入游戏角色，在幼儿游戏开始前以及过程中，偏重教师的主导与设计，通过讲解强调游戏规则而忽视了幼儿自主游戏，加之材料单一，致使幼儿自发生成的游戏行为偏少。二是对幼儿自主游戏现状了解不多。小班幼儿在园游戏处于起步阶段，但这并非意味着他们在家或其他场所没有游戏经历，但是教师对此情况掌握了解不充分，这也许是教师对幼儿自主游戏没有做到完全“放心”“放手”的原因之一。教师应立足教学实际，开展小班幼儿自主游戏的现状调查，掌握幼儿游戏的兴趣、经历、能力，进一步提升游戏活动的水准。

播种“母亲花”(大班)

林晓丹，武汉市武昌区实验幼儿园

一、游戏背景

一粒种子由发芽长成幼苗，从长出叶片到开花、结果，植物的生长特性备受幼儿喜爱；植物本身的生长规律以及种植、呵护的过程，也值得幼儿观察与探索。幼儿经常围绕“植物是怎么来的”“植物是怎么长大的”等问题，表达自己对周围自然物的好奇。从种植游戏中，幼儿可发现大自然的奥秘，丰富知识，促进思维创新能力的发展。春季返园后，正是春暖花开的季节，大四班幼儿播种康乃馨，开展“母亲花”种植活动，待到母亲节时，将自己种植的花朵送给妈妈，分享劳动的喜悦……

二、游戏过程与思考

第一阶段：探索小种子发芽的奥秘

孩子们围坐在桌子边，看着桌子上各色小纸片包着的小种子，迫不及待地要开始种植了。(图 1) 一个个拿到小种子后，又跑去选择自己喜爱的小花盆。墨墨一手拿着花盆，一手拿着种子，说：“我们要怎么种呢?”“我会

图 1　孩子们选择自己喜欢的种子

种。”悦悦说着，并把自己的小种子全部倒进花盆里。(图2) 小朋友纷纷开始研究自己的种子，有的小朋友把花盆里的土倒出来，然后把小种子放在最底下，再把土放进花盆；有的打开种子包，直接把种子放在土上面；有的拿着种子包装直接放进了花盆里……这时，卷卷注意到前面几个小朋友播种的方法，大声说道：“不是这样的，我妈妈在家也种花了，我看见妈妈把小种子埋在土里的，让土盖住小种子。”马上就有小朋友反驳道：“才不是呢，盖住小种子，它怎么呼吸呀？种子就是要放在土上面的。”大家争论不休，谁也不知道到底该如何播种子。(图3) 我走过去看了看，笑着说道：“要不我们一起去查查资料，看看如何播种小种子，好吗？”

图2　悦悦把小种子倒进花盆里

图3　大家尝试用自己的方法播种

孩子们看了种植的视频，也查阅了资料，知道了播种的方法。悦悦说：“刚才我把种子全部倒在土上，做错了。现在我知道了，要把小种子放进土里，然后给土壤浇水，让土壤完全湿润。”坤坤补充说：“花盆里的土不能太多，也不能太少，要正好在花盆边缘。”孩子们的兴趣越发大了，赶紧将自己的小种子播种在各自的花盆里。轩轩说：“老师说过，等花开后，我们就送给妈妈，要不就叫它‘母亲花’吧？”孩子们异口同声说：“好，就叫‘母亲花’。”这时涛涛说：“我们的花盆都长得很像，我们怎么区分自己的小种子呢？”墨墨说：“那我们再做个标志牌吧，写上我们的名字，然后放在花盆里，这样就可以了！”涛涛说：“这是个好主意哦！”于是大家都给自己的“母亲花”设计了独一无二的标志牌，这样小朋友就能认出自己种植的“母亲花”了！（图4）

图4　孩子们将自己设计的标志牌放在花盆里

【教师思考】

大班曾经开展过植物移栽活动，小朋友们有呵护植物的经历。本次种植从一粒粒种子开始，孩子们茫然不知所措尽在预料之中，这也为孩子们在游戏中探索增加了几分神秘感，继而更能激发孩子们的兴趣。他们拿到种子和花盆后的不同反应，恰好就是他们充满兴趣的具体表现。

在第一阶段游戏中，幼儿的主要任务是完成播种。然而，初次拿到种子的幼儿不知如何播种，各自根据理解采取了不同的方法，其实他们大多数是在“试错”。只有卷卷向小朋友提示，他的妈妈在家播种的基本方法，较好地将生活中的经历与游戏的环节联系起来了，成功地分享了他在生活中受教育的成效。通过视频与探索，孩子们顺利地播下种子，其间还加深了对种子以及植物生长基本规律的认识。其中比较典型的是悦悦，她很快就认识到自己将种子倒入花盆的方法是错误的，而且还学习到“要把小种子放进土里，然后给土壤浇水，让土壤完全湿润”。查阅资料、观看视频，孩子们认识了种子与水分、空气、土壤、营养的关系，也许此刻他们的内心已经萌生了一个基本概念：植物也是有生命的。

除了对种植方法的认识，幼儿得知花开季节正好是母亲节，便为自己种植的花取了一个响亮的名称“母亲花”，这也是幼儿对母亲情感的表达。当发现全班小朋友的花盆或相同或相似时，墨墨想到了制作标签，这又成为种植游戏的延伸，同时反映出幼儿的责任感在不断增强。

第二阶段：呵护芽苗茁壮成长

“发芽了，发芽了，你们快看呀，我的小种子长出了绿色的小芽了。”墨墨大声喊道。其他小朋友也纷纷跑去查看各自的花盆，果然所有花盆里的小种子都发芽了。

颢颢跑去拿了肥料和小铲子，对着幼苗说：“花苗苗，我给你施肥，给你浇水，快快长大哦！”墨墨说：“你这样不行的，小苗不能一下子吃太多，不然它会生病的。”颢颢不听，反驳道：“吃得多才能长得快呀！”到了第二天，孩子们又去观察自己的小苗苗，颢颢突然大声叫道：“我的花苗苗怎么变成黄色了？”“我的小苗怎么打蔫了？”好几个孩子都发现自己花盆中的幼苗出现了问题。“这是怎么回事呢？明明我们照顾得很认真呀！”颢颢耷拉着头说。

看见孩子们一个个像霜打的茄子，我对他们说：“你们看看，外面风吹日晒的，小苗苗在外面也会怕呀，也会受伤呀，你们有没有什么好办法帮助它们呢？”听到我的提示，孩子们瞬间有了自己的想法。“我们来给小苗苗搭一个房间吧，然后每天带小苗苗出去玩一下，再送它们回自己的房间里，这样它们就不会在外面风吹日晒了。”悦悦一本正经地说。“这是个好主意！”墨墨附和了一句。“那我们现在就动手干吧！”颢颢说。孩子们开始为自己的苗苗设计“家”。有小朋友用找来的奶粉罐子从墙边将花盆围起来，看起来还不错，像一个“家”了。

这时颢颢说：“可是没有房顶呀！小苗苗还是不安全的。”“那我们一起来搭一个房顶吧！”墨墨接着说。孩子们找来一些废旧的桌布，贴在墙边，形成了一个房顶。哇，小苗苗的“家”建好了，孩子们很快地把小花盆都搬进了“家”。同时，孩子们又通过查阅资料，知道了小苗苗要按时晒太阳，及时浇水，适当施肥，还要避开风吹与曝晒，这样芽苗才能茁壮成长。(图 5)

图 5　孩子们照顾小苗苗

【教师思考】

看到种子破土而出长出了小苗苗，孩子们非常兴奋，自然进一步增强了信心；同时对幼苗的成长充满了期待，这才在幼儿中出现了各种不同的呵护方法，比较典型的例子就是颢颢的观点：“吃得多才能长得快呀！”几天后幼苗的状况给孩子们上了生动的一课，不是一味地施肥、浇水、晒太阳小苗苗就会长快的，还要遵循植物的生长规律，同时孩子们也会结合生活经验，知道不能一次性给苗儿浇水和施肥过多，认识到了小苗苗生长所需要的基本环境。由此，孩子们产生了呵护植物的意识，开始分析幼苗叶子变黄的原因，其中采取的一个重要措施就是防止太阳暴晒。

孩子们打开思路，就地取材，齐心协力用废旧奶粉罐子为幼苗搭起了“房子”，用旧桌布做成遮阳棚；为了确保幼苗茁壮成长，他们又查阅了资料，学习了幼苗的具体养护方法。例如既不能让幼苗在太阳下暴晒，又要考虑幼苗生长需要太阳照射的实际，他们将花盆搬出搬进，说到底就是对幼苗生长的基本规律进行了积极的探索。

可以说，幼儿在直接接触、亲身感知和实际操作这一过程中，形成了对植物的认知，自主劳动行为接二连三，不断增强了劳动意识。在种植劳动中，幼儿可以种植、养护植物，通过自主劳动增强照顾他人、热爱生命的意识，提高了独立解决问题的能力、与人交往及合作的能力，逐步形成乐观向上、勇于克服困难等品质。动脑动手之中，幼儿逐步获得了发现问题和自主解决问题的能力，在协商交流中增强了社交能力；幼儿体验了种植劳动的艰辛，会对亲手种植的植物更加珍惜，这对于他们爱护花草、保护环境会产生积极的影响。

第三阶段：最美花朵送给妈妈

经过几个月的精心呵护，开花了！哇，一朵朵鲜艳的花朵格外好看，有时还有蜜蜂飞来“咬”一口小花瓣。(图6)

图6　照顾了几个月的小苗苗终于开花了

“哇！终于开花了，真是太棒啦!”颢颢惊讶地喊道。“我的花儿是最好看的。”悦悦听到后明显不服气：“你看我的花儿更美，我的花瓣还比你的多一个呢!”“咦，你们看，我的花朵上有蜜蜂，它在干什么呢?”墨墨说着，伸出小手指向蜜蜂。大家的视线都转移到墨墨手指的方向。“当然是采蜜了。”颢颢说。墨墨说：“是因为我的花最漂亮，蜜蜂才飞过来的。”大家你一言我一语，显然是在赞扬自己亲手种出来的花朵，分享喜悦。我不禁问孩子们：“这可是你们辛辛苦苦种出来的花朵，你们最想送给谁呢?”轩轩说：“刚种植的时候不是说好了的吗？‘母亲花’当然应该送给妈妈呀！母亲节马上要到了。”悦悦也说：“我的妈妈很漂亮，像我种的花朵一样，都是美美的，我也要送给妈妈。”颢颢说：“妈妈也会很喜欢我种的花朵。”孩子们争先恐后回答，都想把自己的花朵送给妈妈，那妈妈看到了肯定会特别开心。

【教师思考】

当初选择康乃馨作为种植游戏材料，就是考虑到康乃馨在种植及养护方面的技术要求比较简单，只要种植的温度、土质、营养物质等条件因素能够满足康乃馨的生长需求即可，完全适合大班幼儿开展。实践证明，幼儿也具备了解决在操作中遇到困难的能力。孩子们在入园时播下康乃馨种子，经过长时间的细心照顾，“母亲花”顺利开放。这让孩子们既体验到劳动的乐趣，也体验到妈妈照顾幼儿这些“宝苗苗”的艰辛。让孩子们为母亲编制一束母亲节专属康乃馨，将亲手种植的“母亲花”送给最爱的妈妈，这是非常有意义的。康乃馨种植也是“园艺课程”中的一个基本种植项目。在活动过程中，我还给孩子们解释了康乃馨的寓意，赞扬了轩轩为它取了一个响亮而温馨的名字“母亲花”，这样就较好地将完成“园艺课程”中的种植活动与增强亲子关系联系到一起，其教育意义超出了种植本身。

三、教师小结

“母亲花”种植游戏，从播种到收获美丽的花朵并送给幼儿的母亲们，历时三个月左右。要做游戏小结，不说思绪万千，至少有很多话可以分享。在此，我只想用四个词语来概括本次种植游戏的感悟与体会。

首先，静观其变。孩子们的想法是天真的，他们认为“母亲花”种植是一件很简单的事情。当他们拿到种子和花盆后，兴奋、兴趣、信心溢于言表，马上就想把它种好。可是没多久就遇到了难题，孩子们发现自己并不知道怎么去种，个别孩子会根据自己的生活经验进行种植。观察到这里，我曾犹豫是否应“平行介入”，其实就是一个很简单的动作，用铲子拨开一点土，放几粒种子后再用土覆盖种子。这样幼儿会很快地模仿照做。当然，这也就没有了后来幼儿之间的讨论，此举会导致种植方法得来得太简单，只会有结果，跳过了关键的过程，定会失去游戏的意义。因担心自己的花盆与别人的弄混了，孩子们自己想办法去解决问题，就像每个人都有不同的名字一样。想到这里孩子们马上开始自己动手，各自制作了属于自己的标志牌。孩子们第一次发现芽苗苗打蔫或变黄，其实就是控水不准引发的。水多了就会致使叶子变黄，浇水不足芽苗苗就会打蔫。我引导孩子们查资料、看视频，他们不仅解决了浇水的问题，还拓展想到了芽苗苗不能在太阳底下暴晒，从而动手为花盆建“房子”解决暴晒问题，采用搬出搬进的办法让芽苗苗能充分采光。支持幼儿自主探索，通过讨论找出解决问题的具体办法，这让幼儿更加有信心和成就感。

其次，途中“加油”。一粒小种子从发芽到开花，是一个漫长的过程，其间，小朋友中有的想放弃，也有的无微不至地呵护……是什么让孩子坚持下来了呢？支撑他们的有对小植物的期待，有对植物如何长大的好奇。源于幼儿对于妈妈的爱，每个孩子都希望能将自己种植的“母亲花”亲手送给妈妈，内心充满了期待。但是在种植的过程中，孩子们会遇到很多的问题：为什么花盆里的小叶子变黄了？为什么小叶子这几天不见长？孩子们的疑问，一方面表达了他们对“母亲花”生长的关注，另一方面也是他们焦急心态的流露。孩子们的兴趣和兴奋点并不是持续不变的，也会逐渐减弱，尤其是种植类的游戏活动，看到果实需要花费较长时间，需要耐心守望，而这对于幼儿是一件比较困难的事情。在此漫长过程中，我采用了为幼儿中途“加油”的策略，带领孩子们去搭建小房子，引导他们为小植物提供一个“家”，指导他们解决好幼苗晒太阳或者淋雨的问题，给孩子们提供丰富的肥料，为游戏区角配备花色小水壶，让孩子们每天都可以给自己的植物浇水、施肥，让幼儿看到植物茁壮成长……久而久之，小叶子越长越大，孩子们看到了成功的希望。途中“加油”在跨时较长的游戏活动中更显重要。

再次，一石双鸟。种植游戏，无论种什么植物，都有助于培养幼儿爱劳动的情感，可以了解植物的相关属性特征，获得初步的科学知识；可以获得体验劳动的喜悦，养成良好的劳动习惯；可以增强观察能力和科学兴趣，等等。

在漫长的“母亲花”种植游戏中，孩子们从播种到收获花朵，增强了对康乃馨的了解；通过浇水、施肥等日常管理活动，提升了劳动技能，这就像其他的种植、饲养游戏活动一样，有助于幼儿形成动手动脑的习惯，不断增强求知欲，这都是不言而喻的。然而，当幼儿得知康乃馨的寓意，当把这种能代表美丽和母爱的花朵取名“母亲花”的时候，他们对康乃馨的感情已经超越了对种植植物的喜爱；通过呵护康乃馨幼苗，盼其成长开花，寄托了对母亲的亲情、敬意、感恩。孩子们常常对着花盆与小苗说“快快开花哦，我就可以送给妈妈啦”，这就是对母亲特殊情感的表达，更是“母亲花”种植游戏的另一个重要收获。这一份母子、母女之间的亲情，在种植游戏中不断得到加强。

最后，亡羊补牢。在整个种植的过程中，孩子们的优异表现也许他们自己都未曾预想到。但是回想起几个月来的活动经历，我以为仍有许多工作值得进一步完善，在游戏小结反思时找出这些问题与缺陷，正所谓“亡羊补牢，犹未为晚”。

一是材料投放不够。此次种植游戏属于平行游戏，全班所有的小朋友都参与进来，且是完全相同的任务，游戏中需要的工具大体都是同步的。例如水壶、肥料等投放有所欠缺，不能确保孩子人手一份，只能让孩子们交替使用。当天气好康乃馨需要浇水时，水壶不够用，孩子们只能轮着用。在为小苗苗搭建“家”的时候，幼儿只能用一些废旧的桌布去拼搭，视觉效果不好，缺乏美感，这在一定程度上降低了孩子们对于布置“家”的兴趣。二是资料查阅较少。教师带领孩子们学习种植的过程与方法，只能通过观看少量视频、查阅有限的书籍，引导孩子们主动地学习种植方法受到一定的局限。三是亲子互动欠缺。种植活动全过程都在园内完成，没有家长的参与。若以后组织类似种植活动，至少可以通过照片，或请家长提供水壶，或请家长在家里种植同样的植物等方式实现亲子互动，这既能支持幼儿的种植活动，还能为亲子交流创设一个很好的话题。

自从种植“母亲花”活动开展后，孩子们对于种植方面的兴趣大大提升，不管是开展区域游戏，还是平时和老师聊天，总能听见孩子们在说自家都种了什么植物。这天，悦悦说：“老师，我妈妈和我一起种了辣椒哦，我妈妈说这个还可以炒菜吃呢。”其他小朋友听到悦悦家种了辣椒，便纷纷跑到我面前，叽叽喳喳地说：“老师，我家种了大蒜。”“老师，我和妈妈种了豆角。”……但愿一次种植活动引发的种植兴趣以及培养的劳动热情能在一段时间内乃至幼儿未来的人生中持续产生影响。

我和帐篷有个约会（大班）

黄佳颖，武汉市武昌区实验幼儿园

一、游戏背景

“迟日江山丽，春风花草香”，又是一年春来到，正是外出踏青、露营、野餐的好时节。但在疫情防控形势下，孩子们外出游玩的机会少了许多，不过这依然阻挡不了他们对露营、野餐的兴趣与向往。一次户外自主游戏中，孩子们在爬爬垫上翻滚、嬉戏、晒太阳，谈笑间说起了和爸爸妈妈一起去沙湖公园露营、参加园博园“帐篷节”的生活体验。一番寻觅后，孩子们萌发了在幼儿园里“露营”的想法，“搭帐篷”的游戏应运而生。

二、游戏过程与思考

第一阶段：“露营”计划的诞生

(1)“日光浴”下的畅想

阳光下，大宝、森森和然然一起搬了三块爬爬垫并将它们连在一起。他们把鞋脱了放在一边，在爬爬垫上玩耍了起来。

大宝躺在爬爬垫上享受着：“哇，这样好舒服呀！我和爸爸妈妈一起去沙湖公园露营的时候也是这样躺着晒太阳，不过我们还有一个帐篷！”然然眼睛一亮，兴奋地说道：“我也住过帐篷，我参加过园博园的‘帐篷节’

呢！”“我也住过，可是好久没去搭帐篷了。”森森语气中略带一丝伤感。然然平时主意最多，他很快提议道：“我们可以在幼儿园里搭帐篷露营呀！”

一拍即合，说干就干，三个小男孩穿上鞋满操场寻觅可以搭建帐篷的材料，计划并期待着帐篷的诞生。

（2）帐篷搭建初体验

大宝、森森、然然最终选择了沙池边的 PVC 管，大宝和森森开始把一段段管道用接头连接成一根长杆，又在接头处连接了两段管道，呈一个“F”形。可是只要一松手，杆子就倒了。（图 1）

图 1　怎么也“站”不起来的帐篷

大宝着急地大声嚷嚷：“老师，我们的帐篷一松手就倒了！”

我寻声走过来，一边安慰他们，一边鼓励他们查找帐篷“站”不住的原因。

然然：“我觉得是因为它下面没有办法固定。”

大宝：“我之前露营时，看到爸爸搭的帐篷都有支撑点。”

森森：“它之所以倒，是因为上面没有形成一个尖尖的形状，就像金字塔那样！”

【教师思考】

幼儿萌发了搭帐篷的想法，源于他们的愿望与兴趣，这符合大班幼儿乐于挑战的心理特点。我在惊喜的同时，一方面又担心以他们的已有经验不能成功搭建出帐篷；另一方面还是选择积极肯定地回应幼儿的游戏兴趣，并持续关注幼儿的游戏情况。

幼儿主动探索操场上适合搭建帐篷的材料后，最终选择了与帐篷支架最形似的PVC管。在尝试用PVC管搭建的过程中，幼儿能够利用接头将PVC管连接在一起使其变长，并尝试向一边延伸，说明幼儿已具备一定的空间感，空间感知能力在逐步发展。虽然通过努力尝试，幼儿第一次搭建帐篷没有成功，但是他们并没有因为一次失败而放弃，而是不断调整尝试，体现了幼儿坚持、耐心、不轻易放弃的良好品质。幼儿也从中获得了搭建帐篷的关键经验：帐篷需要有支撑架来固定。

在游戏后，我请幼儿分享了当天第一次搭帐篷的故事，说说遇到的困难和收获。随后，组织幼儿观看各式各样的帐篷图片，使他们丰富认知经验，了解各式各样帐篷的不同点与相同点。在交流和讨论中，他们发现：帐篷的形状、材料、大小可变，但支撑架不可缺少。

第二阶段：帐篷闪亮登场

（1）帐篷初具雏形

大宝、森森和然然目标明确，直奔PVC管。这次他们用接头将PVC管连接成了三根一样长的支架。在森森的提醒下，大家将支架斜放，头朝里凑在一起，呈一个顶部聚拢、尾端散开的三脚支架。(图2)

“老师，我们想用接头把顶部固定，但是太高了，怎么也够不着！”大宝仰头看着比自己高一个头的支架发愁，忍不住向我求助。“怎样才能变高呢？”我回应着。森森想了一会儿说：“踩东西！”

孩子们陆续找来了一些材料，牧雨和小花也被吸引并加入游戏中，大

图 2　顶部聚拢、尾端散开的三脚支架

家一起想办法。大宝拖来一个攀爬梯，可是顶部没有实心的位置落脚，试了试感觉有些危险。这时，然然搁了几块长条积木在攀爬梯上，拼接在一起做了一块“脚踏板”，这次，踩得稳稳的！牧雨当指挥，登上攀爬梯，请大家配合自己调整支架的方向。（图 3）终于，一个接头成功地将三根支架连接在了一起。

图 3　调整方向，齐心协力固定帐篷顶

帐篷支架拼好后，大家迫不及待地进去体验。“好矮呀，只能趴在里面。”森森发现帐篷高度不够。牧雨见状立马去找了一根支架过来，号召大

家一起撑起帐篷，将支架固定在帐篷尖尖的正下方，帐篷马上就“站”了起来！(图4)

图4　利用支架，一起合作使帐篷“站”起来

大家对着帐篷看了又看，又觉得中间的支架不好看，还容易撞到头。“这根竖着的支架可不可以不要呀？”“不要的话帐篷就滑下去了！”“我们可以找材料把每个支架都抵住，不让它们滑下去！”孩子们你一言我一语地讨论开来。几番尝试后，最终用轮胎成功抵住了支架。孩子们摇晃支架进行测试，看到帐篷“屹立不动”，兴奋地跳了起来。(图5)

图5　稳固的帐篷让孩子们兴奋不已

游戏后的回顾环节，我利用视频引导孩子们观察和思考，一起和“帐篷搭建小分队”分享成功的喜悦与经验。在交流中，小花表示帐篷的搭建还需要布，于是我和孩子们一起搜集了各式各样的布，纱巾、废旧的床单等，并新增材料，如大小不一的塑料夹子、塑料扎绳、丝带，支持幼儿的游戏。

期待孩子们与帐篷碰撞出更多的火花！

【教师思考】

在整个帐篷搭建的过程中，幼儿经历了三次挑战：如何将三根支架固定？如何使矮帐篷“站”起来？如何去掉垂直的支架，不让帐篷下滑？在挑战面前，幼儿没有退缩，没有放弃，而是主动思考，主动探索，主动合作，乐在其中。幼儿的逻辑思维能力、科学探究能力、空间方位感知能力、社会交往能力在游戏中得到了多元的发展。

从固定支架到立起帐篷，支持幼儿持续深入探究的是对于帐篷游戏的热爱，这就是自主游戏的魅力所在。帐篷在幼儿一次又一次的思维碰撞中逐渐完善。幼儿一步步挑战自我，从中获得自信与满足。

作为教师，面对遇见困难并向我求助的幼儿，我没有直接告知答案，而是引导他们通过独立思考、探索解决问题。除此之外，在幼儿取得成功时，同幼儿一起分享成功的喜悦，提供精神支持；在幼儿需要更好的游戏材料时，及时与幼儿一同搜集，提供物质支持。

(2) 帐篷披“新衣”

户外活动时间一到，孩子们迫不及待地来到帐篷旁。

“我们的帐篷好大呀！这得要很大一块布！”大宝看着支架和布，不知道从何下手。“我们把布一块一块搭上去就好啦！”大家分工合作，先用布遮住支架的每一面，然后再用一块布盖在顶部，帐篷布就搭好了！(图6)

布是固定住了，可是布就这样掉在空中了。机灵的然然喊来大宝，帮

图 6　大家合作往支架上搭布

忙把布压在了支架凸起的接头上，用扎绳将布牢牢地与支架固定在了一起。(图 7)“成了，成了!”然然兴奋地喊着。

图 7　用扎绳固定布与支架

帐篷布搭好了，软软的垫子也铺了进去，孩子们还设计出各种各样、越来越精美的装饰来点缀心爱的帐篷。(图 8)

（制作装饰物）

（装饰帐篷）

（帐篷顶也要漂漂亮亮的）

图 8　美化帐篷

游戏后的分享环节，孩子们对着这顶纯“手工”打造的帐篷赞叹不已！

萌萌：“这个帐篷好漂亮呀！”

桃子：“我好想去你的帐篷玩呀，躺在里面一定很舒服！”

佳薇：“大宝，你们可真厉害！”

诚诚：“我也想搭一个帐篷了！花花、包子，我们一起干吧！”

然然：“我参加过园博园的‘帐篷节’，就是好多个帐篷在一起，大家可以一起露营，一起玩！”

桃子：“那我们也一起露营一起玩会儿，做帐篷邻居！”

孩子们兴趣很高，我提议：“那请想搭帐篷和想一起露营的小朋友把自己心里的想法画出来，就是画设计图哦！”

【教师思考】

帐篷这么大，怎么给帐篷支架铺上布？——那就一面一面地铺，最后再将布固定在支架上。幼儿用巧妙的方式解决了帐篷大、布难铺的问题，体现了幼儿思维的灵活性。

夹子与毛根是我新增的材料，是预设中支持幼儿更好地将布与支架固定的工具类材料。没想到幼儿在帐篷搭建完成后，自发进行了新的帐篷游戏——制作装饰，美化帐篷。幼儿将夹子与毛根组合，设计出各式各样、越来越复杂的装饰物来点缀帐篷。自主游戏的魅力就在于，不限制任何材料的用途与玩法，幼儿的奇思妙想总能够给人“一物多玩”的惊喜！在装饰帐篷的过程中，数学领域与美术领域以及小肌肉精细动作的发展，都悄然渗透在幼儿的游戏之中。

游戏后的分享环节，一顶帐篷掀起了大家讨论的高潮。分享不仅是幼儿对于自身经验的提炼，也是幼儿感到自信与满足的过程，更是同伴间互相习得经验的机会。因此在游戏结束后，我给予幼儿充分的时间与空间进行分享、讨论。大班幼儿具备先计划再实施的能力，我便提议幼儿画出心中所想，这样在下一次的游戏时将更具有计划性与目标性。下一次的户外游戏，幼儿会与帐篷碰撞出怎样的火花呢？我很期待！

第三阶段：我们的帐篷不一样

有了上一次的游戏分享，不少小朋友对于搭帐篷很感兴趣，“帐篷搭建小分队”逐渐壮大，班级里掀起了一股搭建帐篷的热潮。每天户外时间一到，小朋友们就去寻找喜欢的材料，聚在一起搭帐篷，“帐篷营地”悄然形成，热闹非凡。

（1）原生态·木头帐篷

诚诚拿了两块长条积木靠在一起呈三角形，但是积木却摇摇晃晃的，感觉很不稳，机灵的包子找出了两块长条榫卯积木，插在一起，积木自然地被固定住了。于是大家用榫卯积木两两相扣，横向拉长后再并排在一起。突然，帐篷支架轰的一声全倒了，诚诚没有灰心，马上重新搭了一个支架。吸取失败的教训，这次他在帐篷顶上的另外一边也压了一块长方形积木，使顶部的两块积木对称摆放，受力更均匀，更平衡。

积木帐篷大概轮廓拼好后，包子抱来了许多长短不一的长条积木，诚诚将长条积木有规律地铺在支架上，追求外观一致。（图9）下午游戏时，包子又找来了许多小方块积木：“我来给帐篷做一个舒服的垫子吧！”于是，包子仔仔细细、极具耐心地给帐篷铺满了垫子。(图10)

图9　诚诚有规律地摆放积木

图10　耐心铺垫子的包子

(2) 精“装修”·吸管帐篷

桃子、佳薇、萌萌三个小女生选择用漂亮的彩虹吸管搭帐篷。

她们三人先躺下用身体测量吸管围起来的空间是否足够容纳三个人，随后开始分工搭建吸管支架。(图11) 帐篷越搭越高，桃子进到帐篷负责连接交会在中间的吸管，点数以确保左右吸管数量一致，从而保证帐篷的平衡。一阵忙乎后，孩子们发出喜悦的欢呼声：“耶！我们的吸管帐篷搭好啦!”(图12)

图11　一起用身体测量帐篷空间

图12　吸管帐篷搭建成功

到了第二天，萌萌拿了一块布准备铺在帐篷上，帐篷马上被压歪了。“这个太重了!”萌萌找来了丝巾，又发现丝巾太滑了。“试试这个!”佳薇和萌萌摊开一张透明的白色桌布，轻轻地铺了上去，成功了！孩子们用扎绳固定住了桌布和吸管支架，又拿了一些丝巾和丝带装饰帐篷。

这时萌萌拿起了一块蓝色的网纱，挂在帐篷的入口处，开心地说：“看！我们有纱窗了!”(图13) 佳薇进去躺在纱巾上，兴奋地说：“哇，好像躺在雪上啊!”桃子提议道：“我感觉有点扎人，我们再铺一块布吧!”于是孩子们合作叠布、铺布。“好柔软呀！一点也不扎人了!”桃子在帐篷里一边整理一边感慨。(图14)

图 13　孩子们一起用扎绳固定纱窗

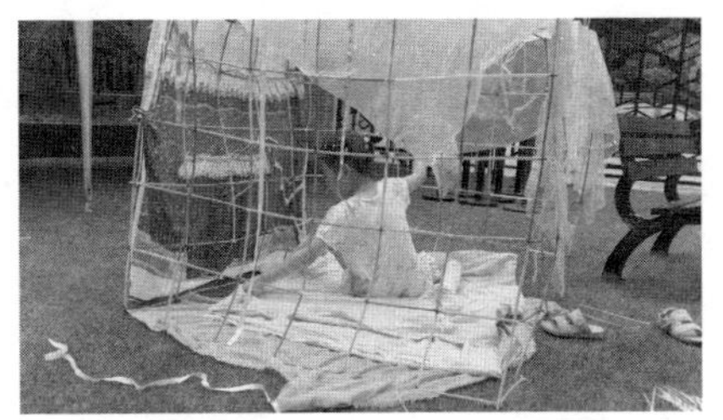

图 14　桃子将布整理平整

【教师思考】

只要有材料作为支架，帐篷可以是自己喜欢的任意样子，孩子们在游戏中有着高度的自由，可以大胆地奇思妙想，搭建自己眼中的帐篷。

诚诚和包子在积木帐篷搭建的过程中，感受到了榫卯材料独特的拼插方式。虽然开始时也遇到了小小的困难，但很快诚诚总结失败的原因，找到保持帐篷顶更平稳的承重方式。在整个搭建过程中，包子和诚诚运用集体的智慧，默契分工，完成了帐篷外围与垫子的建构。

桃子、佳薇和萌萌在用吸管拼搭前，先用人体测量法感知帐篷空间大小是否足够容纳三人，反映了幼儿空间知觉能力发展较好。在拼搭过程中，幼儿能够综合运用数学知识解决平衡的问题，在游戏中通过点数控制左右吸管数量一致来保持平衡。在后续的帐篷里外的环境布置中，幼儿创意无限，反映了幼儿想象力的发展，极具审美情趣。

第四阶段：集结，一起露营吧

篷里篷外，朋友相伴。今天孩子们在帐篷里、帐篷外都玩起了快乐的小游戏。不一样的石头剪刀布、温馨的手指谣、快乐的自制玩具和户外运动、“篷友”们一起吃着“烧烤”唱着歌……帐篷营地好热闹！（图 15—图 20）

图 15　俊俊在帐篷外表演“架子鼓”，佳薇在帐篷里欣赏

图 16　“石头剪刀布”游戏，赢了的小朋友可以重新摆放木块

图 17　大宝邀请桃子和佳薇来自己的帐篷玩，教大宝手指谣

图 18　“篷友”一边吃“烧烤”一边听桃子唱歌

图 19　呼朋唤友，相聚一起玩自制滑梯

图 20　玩跷跷板游戏

【教师思考】

随着“帐篷”游戏的开展，幼儿不仅满足于帐篷内外的搭建与布局，而且真正地享受在户外，享受在“帐篷营地”里的自由与放松。

好玩的“帐篷”游戏还在继续，我将持续关注，追随幼儿的兴趣……

三、教师小结

（一）聆听幼儿心声，看见儿童

后疫情时代，幼儿的生活方式也随之悄然改变。一系列围绕“帐篷”开展的露营游戏，反映了幼儿内心最真实的需求——对大自然的向往和对春天的期待。

在游戏中，幼儿尽情表达自己，满足自己，通过游戏实现露营愿望。看着幼儿在游戏中乐享时光，我心中充满无限的暖意！我想，正是因为我聆听到了幼儿内心的声音，用心“看见”了幼儿，一次次予以真诚回应与肯定，才有了他们每次在游戏中的自由与自主、愉悦与满足。

（二）关注幼儿思维，发现儿童

幼儿运用垂直支撑、斜拉支撑、平行支撑等技能创造性地搭建出各类材质的帐篷，提升了他们的建构技能，同时他们的空间认知能力、对材料形状和质地的感知运用等能力也得到了提升。

在搭建帐篷的过程中感受、认识、欣赏帐篷的对称美。在美化帐篷的过程中，幼儿运用多种材料进行剪贴、组合、建构、装饰等，让帐篷在保持其特有的实用性特征的同时更具美感和设计感。

大班幼儿正处于空间敏感期，而空间感对人的视敏度、方位感知、逻辑能力等都起着重要作用。“帐篷”游戏启发幼儿在搭建过程中，跳出点、线、面，从平面到立体，从二维到三维全方位地去思考。他们不断解决问题，没有退缩和放弃，均体现出幼儿思维的变化与发展。

另外，帐篷的搭建具有团队合作的特点，富有挑战性与趣味性，这也激发了幼儿与同伴的团队精神，尽力合作解决问题。在整个过程，幼儿感受到了强烈的凝聚力与成就感，共享成功的喜悦。

幼儿在游戏中不断拓展思维，包括科学认知、审美能力、主动探索、同伴交往等诸多方面，其思维变换的宽度、深度很有可能超出教师的预想。因此，紧密跟踪幼儿在游戏过程中的思维发展，是发现幼儿的重要手段与方法。

（三）助推幼儿实践，支持儿童

兴趣是最好的老师。幼儿从最初在自主游戏中萌发对“露营”游戏的向往，从提出搭帐篷的构思，到需要材料支持完善帐篷，再到搭建不一样的帐篷，在“帐篷营地”里乐享时光，这都是幼儿的兴趣在助推游戏层层递进，同时也反映出幼儿游戏的实践性特征。作为教师，我做的就是始终站在幼儿的背后，做他们游戏的支持者、想法的聆听者、有心的观察者，自己的每一个举动所起到的作用就是直接助推幼儿在游戏中实践。

《3~6 岁儿童学习与发展指南》指出：“幼儿在活动过程中表现出的积极态度和良好行为倾向是终身学习与发展所必需的宝贵品质。”为了帮助幼儿更好地开展游戏，我始终创设宽松的环境，根据他们的需要提供适宜的经验支持、丰富的物质材料支持、活力十足的精神支持，让他们始终处于自由、自主的游戏实践状态。

露营“趣”事

岑欣怡，武汉市武昌区实验幼儿园

一、游戏背景

露营，已然成为当下年轻人周末消遣的一种新方式，自然也就潜移默化地影响着随父母露营的孩子。重演生活经验，露营游戏便在幼儿园悄然兴起！

二、游戏过程与思考

（一）露营初体验

萱萱拉着豆豆和安安说：“我们一起去玩露营游戏吧！”

安安双手击掌，高兴地回答道：“好呀，上个周末妈妈就带我去露营了，我们还带上了好多零食和水果。在露营的地方，妈妈铺好毯子后，我们一家人就坐在上面吃水果和零食，好好玩！”

豆豆听后灵光一闪，说道：“我们教室里有绿色的桌布呀，我们可以用它来当露营的毯子，你们觉得呢？”

萱萱和安安点点头：“可以呀，可以呀！”说着，他们就拿来了桌布，三个小朋友分别牵着桌布的边角铺在木质地板上。

安安说：“萱萱、豆豆，我们把鞋子脱了，坐到桌布上聊天吧！”

不一会儿，豆豆双手抱肩装模作样地说：“哎呀，我觉得风吹得有点冷，我去拿个丝巾盖一下，你们需要吗？我帮你们拿过来。”

萱萱和安安异口同声道："要!"

他们三个小朋友坐在桌布上聊得不亦乐乎。聊了一阵子后，萱萱说："我有点困了，我要睡会儿觉，待会你们记得叫醒我哦!"

图 1　三个小朋友坐在桌布上聊得不亦乐乎

豆豆看着萱萱躺下了，便对安安说："我们也休息一下吧!"于是他们便盖着小丝巾进入了"梦乡"!

【教师思考】

当听到萱萱提出要与豆豆和安安玩露营游戏的时候，其实我对孩子们的想法与玩法充满好奇。我在活动区角没有预先投放相关游戏材料，那么他们会选用什么材料、用何种方式开展游戏呢？

豆豆想到可以用桌布当毯子，这让我突然感到孩子们已经具有挑选游戏材料的能力。这是他们对生活物品的形状与功能进行比较后做出的选择，也是生活经验的再现。安安记得随父母露营时，在毯子上吃零食与水果，原以为坐在"毯子"上以后，安安会简单地重现过去露营的经历，然而他们想到了露营时会感到天气凉，需要纱巾保暖；在"毯子"上，他们还可以睡觉休息。

当时看到三个孩子"聊天""睡觉"两个比较简单的举动时，各种想法涌上心头，我曾想到是否需要干预，是否要告诉孩子们露营游戏该怎么玩。在教师眼里，露营的乐趣不仅在于“聊天”“睡觉”，还有很多其他的活动方式。可是我又想到“能不介入就不介入”的游戏理念，便采取了“再等一等”的方式。回味安安分享的与妈妈露营的经历，可以期待孩子们按照自己的想法玩出新花样，带给教师惊喜。

（二）露营进行时

没睡一会儿，萱萱起身坐在桌布上说：“我肚子有点饿了，怎么办?”

“你们坐会儿，我去给你们买点吃的。你们想吃什么?”安安边起身边回应说。

萱萱和豆豆俩盯着对方，眨眨眼，异口同声地说：“我们想吃小笼包。”这像是在给安安提要求、出难题，可安安并没有拒绝。不一会儿，安安便拿着两盘新鲜出炉的“小笼包”回来了，他们仨吃得津津有味。这时，洛洛和心怡被露营游戏吸引住了，想加入其中。洛洛说：“我们能一起玩吗?”萱萱向她们招手，示意她俩到桌布上来，洛洛和心怡脱掉鞋子，进入了露营世界。

洛洛说：“你们在玩什么呀？我刚才看见你们好开心！”

萱萱回答说：“我们在玩露营游戏，你们要一起吃点‘小笼包’吗?”

萱萱与洛洛、心怡共享着食物，心怡说：“我和我的好朋友也露营过，我们露营时还一起烧烤。我烤了玉米，可好吃啦！”

听心怡说完，豆豆和洛洛很激动地说道：“对呀，我们也可以来做一次烧烤大餐。我们自己烧烤，这样就不用担心没有吃的了。”

说着说着，他们就分头跑到区域柜寻找材料，准备做烧烤。

“我们吃烧烤时需要盘子、筷子，我这就去拿。”豆豆说。

安安说：“那我去拿点黏土来做吃的。”听到安安说做吃的，善于绘画的心怡则跑到布质材料区拿起不织布说：“我们也可以在不织布上画各种食物，然后把它们剪下来，再用筷子串起来，这样我们的食物就更加丰盛了！”

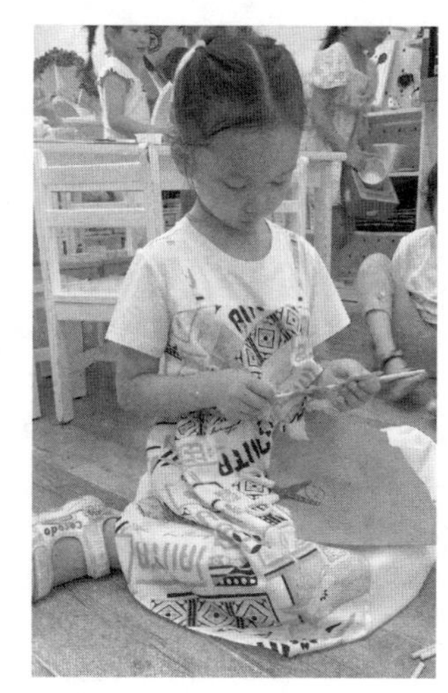
图2　用不织布制作“美食”

其他几位小朋友纷纷为心怡竖起了大拇指！这时，洛洛提出了一个重要的问题：“我们的食物和餐盘都有了，但是没有烧烤架，怎样烧烤呢？”

这时，萱萱回来了，手上抱着四个薯片筒和两根长棍子，萱萱边搭建烧烤架边解释道：“把这两根长棍子分别架在这四个薯片筒上不就成了烧烤架了吗？你们看！”

当萱萱搭建好烧烤架的一瞬间，其他的小伙伴纷纷露出了钦佩的表情，并连连称赞道：“萱萱，你太厉害了！”

在烧烤的过程中，心怡突然又想起了什么，她跑到了自然材料区，拿过来几个装有沙、米的瓶子，对着小伙伴说：“这个可以当我们的酱料哦，在我们的烧烤上撒一点，会更好吃哦！我帮妈妈烧烤的时候，撒了烧烤粉就很好吃！”

露营游戏正在持续进行中……

图3　在搭建好的烧烤架上为大家烧烤

【教师思考】

相对于第一段游戏，在洛洛和心怡加入第二阶段游戏后，幼儿在游戏中的表现就给教师带来了惊喜，验证了此前教师采用“不介入”“再等一等”策略所期待的有效性。幼儿将烧烤环节带入露营游戏中，不仅丰富了游戏的内容，增加了新的玩法，而且更重要的是他们挑战了自我，自主提出并解决了多个新问题：寻找适合的材料制作烧烤架，使用黏土当食物，在不织布上绘画、制作盘子和筷子，将绿色不织布剪成细条后打结做海带结，用黄色不织布剪成圆形和正方形做成土豆片和肉片，等等。由此可见，幼儿对材料的属性与特征十分清晰，能很好地结合游戏改变和利用材料，为游戏所用。教师的“不介入”“再等一等”策略实质上起到了为幼儿游戏“留白”的作用，让幼儿的社会经历能够及时且有效地触发他们的灵感，成为创作的源泉，手脑并用、全心投入自由游戏之中。

（三）露营“嗨”起来

萱萱和她的小伙伴们正有说有笑地“吃”着烧烤、聊着天，看着可有意思了！这时，建构区的岩岩突然高喊一声：“佳一，你把我们的房子弄倒了，快帮我们还原。”

岩岩的叫声引起了萱萱、安安等几个小朋友的注意，都扭头朝岩岩的方向看过去。安安从岩岩说到的房子中受到启发，他说：“对了，他们在建房子，我们露营也可以搭建小帐篷呀！我和妈妈去露营的时候，用的是我爸爸搭的那种很大的帐篷，我们一家人晚上就在帐篷里睡觉！”

心怡也随之提出自己的小想法：“对对对，我露营的时候也是睡在帐篷里，帐篷是用棍子和布撑起来的。”说完后，她便径直走到了区域柜，拿了三根塑料棍和几块布，尝试着搭建一顶帐篷，但是她发现塑料棍太短，且在搭的过程中容易倒。于是，他们便集思广益，纷纷说出各自的想法。“要不我们用长木棍试试？那个长一些。”洛洛说。心怡存有疑虑地问：“可是木棍还是不能固定在一起呀，一不小心碰到还是会倒。”

豆豆建议说：“我们可以拿粘胶将这三根木棍的一头粘在一起，这样不就可以固定了吗？”

等豆豆粘贴住木棍后，安安说：“我们把布盖上去试试呗，看看能不能行。”安安边说边将一小块不织布轻轻地搭在上面。可是，还没等完全搭上去，哐——木棍支架又倒了。

萱萱摇摇头说：“粘胶不行，我感觉它粘不住木棍。”

图 4　尝试用不同的方法制作帐篷

洛洛飞奔到了布绳区：“我们用毛根试一试吧。它是铁丝，会不会牢固一些呢？”

他们又尝试了一次，但还是以失败告终。他们面面相觑、愁眉苦脸。豆豆焦急地挠起了头发，挠着挠着她摸到了自己头发上的皮筋，她激动地叫道：“我们可以用皮筋把它们绑住，皮筋有弹力，在撑开帐篷的时候就不会像毛根那样松掉了。”

小伙伴们又振奋了，豆豆搬来了一筐皮筋，他们再次尝试。萱萱说：“我们先用一根皮筋试一试，如果仍然绑不紧，就再加一根。”小伙伴们都看着萱萱绑皮筋，看得出他们都有点紧张。萱萱很快绑好了两根皮筋，在三脚架撑开的一瞬间，他们都激动地跳了起来。他们将纱巾铺在三脚架上面，小帐篷大功告成了！

图 5　尝试过后，发现还是皮筋好用

图 6　小帐篷制作完成了

萱萱感叹道：“哇，我们的露营活动真丰富呀！可以烧烤，还有小帐篷。岑老师，快进来和我们一起露营吧！我们还可以一起拍照哟！”

咔嚓，未完待续……

【教师思考】

“放手游戏，发现儿童”，虽然只有八个字，读懂很容易，做到却不简单，必须在实践中去体会。随着露营游戏发展升级到第三阶段，幼儿遇见的困难也更大了、更多了，但是教师没有以任何方式直接干预幼儿游戏，而是始终在一旁持续关注。这并非是教师无所作为，让幼儿信马由缰地进行游戏，放任游戏自由发展。当幼儿使用粘胶、毛根等材料系绑木棍失败后，豆豆挠头时的发现纯属偶然，一筐皮筋的存在却是教师准备充分的具体体现。在木棍三脚架搭好后，幼儿使用了较轻的纱巾搭在帐篷支架上，却没有选择更大、更结实的桌布。也许是出于对支架支撑力的考量，他们便选择了相对较轻的纱巾。但无论是何种原因，幼儿知道帐篷要用布一类的材料遮盖起来，才能起到遮风挡雨的作用。

在幼儿自主游戏过程中，教师自身需要培养“料事如神”的本领，提前在区域中投入适当的材料供幼儿在游戏中自主选用。即使教师不告诉孩子材料区域是否有合适的、可取的材料，但是孩子们见到相关的材料后会将其与生活经验联系起来，通过尝试选用恰当的材料来完成游戏。

三、教师小结

（一）尊重兴趣，支持幼儿自选游戏

露营游戏的发起者是幼儿自己，他们有随父母露营的经历，因此就想到在幼儿园活动中再现露营。有孩子提议，有孩子附和，他们随即进入游戏状态。就教师本人而言，观察到孩子们邀约一起玩露营游戏，不仅没有质疑、反对，反而站在一旁观察，表达了对幼儿自选游戏项目的支持，较好地抓住了时机，既把握住了幼儿游戏的兴趣点，又将游戏的自主权交给了幼儿。

幼儿主动提议，自动组合开展游戏项目，这是幼儿兴趣的具体表达。教师只有捕捉幼儿的兴趣点，从孩子的兴趣点入手，做到对症下药，游戏才能达到事半功倍的效果。尊重幼儿兴趣，支持幼儿选择游戏项目，是教师必备的能力。当幼儿自主进行游戏时，我们要给予他们充分的肯定与热情的支持，充分担当支持者的角色。

（二）关注过程，促进幼儿多领域发展

儿童是主动的学习者，是自己成长的主人。因此，在露营游戏中，幼儿可以从中实现多领域的发展。例如：当幼儿发起露营游戏时，邀请、劝说、商量等充分体现了幼儿社会领域的发展；当幼儿需要帐篷时，探索什么材料能够固定木棍，充分体现了幼儿科学领域的发展；在游戏过程中，幼儿之间相互交流，各自表达想法，充分体现了幼儿语言领域的发展。

在“旁观”之时，教师应该将重点放在幼儿游戏的过程上，认真听取他们相互之间的交流，观察他们如何发现并解决问题，以及他们面对失败

后的态度，等等。在游戏结束后的小结和交流中，教师就能从幼儿在游戏中的表现，通过充分肯定他们各自在不同领域里展示的知识与能力，强化游戏所得，引导他们经历在玩中学的全过程。

（三）相信幼儿，鼓励游戏中的创造

在幼儿游戏中，特别是幼儿自选项目中，教师对幼儿游戏的目的、材料、过程、问题等均难以做出预测，更不可能期待幼儿对自选游戏有周全的方案。当幼儿在游戏中遇见困难和问题时，教师难免会“担忧”或萌生“直接介入”的念头。就在本游戏的第一阶段，当发现幼儿“玩”得过于简单，当教师以为游戏对幼儿不具有一定的挑战性时，曾有过纠结，是否让他们停止游戏。但是，这说到底还是对幼儿在游戏中的创造力缺乏信任。

回放三个阶段的游戏，幼儿多次创造性的举动都超出了教师原先的预料。例如，不断丰富游戏内容，从简单地铺上桌布到搭起帐篷，从在桌布上“睡觉”到品尝“食品”，从尝试几种不同的材料遭遇失败，到发现和使用最佳材料获得成功，等等，这些都充满了想象力和创造力。因此，教师切不可低估幼儿在游戏中的想象力与创造力。

小蘑菇一波三折记

姜莹莹，武汉市武昌区实验幼儿园

一、活动背景

小木屋、桃花树、石头路、橡木桩……自然元素琳琅满目，环绕其中有个热闹的地方——自由休憩小站，这是孩子们平时最喜欢的游戏场地之一。小班的孩子用随处可捡的石头玩“过家家”，用小锅装满沙子举办“生日派对”，用几块色彩斑斓的纱布将自己装扮成仙子。孩子们取之于材，将有趣的游戏置于自然之中，将大美的自然融入游戏之内……

二、实录与思考

实录一：发现小蘑菇，断了

几日小雨已过，天空终于放晴，孩子们迫不及待地来到了“阔别已久”的自由休憩小站。“快看，快看，有蘑菇！”突然，晨晨在一棵小树旁发现了一窝小蘑菇，他惊喜的叫喊声吸引了小朋友们。好几个小朋友兴奋不已，边跑边叫喊：“我要看！”“在哪里？我也要看！”“老师，您看这是蘑菇妈妈，这是蘑菇宝宝！”小宇拉着我的手，指着蘑菇欣喜地告诉我。“为什么呢？”我随口问了一句。“因为蘑菇妈妈大，蘑菇宝宝小啊！”“哦！原来是蘑菇的一家啊！”听到热烈的讨论，更多的小朋友参与到观察活动中，一起共睹蘑菇的芳容。瞬间，蘑菇就处于小朋友的包围之中。他们指指点点，你摸一下，我摸一下。不知是哪位小朋友用力过猛让蘑菇妈妈折断了腰（菌柄），耷拉起脑袋（菌盖）。孩子们着急地说道："怎么办呀？蘑菇妈妈断了！""是啊，蘑菇妈妈好可怜，都断了！""我们给它做个房子吧！"小满说出了自己的想法。

图 1　发现一窝小蘑菇

图 2　蘑菇的柄断了

【教师思考】

户外活动本身就是孩子的最爱，户外的环境也是孩子游戏的自然场所，身边的材料就是孩子游戏最好的道具，小蘑菇是大自然的馈赠，他们全然不会想到雨后的大自然还会有惊喜等待他们。因此，见到小树旁长出了蘑菇，他们你摸一下，我摸一下，用"欣喜若狂"描述孩子们当时的心情一点也不为过。也许这是绝大多数孩子第一次见到长在地里的蘑菇，而触摸是他们感知物品、认知世界的一个重要方式。然而孩子们有所不知，长在地里的蘑菇比他们想象的要脆弱得多，摸一下就可能会致其折断。

瑞士著名的心理学家皮亚杰认为，幼儿期的孩子，特别是三四岁的孩子，普遍存在一种独特的心理现象——泛灵心理。这个时期的孩子把所有的事物都视为有生命和有意向的东西。因此，在比较蘑菇大小的概念当中，孩子潜意识地就会觉得大的是妈妈，小的是宝宝，这也许是因为刚入园的幼儿和妈妈之间存在着依恋关系的联想。

在孩子们主动探讨与分享发现时，他们沟通交流的语句比较浅显、简单。但是小班幼儿用拟人化的方式，把蘑菇当作妈妈和宝宝，贴近幼儿的生活经验。教师追问为什么称蘑菇妈妈和蘑菇宝宝，则起到了强化幼儿拟人化表达方式的作用，同时也有利于他们区别蘑菇的大小。发现蘑菇妈妈受伤后，孩子们纷纷表示惋惜，并积极想办法挽救，表达了他们对生命的敬畏、对自然的热爱。

实录二：保护小蘑菇，行动

“好提议，那用什么材料盖房子来保护蘑菇呢?”我的这个问题引发了孩子们的思考。

图 3　观察小蘑菇

孩子们从旁边的石头路上捡来了好多的石头，给蘑菇一家铺了上去，然后兴奋地说：“老师，您看，我给它们做了一个石头房子!”“哇，你的石头房子看起来好像很结实的样子!”但是蘑菇一家不仅没有被保护好，反而被压弯了。“咦！小蘑菇怎么了?”我的一句话引起了大家对小蘑菇更多的关注。“蘑菇都被压弯了!”“那说明这个房子怎么样?”“太重啦!”孩子们异口同声道。“那石头房子适合它们吗?”“不适合!”“那就再找找适合做它们房子的材料吧!”孩子们于是分头行动，到处去寻找适合做小蘑菇房子的材料。有的孩子找来了树叶，有的找来了木头碎，一个个跃跃欲试准备给蘑菇铺上去，做成自己认为最合适的房子。可是当瑞瑞把木头碎铺在蘑菇身上时，蘑菇依旧被压弯了腰，孩子们很沮丧地对我说：“老师，小蘑菇还是被压坏了。”当孩子们用失落的眼神看着我时，我问他们：“你们找来的石头和木头碎哪个轻?”孩子们掂了掂石头和木头碎后说：“木头碎轻!”“那木头碎和树叶哪个轻?”“树叶轻!”他们不假思索地说道。“那你们觉得哪种材料比较适合做蘑菇的房子呢?”“树叶!”孩子们异口同声地回答!“嗯，那我们就给小蘑菇做一个树叶房子吧!”“好的!”孩子们兴致勃勃地去找了很多的树叶，放在蘑菇的身上。

图4　用树叶给蘑菇盖房子

可是没过多久，宁宁不知道小树旁有蘑菇，一不小心一脚踩到铺满树叶的蘑菇身上。小朋友们看到后都来跟我告状：“老师，宁宁把我们的蘑菇踩坏了。”

【教师思考】

为了不让小蘑菇再度受伤，幼儿动手为蘑菇搭建了一个家，他们的同理心得到了充分的体现。但是他们一般不会像成人一样通过丰富的语言表达自己的想法，而是直接通过一些举动来表达，例如直接想办法，找来石头、木头碎、树叶等将蘑菇罩起来。

小班幼儿的认知能力有限，他们以为用材料遮盖住蘑菇，就能像房子一样起到保护蘑菇的作用，因此他们就地取材，将小石头和木头碎铺盖到蘑菇上面，结果适得其反，蘑菇因受到重压二次受伤。孩子们浑然不知石头或木头碎下面的蘑菇受伤了，他们还在向教师展示自己垒砌的石头房子，不仅想分享他们的喜悦，也想得到教师的赞许。孩子们的做法显然欠妥，但是他们的出发点是善良的，教师肯定了孩子们的做法，同时也用提问的方式，指出了造房子中的问题。通过物品相对比较的关系，引导幼儿认识物品的轻与重，然后让他们自己不断观察、比较、探究，判断出最适合做蘑菇房子的材料，同时也让他们接触数量、重量等相关的概念。

实录三：做蘑菇标记，暖心

看到宁宁一不小心踩到蘑菇身上，我轻轻地将她牵到自己身边并问道："宁宁，你知道这里有小蘑菇吗？""我……不知道。"宁宁低着头细声地说。"那你现在知道这里有小蘑菇吗？"宁宁望了望铺满树叶的小蘑菇，缓缓地点了点头，然后抬头看着我。忽然间，我意识到也许还有其他孩子也不知道树叶下面有蘑菇。于是，我问身边的孩子们："咦，只有我们知道这片铺满树叶的地方有小蘑菇，但是其他的小朋友知道吗？"博博摸了摸自己的小脑袋说："不知道！""那怎么样才能让其他的小朋友也知道这里有蘑菇，而且树叶是蘑菇住的房子呢？""那就做个标记吧！"博博说。"好的！""正好我们可以把损坏的蘑菇利用起来，给其他的蘑菇做个标记。那用什么材料才可以提醒更多的人知道这里有蘑菇呢？"我以提问当引导。有的孩子拿玩具准备把蘑菇垫高一点，有的孩子拿树枝想要插进蘑菇（菌盖）里，有的孩子继续拿树叶围在蘑菇旁边。经过一番探索、比较之后，孩子们决定用树枝插进蘑菇（菌盖）里，让蘑菇站立得最高、最显眼。很快一个插有蘑菇头的标记就做好了，孩子们开心地跳了起来，围在一起观赏自己动手做的蘑菇标志，有的孩子还好奇地用手摸一摸。

好景不长，瑞瑞在摸蘑菇的时候由于用力过度把蘑菇妈妈连根拔了起来。旁边的孩子们见状，开始责怪瑞瑞："你把蘑菇妈妈摸坏了。""蘑菇妈妈死了。"听到小伙伴的责怪声，瑞瑞赶紧把蘑菇妈妈放在地上，小跑离开了。蘑菇妈妈就这样又"遇难"了。

博博看到这一幕，哇的一声哭了起来，哭得十分伤心。他一边哭，一边抱住站在自己旁边的肖老师。我问他："你为什么哭呀？"博博没有理我。肖老师紧接着说："你保护好蘑菇了吗？"博博哭了好一会儿，一边抽噎着，一边指着瑞瑞回答："是他没保护好。"肖老师看着碎掉的蘑菇说："这连胶水都粘不上了。"看着博博哭得停不下来，肖老师想到了一个好办法，随手从旁边找了一根干枯的草，把蘑菇包扎了起来。看着包扎好的蘑菇，博博这才停止了哭泣。

图5　包扎小蘑菇

【教师思考】

生命教育就是爱的教育。当孩子们称呼蘑菇妈妈和蘑菇宝宝的时候，他们就已经视其为生命体了。从发现、认识蘑菇到损坏、呵护蘑菇，再到因看到受到伤害的蘑菇而哭泣，孩子们表达了他们对大自然中生命体的关爱。尤其是博博的反应与举动，在低龄幼儿中具有代表性。曾经有小朋友问“鸡蛋是哪来的?”这样的问题。当得知鸡蛋是鸡妈妈下的宝宝后，小朋友就说我们把鸡妈妈的小宝宝吃了，鸡妈妈会不会很伤心，说着还抽噎起来。由此可见，孩子自幼就显现出同理心，能意识到生命的脆弱和宝贵。若能及时正确引导，即可增强他们的同情心和责任心。从科学的角度解释类似问题，这诚然超出了低龄幼儿对知识的接受与理解能力；但是对于他们表达出来的“爱”予以充分的肯定，则有利于其情感的培育和发展。

蘑菇易腐，没过几天，蘑菇一家就消失在大自然里了，但孩子们对于蘑菇的印象却十分深刻。一个月过去了，户外游戏时还能偶尔看到孩子们蹲在那颗曾经长过蘑菇的树下观察、寻找着什么……我们常说兴趣就是最好的老师。孩子们自己感兴趣的东西，在游戏中自己探索学习到的东西，往往会比教师主动教授的知识有着更为深刻的印象。

三、教师小结

人之初，性本善。这次蘑菇事件不仅促进了孩子们的发展，也让我的内心有了很深的触动，对于幼儿游戏观察有了新的思考与感悟。

（一）充分利用自然材料，促进幼儿的发展

游戏中的主要材料蘑菇、树叶、枯草、石头等，都来自大自然。在幼儿园里，活动所使用的自然材料存在于幼儿平时生活之中、园所环境之内。自然材料具有一定的潜在利用价值，它们便于幼儿操作，容易引发幼儿的联想与创造，能激发幼儿的想象力、创造力，促进幼儿游戏探索能力发展。小班幼儿围绕蘑菇展开了一段奇妙而又有趣的故事，他们将石头、树叶等材料演变成了保护蘑菇的工具。正是因为这些材料的自然属性与可变性，它们才给幼儿比较广泛的探索空间。“如何做个适合蘑菇的房子”“如何让蘑菇的标记更明显”“如何保护好我们的小蘑菇”，幼儿带着这些问题，通

过观察感知、亲身体验、探索操作等获得了丰富的感性认识，初步感悟到长与短、轻与重等之间的关系。

（二）激发幼儿的同理心，促进良好品质形成

一日活动皆课程，在生活中偶然发生的事件可能蕴藏着巨大的教育价值。因此，教师应当学会观察、适时引导，发现幼儿的兴趣。从想办法为折断的蘑菇做房子，到初次做的石头房子太重了，再到寻找适合的材料为蘑菇盖房子；从给蘑菇做上明显的标记，到小朋友不小心毁坏了蘑菇，这一波三折的经历也让孩子的心理受到一次次的冲击。

在教师的适时引导下，幼儿带着问题对比观察，逐渐调整自身的认知，最后见到蘑菇遭损而号啕大哭，这些都体现出孩子那颗善良质朴的心和对待弱小生命的同理心。为了实现挽救受伤蘑菇的目标，孩子们动脑筋、想办法，携手合作，一会儿找材料为蘑菇盖房子，一会儿为蘑菇做标志，较好地体现了小班幼儿具有的初步合作意识。无论是同理心，还是合作意识，它们都是幼儿良好品质形成的重要内容。

（三）准确定位教师角色，帮助幼儿达成目标

在生成、开放的游戏中，教师积极顺应幼儿的意愿和兴趣，准确定位自己的角色，适时介入其中，给予有效的引导与支持，已成共识。这不仅有利于提升孩子们语言表达、动手操作等游戏技能，还有利于加强幼儿的情感体验，培养幼儿的共情能力。《小蘑菇一波三折记》中游戏的主角是小班幼儿，他们的认知能力以及游戏水平相对低于大、中班的幼儿。因此，在放手让小班幼儿自主游戏时，教师把握好引导、介入的尺度显得更为重要。

这就直接提出了一个颇具争议的问题：究竟是游戏效果优先还是自主游戏原则优先？就引导幼儿观察、认识、呵护蘑菇的整个过程看，在非预设性游戏中，教师对于小班幼儿的引导与介入需要适当加强，不然幼儿很

难完成游戏最基本的任务，即自主观察与发现，更谈不上感悟。例如，孩子们在自然中遇见“惊喜”后，若没有必要的提示，他们也许就会停留在看到的层面，很难将游戏深入下去，更不可能实现上述已经达成的多个游戏目标。

由于是户外活动时发生的一个偶然事件，教师对蘑菇的出现同样无法预测。因此，在引导幼儿游戏过程中，教师对于蘑菇的整体认识缺少必要的介绍，例如蘑菇的结构、蘑菇的分类等鲜有提及。更重要的是，在幼儿触摸蘑菇时，教师未能提醒幼儿不要在没有成年人的指导下用手摸蘑菇，不能将室外的蘑菇采集回家食用等。

第三编

“他”评我所写

——案例赏析

淘气的“钢琴小王子”

案例撰写：范秀丽，武汉市武昌区实验幼儿园

一次户外活动后，小班的孩子们都在洗手、喝水，老师在引导孩子们擦汗、隔汗、换衣服……突然间，有小朋友朝我喊：“老师，田果把唐虹吓哭了！”只见唐虹边躲边哭边叫喊：“老师，田果让蚂蚁咬我！”田果慢悠悠地走到我跟前，说：“唐虹真是胆小，这有什么好怕的。”这就是田果入园两个月以来留给我的印象：活泼中带着点淘气。

在随后的一次音乐活动中，我们正在弹唱《好妈妈》。原本一直在自己鞋底下“寻宝”的田果，一听见钢琴声，立马抬头看着我，但似乎又很快对琴声失去了兴趣。他将小手所能触及的小朋友都拉扯了一遍，就是不跟着节拍唱歌。

音乐活动结束了，我走到田果身边，问道：“刚才的歌曲你会唱吗？”他非常淡定地说：“您今天的琴弹得不好，昨天的《大树妈妈》弹得好。”我愣了一下，便问道：“哪里不好呢？”原以为他只是在为自己注意力不集中找借口，谁知他却指着我的左手说：“今天您的这个手没有换和弦。”一听这话，我知道今天碰上内行了，敬佩之感油然而生。“你会弹琴，是吗？”我惊讶地问。他拉着我的手来到钢琴边，我顺势打开钢琴盖，示意他可以开始，只见他指尖游走，两手配合默契，一首《小步舞曲》弹得十分流畅。小朋友陆续围到钢琴边，纷纷赞许道：“好好听呀！”“你好棒呀！”田果却不好意思地走开了。这真是印证了那句话——“以为是个青铜，实则是个

王者”。

原来淘气的田果会弹钢琴，难怪每次我们弹琴的时候，他都会表现出难得的专注。就算在盥洗间洗手“玩泡泡”，只要琴声响起，他就会第一时间冲出来，忽闪着乌黑的眼睛，“傻傻地”看着弹琴的老师。这让我想起他入园以来只要钢琴盖没有盖上，他就会悄悄地溜到钢琴边，摸摸琴键，有时还不经意地敲动一下，我一直以为他这是变着法儿地淘气。

此后，每逢活动中需要弹琴时，我都会请田果来试试。这样一来，不仅我能更好地和孩子们互动，而且田果与同伴之间的拉扯也变少了，他身边的朋友也变多了。遇到不熟悉的曲子，他会悄悄地问我：“老师，这首歌叫什么名字？今天我不想弹这首歌，明天我一定能弹得好！”虽然我一眼就看破了他的“缓兵之计”，但我依然会满怀期待地等着他第二天的表演，我相信当晚他会在家默默练习，第二天他一定会元气满满地拉着我们看他充满自信的演奏。

田果回家后经常自觉练习新曲子的举动引起了爸爸妈妈的注意，他们给我打来电话说，他们平时工作忙，孩子由爷爷奶奶带着的时间比较多。最近这段时间，田果改变了早晨赖床的习惯，每天回家都会说“我明天还要上幼儿园”，并且乐滋滋地分享在幼儿园里的趣事。更重要的是，原来找上门告状的家长，近来也主动带着孩子找田果一起玩了。

一次家访，我了解到田果出生在音乐世家，耳濡目染，在爷爷的教导下，他对钢琴有一种特殊的敏感与情感。回忆起田果刚入园时的淘气劲儿，我心中顿生懊悔，没有意识到他的淘气是在寻求关注。同时，我也为自己“你会弹琴，是吗”这句问话而欣慰，这让他能与老师“切磋”技艺，能在班上展示特长，能让他感受到另外一种关注。我想，不可能每个小朋友都能像田果一样带着特长入园，但是每个小朋友一定都会期待老师的关注。作为老师，我们必须将关注与关爱播撒给每一个小朋友。

◆ 案例赏析

让观察与关注为教师赋能

初次读到《淘气的“钢琴小王子”》，便想到哪个幼儿园老师甚至中小学老师没遇见过几个淘气甚至调皮捣蛋的学生，无非就是他们淘气或调皮的方式不完全一样。但是细细品来，我却发现当事老师在纠正田果淘气行为的过程中，几乎没有使用不少老师常使用的方法，如开导、说教、批评，紧紧地盯着，反复地纠正，刻意鼓励或有意吓唬等。当田果用蚂蚁把同伴吓得哭起来后，老师没有刻意描写当时是如何强令他把蚂蚁处理掉的。在整个故事之中，笔者难以找到当事老师制止田果淘气或批评田果在课堂上注意力不集中的任何言语，更没有联系家长“状告”幼儿的举动。然而，我们从故事情节的发展中，实实在在地看到了田果的显著变化：从赖床不想上幼儿园，到每天回家后就嘀咕一句“我明天还要上幼儿园”；从课堂上注意力不集中，到回家主动练琴，再到向小朋友展示自己的琴技；从被同伴的家长“告状”，到有家长“主动带着孩子找田果一起玩”……

田果这些可喜的变化、难得的进步从何而来？反复研读案例，不难发现是观察和关注为当事老师赋能的结果。

一、主动细腻的观察有助老师认识幼儿

本案例篇幅不长，但是从多个细节的描述中可见当事老师观察的主动性。田果在班上淘气动作不断，老师便形成了“活泼中带着点淘气”的印象，形成了对田果基本的看法与判断。若缺乏细腻的观察，当事老师极有可能把田果当成班级的捣蛋鬼，甚至“坏孩子”来看待，也许对田果的教育引导策略会发生极大的变化。在音乐活动中，当事老师看到了田果“立马抬头看着我，但似乎又很快对琴声失去了兴趣……就是不跟着节拍唱

歌”。回想起田果入园后的表现，当事老师还能清晰地记得，每当钢琴声在教室里响起，田果居然能停止在盥洗间“玩泡泡”，跑出来“‘傻傻地’看着弹琴的老师”。当初，当事老师并不知道田果会弹琴，但是她已经觉察到“他入园以来只要钢琴盖没有盖上，他就会悄悄地溜到钢琴边，摸摸琴键，有时还不经意地敲动一下”。这些发现为当事老师了解田果奠定了扎实的基础，成为准确掌握其行为动态与思想活动的关键。

观察可以是单个的、持续的或组合的动作，也可以从不同角度或在不同节点发现问题，而这些现象与问题很有可能是孤立的，也有可能是相互联系的，或互为因果的。我们常说要眼观六路、耳听八方，就是要用好信息接收器，用眼看必须能看见，用耳听必须要听到，视而不见、充耳不闻，就算不上观察。当事老师的观察证实，田果的几个举动都与琴声有关，略加分析，他初来乍到时，也许是在以不同的方式表达对关注的需求。依田果的年龄与交际能力，他不可能刚入园就能想到自己能用钢琴声引起关注，因此，他就本能地选择了用小动作来吸引同伴与老师的关注。

二、热情务实的关注促使幼儿发生转变

当事老师在讲述案例的过程中，并没有刻意强调她对田果的关注，更没有明确将关注作为一个口号或转化策略，而是基于观察做出了几个细微之举，让田果感受到老师的关注。

田果用蚂蚁吓唬唐虹，当事老师没有责怪，而且耐心地听他说话，“唐虹真是胆小，这有什么好怕的”。田果“慢悠悠地”走到老师跟前，寻求关注的心理自然就得到了满足。此乃方式之一，不动声色，听其诉说。在音乐活动中，田果“似乎又很快对琴声失去了兴趣”，但是当事老师并没有训斥，而是将问题留置课后处理。此乃方式之二，掌控之中，择机再动。听到田果指出自己弹琴时出现的不足时，发现他的“奥秘”，特别是“他拉着

我的手来到钢琴边”时，“我”顺势打开钢琴盖；发现田果会弹琴后，每逢有音乐活动，便“请田果来试试”。此乃方式之三，提供机会，顺势引导。发现田果使用“缓兵之计”时，当事老师并没有过多的语言引导或劝说，而是期待他第二天的“精彩”。此乃方式之四，看破不说破，留足空间。持续让田果在班上演奏钢琴，特别是默认田果会于展示的前一晚在家里默默练习，让他充满了自信。此乃方式之五，细微之举，影响卓著。

仅以上列举的几个细小情节与举动就足以让笔者感悟到当事老师的关注在促使田果发生明显变化中的重要作用。由此我们可以看到，关注必须基于最基本的日常观察或发现，关注既是一种教育的态度，也是一个相对持续的动作行为；对幼儿的关注还应该是一个渐进的、逐步升级的过程，这样才能适应幼儿不断变化的诉求，才能让关注对幼儿产生积极的影响，发挥教育的作用。

三、渐进向好的变化改善家校互动关系

田果弹琴的水平在同龄人中应该是比较出众的，他不仅能自己弹，还能在听琴的过程中发现老师弹琴时的细小差错，这并非一日之功，其中爷爷教琴以及孩子学琴的艰辛可想而知。田果能坚持下来，“耳濡目染”“迫于无奈”“完成任务”“有些喜欢”等多种因素很有可能兼而有之。但是，自从在幼儿园有机会展示自己的琴艺后，田果回家不停地表示第二天还要上幼儿园，还能“经常自觉练习新曲子”，这让其家长喜出望外，才有家长主动电话联系老师的情节。当事老师趁热打铁，抓紧时间走进田果家去家访，增进了与家长之间的了解。

作为新时代的教育工作者，我们追求的目标是办好人民满意的教育。作为教师，我们首先要让校园成为孩子喜欢的地方、愿意学习的场所，而不是让孩子受家长“胁迫”或为实现家长的目标而学习。对于家长而言，

他们只要看到孩子向好的变化与成长，感悟到学校教育的效果，自然就会对学校（幼儿园）的教育以及教师的工作表示满意。当事老师不动声色、坚持对孩子的关注就赢得了孩子和家长的信任。

近年来，笔者有幸见到不少青年教师在谈到教师专业发展规划时，都会将维持与改善家校关系的方法列为重要的学习内容。结合《淘气的“钢琴小王子”》案例中当事老师的做法，笔者以为，若要保持良好的家校关系，就得让孩子和家长感受到学校（幼儿园）以及老师的关注。若是广大教师都能像当事老师一样，让家长和孩子都感受到老师的用心，维护和改善家校关系就会成为一件比较容易的事情。因此，维护良好的家校关系，教师应从履行好自身的岗位职责做起，从关注孩子做起。

● 我的建议

田果是幸运的，他对关注的诉求被细心的老师观察到了，并得到了超出预期的满足；当事老师也是幸运的，田果弹奏钢琴的特长让自己“有计可施”，找到了教育引导的切入点。但是，幼儿之间的个体差异是显而易见的，并非每一个孩子都能受到家庭良好的文化与教育氛围的熏陶，但是笔者相信他们寻求关注的诉求是相通的，家长对教师的期盼也会大同小异。

正如讲述者在案例的末尾所言：“不可能每个小朋友都能像田果一样带着特长入园，但是每个小朋友一定都会期待老师的关注。作为老师，我们必须将关注与关爱播撒给每一个小朋友。”当事老师的感悟其实为自己，也为更多的幼儿园教师提出了一个值得思考的命题——如何关注幼儿。因此，笔者建议老师们要不断总结经验，增强在室内外活动及游戏中观察幼儿的能力，罗列和梳理常用的、有效的观察方法，将观察的结果转化为关注的行动，切实让观察与关注为教师赋能，为教育实践添彩。

（原载《湖北教育》2022 年第 30 期）

收拾玩具不敷衍

案例撰写：许馨悦、祝文毅，武汉市武昌区实验幼儿园

音乐响起，户外活动时间结束了，小朋友们陆陆续续将玩具送回“家”，整齐地摆放好，然后到我面前排队，准备回教室。今天小包子很快就走到了我的面前，紧紧地牵住我的手，开心地说：“我今天第一个收拾完玩具！”

这时，突然听到小鲤鱼说：“老师！有只小球还没送回‘家’！”我的目光转向球筐区域，发现地上确实有一个篮球。我问孩子们：“这是谁的小球还没有送回‘家’啊？”孩子们你看看我，我看看你，没有人回答。多多跑过来对我说：“是大宝玩的篮球。”大宝听了，马上大声反驳说：“不是我，我玩的是西瓜球！”和大宝一起玩球的诺诺说：“是的，大宝玩的是西瓜球。”我问他们：“刚才还有谁玩了小球？”今天选了小球的小朋友有五六个，玩了小球的小朋友纷纷举起了自己的小手。多多说：“还有小包子也玩了小球，他没举手！”我俯下身来，看着小包子的眼睛，问道：“你有没有玩小球呀？”小包子看着我，然后移开了视线，说：“玩了啊。”我又问：“你玩的是什么小球呢？送球回‘家’了吗？”小包子低下头，没有看我，我蹲下来仰起头看着他的小脸，等待着他的回答。他小声地说：“收了啊，我玩的篮球。”

以往如果有小朋友冤枉了他，他会很激动，还会有点生气，但是这些情况今天都没有，说话声也比较低沉，显然底气不足。我小声对小包子说：“小包子今天是第一个来找老师排队的，说明你收玩具动作很快，那我们的玩具送回‘家’了吗?”小包子没有回答。我接着又说:“你可以去把那个小篮球送回‘家’吗?它不在球筐里会很可怜的。”小包子松开我的手,去把小球放进了筐里,回来后又紧紧地牵着我的手。

回到教室后,我与小包子肩并肩坐在小凳子上聊开了,我问他:“你是不是很喜欢老师牵着你站在队列中第一的位置呀?”小包子笑着说:“对呀。”“那么我们排队前的要求是什么呢?”“要把玩具收好呀!”小包子答道。“怎样才算是把玩具收好了呢?”小包子说:“要把玩具宝宝送回‘家’,不能乱放。”“小包子说得非常好,我们今天在户外把小球收好了吗?”听到这个问题,小包子有点回避,我对他说:“老师不是要批评你,而是想问问你,如果今天没收好,下次我们改正,把玩具收好就行了。”小包子听我这样说,便靠在我的肩膀上,小声说:“没收好。”“那小包子是怎么收的玩具呢?是把小球丢在球筐旁边就走了吗?”他点点头。“是因为想来牵着老师,争取第一个排队吗?”小包子直点头。

不出我所料,小包子因为想争第一,所以随便地收拾了玩具。我跟小包子说:“我们在户外收玩具的时候,如果不把玩具送回‘家’,下次再去玩就很难找到玩具宝宝了,陪我们玩的好朋友就会越来越少,小包子喜欢的小球不见了可怎么办呢?”“下次我会认真地完成收拾玩具的任务。”小包子望着我说。

中班的孩子对老师已能形成自己的态度与看法,多数幼儿知道老师对他们日常行为习惯等方面的要求,想当乖孩子。有的小朋友会认为只有站在队列的第一、得到了第一名,才会获得老师的表扬。就像小包子,他想要站在第一的位置和老师牵手,希望老师更多地关注他,所以在收拾玩具的时候有些敷衍了事。老师了解到孩子敷衍的原因后,及时与幼儿进行充分的沟通,帮助幼儿树立认真细致的工作态度,将完成任务视为劳动,不断增强劳动意识,弘扬劳动精神。

◆ 案例赏析

让篮球入筐引导幼儿成长入轨

《收拾玩具不敷衍》讲述了当事老师与中班小朋友小包子交流沟通的故事。师幼二人围绕活动课后收拾篮球的小举动展开了比较深入的对话，老师看似通过对话让小包子完成将篮球收拾到球筐的任务，但是细读起来，案例所包含的教育作用与意义并非单一简单。笔者以为，当事老师与幼儿的对话体现了教育智慧，巧妙地以篮球入筐为契机引导幼儿成长入轨，做好日常活动中的小事情。谈话的技巧与方法、收获与效果、要求与期盼等多个方面都值得认真分析研究。

一是表达关爱，满足愿望。幼儿对老师产生信任感后，会对老师产生一定的依赖，他们会以自身的方式亲近老师，或者期待老师亲近自己，这也是我们常说的寻求关注。小包子为了站在队列第一的位置，慌忙之中没有将自己玩过的篮球送回“家”，可见其寻求关注的愿望之强烈。即使老师调查发现，球筐外的篮球是小包子落下的，他“去把小球放进了筐里，回来后又紧紧地牵着我的手”。回到教室后，当事老师也是“与小包子肩并肩坐在小凳子上聊开了”。对于小包子敷衍了事不将篮球入筐以及事后不说实话等，当事老师并没有严厉训斥，甚至没有直接批评，充分体现了老师的宽容。师幼“手牵手”“肩并肩”等幼儿偏爱的举动，既表达了老师对幼儿的关爱与亲近，也满足了小包子对关注的需求，更重要的是，这为师幼二人坦诚沟通打下了良好的基础。

二是坚持原则，深入沟通。当事老师从发现问题，纠正偏差，到后来反复讲解道理，始终都坚持了一个基本原则：要把玩具收拾好。首先是发现问题，及时调查，并要求小包子现场纠正。在随后的交流中，当事老师通过对话，步步递进，引导小包子认识到将小球放入球筐的重要性。例如，反问小包子“是怎么收的玩具呢？是把小球丢在球筐旁边就走了吗？”，继而询问并验证了小包子没有将小球放入球筐的原因，“是因为想来牵着老师，争取第一个排队”。这给予小包子表达和诉说的机会，让师幼之间的沟通顺畅、有效。同时，充分的沟通也引导小包子认识到自己的错误，进一步明确了老师对活动后收拾玩具的具体要求。

三是纠正偏差，一举多得。案例是围绕当事老师如何引导小包子在活动之后收拾玩具展开的，简单地讲就是通过实例让小包子牢记班级活动规则：自己收拾玩具。但是，在纠正小包子没有按要求将小球送回“家”的差错时，当事老师的举动收到了一箭多雕的效果，从不同的侧面对小包子起到了教育引导作用。

首先是诚信教育。在现场调查时，当事老师已经听到了有小朋友说：“还有小包子也玩了小球，他没举手！”这时老师俯下身来，有一段很认真的对话——老师：“你有没有玩小球呀？”小包子：“玩了啊。”老师：“你玩的是什么小球呢？送球回‘家’了吗？”小包子：“收了啊，我玩的篮球。”小包子很明显是在遮遮掩掩。“你可以去把那个小篮球送回‘家’吗？它不在球筐里会很可怜的。”最后，小包子说出了事实真相，用自己的实际行动纠正了差错，证实了自己的诚实。

其次是劳动教育。幼儿自己的事不仅要自己做，而且还应该做好。当事老师循循善诱，与小包子一起分析了小球不能回家会造成的后果：“下次再去玩就很难找到玩具宝宝了。”当事老师没有对小包子下达任何严苛的命令，也没有使用任何吓唬的词语，反倒是在轻言细语的交谈中对他进行了劳动教育，让他明确了收纳玩具的重要性，并且表态“下次我会认真地完成收拾玩具的任务”。

再次是荣誉观教育。小包子急于到老师面前争当站在列队第一位置的幼儿，除了寻求老师的关注外，必定也在争取“第一”的荣誉。本来没有将篮球放入筐内，小包子却说“我今天第一个收拾完玩具”；当老师问“是因为想来牵着老师，争取第一个排队吗”时，小包子点头认可。虽然老师与小包子交流，没有提到“荣誉观”，但是认真地问小包子“排队前的要求是什么呢”“怎样才算是把玩具收好了呢”，这就提示小包子争第一不错，但是必须把该做的事情做好，正如小包子回答老师的那样“要把玩具收好呀”！相信在与老师对话之后，小包子知道了要争得第一的位置，获得“第一”的荣誉，必须努力把自己的事情做好。

四是提出要求，寄予期望。发现小包子没有按要求将小球送回“家”，在一般情况下，当事老师引导他把球放进球筐就可以了，或补上一句“下次可不能这样”。但是，当事老师抓住难得的机会，对小包子进行了细心的疏导与引导，不仅纠正了一个偶发的偏差，还对他提出了更加明确具体的要求。中班的幼儿有其年龄特征与局限，他们不具备举一反三的能力，因此当事老师的跟进谈话非常重要，尤其是对其今后该如何争做第一有比较积极的作用，不会为了心中的那个“第一”而顾此失彼，而会想到先完成好自己的任务。

● 我的建议

第一，对幼儿急于争第一的原因可进一步深入分析。当事老师对小包子没有按要求将小球放进球筐的原因进行了预判，从小包子口中也得到了证实，就是为了第一个牵上老师的手，站在队列第一的位置。但是笔者以为，其中深层原因值得进一步分析。幼儿寻求老师的关注有很多机会与方式，从故事情节判断，小包子也在一定程度上具备主动寻求老师关注的能力，为何他将第一个牵老师的手、当上列队的“排头兵”如此看重？同样值得分析的是，班上像小包子这样看重老师关注的幼儿还有没有，还有多少？略加推断，也许会存在几种可能性：小包子曾经希望第一个牵上老师的手，但是一直没有得到机会，内心曾有沮丧感，于是这次就“志在必得”；有小朋友曾经在小包子面前“显摆”过，小包子需要证实老师同样也喜欢他；小包子一直过于看重“第一”，争做第一已形成习惯……若能再深入一步，问问小包子为何那么希望争做第一，当事老师很有可能会有新的发现。

第二，对送小球回“家”前后发生的故事可向全班通报。发现球筐区域有一个篮球后，当事老师在幼儿中间进行了询问，也就是在场的全班同学后来都知道是小包子没有按要求完成送球回“家”的任务，更何况起初他还遮遮掩掩，不敢承认是他自己没有把篮球放好。虽然后来老师与小包子的沟通工作做得很顺利，效果也很好，但是当事老师并没有在班级对小包子主动的纠错给予充分的肯定，也没有利用好这个鲜活的案例肯定班级多数幼儿很好地完成了收拾小球的任务，等等。作为跟进措施，老师对此事在班上进行简单的通报或点评，定可扩大该场景与案例的教育作用，收到解决好一个问题让全班幼儿受益的效果。同时，让班级其他幼儿对小包子今天的事情也充分了解，在之后的交往中不会对小包子戴“有色眼镜”。

第三，对故事情节的描述以及简单的反思仍可更加聚焦。故事结尾的一小段话，显然是讲述者对故事过程的反思，落脚点是要“帮助幼儿树立认真细致的工作态度，将完成任务视为劳动，不断增强劳动意识，弘扬劳动精神”。这也许是讲述者要表达的本意，但是故事中强调与劳动相关的内容少之甚少。如笔者之前所述，当事老师与小包子的沟通体现了实施“诚信教育”“劳动教育”“荣誉观教育”等几个特点，这显然聚焦不够。一个短小的案例或故事，最好突出反映一个主题，不然很有可能面面俱到、不深不透。

勤劳的“小蜜蜂”

案例撰写：胡锦，武汉市武昌区实验幼儿园

“宝贝们！今天是星期五，也是我们的……”我的话音未落，孩子们热情高涨，异口同声地回答道：“劳——动——日！”经过一年多的坚持，每当提到“劳动日”几个字他们就手舞足蹈，可见他们与“劳动日”的感情之深。

中班幼儿受年龄所限，在教室和活动区域能参与的劳动事项也只有打扫清洁、收纳玩具等。因此，每周安排劳动日的任务，我会用心设计和挑选，既要让孩子们在劳动日有事可做，体验劳动的过程，也要让他们在完成任务后收获劳动的成就感，对下一次劳动日充满期盼。

当日上午，中三班区域游戏过程中，多多和嘟嘟在美工区剪纸，弄得满地都是小纸屑，到了收玩具的时间，美工区内仍然留下不少纸屑，而她们两个丝毫没有打扫的意思。这正好为下午的劳动日活动安排了任务。孩子们对劳动日活动的程序比较了解，然而这一次我没有按惯例给他们分组分工，而是拿出扫把和撮箕，低着头，弯着身子，一手拿着扫把，一手拿着撮箕，认真地打扫着。起初孩子们没有明白老师的意思，叽叽喳喳在一旁围观。这时，薇薇似乎有点明白了，她说：“我不想要老师这么辛苦！你们以后不要把纸剪到地上啦！”大宇听到后，马上说：“老师，我会扫地！让我来扫吧！”紧接着，小朋友们都动起手来。鹏鹏接过我手中的扫把，然后将地上的纸屑扫进撮箕。小朋友们有的扫地，有的用小手捡纸屑……不亦乐乎！不一会儿就把美工区打扫得干干净净。我借机问小朋友："今天的'劳动日'，我们做了什么呀?""我们先扫地，然后……"鹏鹏的话被多多打断了："就用撮箕把垃圾装好，运到垃圾桶去。""我是用手捡起纸屑后丢进垃圾桶的。"多多补充说。嘟嘟跑过来对我说："美工区现在好干净呀！我以后不再乱扔纸屑了，要讲卫生。"

然而，我却知道，培养幼儿讲卫生的习惯是个持续的过程，这也为孩子们提供了劳动的机会。一日午餐时，小朋友们在桌面上和座位旁，掉有些许饭粒，我轻声提醒说："小朋友们，小心踩到地上掉的饭粒，要不然你们的鞋子会被米粒粘住哟，保育老师打扫起来也会很辛苦。"不知是尽享美味，还是相互交谈，他们对我的话没有马上反应。有的小朋友继续在吃饭，有的吃完后开始玩玩具……这时，我看见薇薇从盥洗室里拿着小扫把和小撮箕走出来，认真地打扫地上的饭粒。我连忙走过去，及时夸奖薇薇："哇！你可真棒，是一只勤劳的'小蜜蜂'。"薇薇听了很开心，立马告诉旁边的小朋友说："老师说我是勤劳的'小蜜蜂'！"随后，皓皓拿出一个小拖把，一边做着拖地的动作一边对我说："老师，你看我在拖地，我也是勤劳的'小蜜蜂'。"我对皓皓伸出了大拇指，然而他"拖"过的地面并没有变干净，并且他得到表扬之后就丢下拖把，找小朋友玩游戏去了。只有薇薇还在不停地忙活，不过这时身边多了两个小帮手，希希和好好将桌面的饭粒一颗一颗地捡起来放在手心，他们还不停地说："这样其他小朋友就踩不到啦!""我们也想做勤劳的'小蜜蜂'。"

我们还在班中设立了"今天我值日"板块，将孩子们分成5组，每组每周值日一次，内容包括摆放杯子、分餐具、扫地、擦桌子、整理衣物等。当班值日的幼儿早上可以自主选择值日任务，并将自己的名帖贴在选定项目的后面，完成好的小组每人都会得到一个老师爱的拥抱！

每当获得"小蜜蜂"称号，或得到老师爱的拥抱，或戴上"值日生"

的臂章，孩子们流露出的喜悦会持续许久，有的还与家长分享在园劳动的故事，而我则从中感受到孩子们对劳动的热爱在与日俱增。

◆ 案例赏析

让幼儿劳动教育具有仪式感

《勤劳的“小蜜蜂”》讲述了在中班组织幼儿参与劳动实践的几个片段与场景，文字很朴实，但是当事老师从班级实际出发，坚持用心做好幼儿的劳动教育，在幼儿中开展劳动教育的指导思想、创设的仪式、采取的激励方式等多个方面给予我们良好的启示，值得进一步研究与探讨。

一、明确劳动教育的目的

学习、贯彻《幼儿园工作规程》时，大家都熟知，在幼儿园组织开展劳动教育就是要“萌发幼儿爱劳动的情感”。也许很多教师都认为，这个要求已经很明确了，但是笔者以为，如何在日常的劳动教育中细化劳动活动的目的仍然值得深入探讨。《勤劳的“小蜜蜂”》的讲述者在此方面的探讨深入具体，至少从四个不同的方面细化了“爱劳动的情感”，值得我们深入体会。

首先，让幼儿承担劳动任务。参与劳动是培养劳动情感的基础。当事老师安排幼儿参与打扫纸屑、拾捡饭粒，轮流值日时“摆放杯子、分餐具、扫地、擦桌子、整理衣物等”都是幼儿力所能及且具体的任务事项，这样幼儿就能参与其中，有事可做。其次，体验劳动的过程。幼儿在园的劳动活动，并不是非幼儿承担不可，其中的教育意义远远大于保洁与收纳等劳动的本身。例如，看到老师一个人打扫纸屑，薇薇就“不想要老师这么辛苦！你们以后不要把纸剪到地上啦”！薇薇体会到劳动是辛苦的。与此同时，当事老师还引导孩子们认识到打扫美工区要扫地，用撮箕装垃圾，最后将垃圾倒入垃圾桶的工作流程。再次，收获劳动的喜悦。当美工区的纸屑扫干净后，曾乱丢纸屑的嘟嘟发表感慨："美工区现在好干净呀！"当孩子们的劳动得到肯定后，他们"流露出的喜悦会持续许久"。干净的地面、愉悦的心情，这都是孩子们收获的劳动成果，看到的是自身劳动的价值。最后，期待劳动的再现。例行的劳动日活动，在孩子中必定引起了良好的反响，这才有案例首段中的描述："每当提到'劳动日'几个字他们就手舞足蹈，可见他们与'劳动日'的感情之深。"若是对参与班级劳动没有愉悦的体验和正确的认识，幼儿很难维持对劳动的热情。正是因为当事老师恰当的安排与引导，孩子们才会对一次次的劳动充分期待，这种期待就是对劳动的兴趣渐浓的具体体现。

二、创设劳动教育的项目

正如案例中所言，"中班幼儿受年龄所限"，他们能动手参与的事项并不是很多。这就需要老师在组织劳动活动、安排劳动任务时，充分考虑劳动项目的可行性。一些看似日常生活中的"琐事""小事"通过精心创设后，就会增强对幼儿的吸引力。当事老师"用心设计和挑选"幼儿劳动项目的一个重要特点就是创设劳动的仪式感。

首先，创设了星期五"劳动日"。在班级活动中设立"劳动日"，这本身就体现了当事老师对在幼儿中实施劳动教育的深刻认识和具体措施。借助幼儿对"节日"的理解，"劳动日"向幼儿发出比较强烈的信号：劳动对于小朋友的重要性，并引导他们从中体会到幼儿园及老师对劳动的重视程度。本案例中，每当老师在班上宣布"今天是星期五，也是我们的……"时，孩子们就异口同声地回答："劳——动——日！"可见孩子们热情高涨，就像是过节日一样兴奋。其次，创设了"今天我值日"板块。若是说"劳动日”是每周一次的“节日”，那么“今天我值日”就是常态和持续的劳动教育，让全班幼儿都有机会参与其中，相互产生积极的影响。有组织地引导幼儿参与班级的生活管理活动，既锻炼了他们的劳动能力，又培养了他们的集体责任感。再次，创设了劳动环境。有小朋友在离开美工区域时扔下纸屑，老师本可当时提醒相关的幼儿随手捡起，或代劳打扫，但是当事老师看到“美工区内仍然留下不少纸屑”，认为这“正好为下午的劳动日活动安排了任务”。我们从中可以看到，幼儿劳动的场景或事项也需要老师用心设计，不然幼儿每一次劳动的内容就会远离幼儿生活的日常。

三、形成明确的劳动导向

组织幼儿参与劳动，培养幼儿劳动习惯，老师可以派活分工，但是当事老师在几个环节都让幼儿自主参与劳动，丝毫没有指派、命令，更没有强行让幼儿完成特定的劳动任务，这意味着当事老师在幼儿中已经形成了比较明确的导向，该班的幼儿也初步养成了自主劳动的习惯，这与倡导的让幼儿自主游戏有异曲同工之妙。

首先，引导幼儿自愿参与。当宣布劳动日活动后，当事老师没有给幼儿分配具体的劳动任务，也没有分发劳动工具，而是“我”自己“拿出扫把和撮箕，低着头，弯着身子，一手拿着扫把，一手拿着撮箕，认真地打扫着”。这无声的举动就是良好的示范，对于喜欢和擅长模仿的幼儿来讲，这较之分发工具、安排任务更能引导他们自愿参与其中。午餐时，发现地上有米粒，当事老师也只是轻声提醒，随后便有几名小朋友参与到拾捡米粒的劳动之中。

其次，引导幼儿自选项目。尤其是在“今天我值日”板块，值日生早上进园后可以根据自己的爱好“自主选择值日任务，并将自己的名帖贴在选定项目的后面”，这既尊重了幼儿的兴趣与偏好，也能向全班小朋友宣告自己负责的事项，有利于增强责任感。

再次，引导幼儿自我教育。因为坚持自愿的原则、自选项目的做法，孩子们从中受到了自我教育。美工区的纸屑主要是多多和嘟嘟丢下的，但是在劳动日活动中，当事老师并没有特意批评这两位小朋友，甚至都没有提到是谁丢下的纸屑。然而，当美工区变干净后，嘟嘟跑过来对老师说："美工区现在好干净呀！我以后不再乱扔纸屑了，要讲卫生。"此时虽无批评与指责，嘟嘟却已经受到自我教育，劳动与教育的目的也就达成了。

最后，引导幼儿持续发力。幼儿对劳动的理解与热情需要不断引导才能巩固与提升，但是如何让幼儿的劳动热情不会减弱，这值得老师深入思考。本案例中，当事老师采取了几个比较简单的方式：称赞热爱劳动的小朋友是"勤劳的'小蜜蜂'"，给予值日生一个爱的拥抱。这些细小的"贴士"，符合幼儿对赞扬、关注的心理需求，不仅具有较强的激励性，而且有利于增强幼儿的荣誉感，成为他们持续热爱劳动的力量来源之一。

● 我的建议

当然细读故事情节，我们也不可忽视个别幼儿难以做到"三自"（自愿参与、自选项目、自我教育），对老师用心创设的劳动仪式感也会反应迟缓。例如，听到老师称赞薇薇是"勤劳的'小蜜蜂'"时，皓皓也"拿出一个小拖把，一边做着拖地的动作"，其目的是要老师赞扬他"也是勤劳的'小蜜蜂'"，不过他"得到表扬之后就丢下拖把，找小朋友玩游戏去了"。这充分反映出幼儿在劳动的态度、动机、热情以及能力等方面的差异性。因此，在创设劳动仪式感、倡导幼儿"三自"以及面向多数幼儿实施劳动教育的同时，也要根据不同情况，特别是个例，增强劳动教育与引导的针对性，不让一个幼儿在劳动教育中掉队。

水池“小卫士”

案例撰写：文洁，武汉市武昌区实验幼儿园

初次美术活动结束，小朋友们涌入洗手间，清洗手上的水彩，可不一会儿，“告状”声接二连三：“老师，有人在玩水!”“她把我的袖子弄湿了。”我提高嗓门提醒：“把袖子卷起来，不要玩水，不要弄湿衣服……”他们似乎没听进去。此后一段时间，这样“热闹”的场景经常再现。

幼儿天性好玩、喜欢戏水。于是，我调整了策略。这天，在孩子们洗手时，我也参与其中，与幼儿同时洗手，还唱起了提前编好的儿歌：“挽起袖口，洗洗小手，我们一起来洗手；洗完小手，甩甩抖抖，水珠飞走，用毛巾擦干手！”当我说到甩甩抖抖时，时而快抖，时而慢抖，夸张的动作一下子把孩子的注意力吸引过来了，纷纷跟我学了起来。有的小朋友甚至一边随儿歌的内容进行表演，一边把自己的想法也融入动作之中。

此刻新的问题出现了。小朋友们甩甩抖抖时把水甩到水池周围，时间一长，成串的水珠就变成水渍，不仅影响美观，还会滋生细菌。然而，我却从中发现了班级劳动实践活动的良好契机。

一次户外活动后，我对正在洗手的孩子们说：“请小朋友们看看自己洗完手后水池有什么变化?”“没有变化呀!”菲菲说。“嗯，我们抖水的时候，水珠飞到水池边上了，水池台面也有水珠。”娜娜的这个发现，得到了多数小朋友的认可。“老师，那我们要擦干净吗?”燕子问道。于是我提议说：“今天我们暂时不清洗水池，看看明天它会变成什么样子，好吗?”

十月气候干燥，不出所料，水池上的水珠变成了水迹。“老师，为什么自来水变成了线条和图案?”“为什么变成了白色?”“为什么看上去脏脏的呀?”第二天早晨看到水迹后，小朋友们满是疑问。我回答说：“这是水渍呀！水渍就是洒落或者溅落在硬物表面的水分，在蒸发之后形成的膜状残留，时间久了还会滋生细菌。如果手碰到后不小心弄进嘴巴，还可能会肚子疼!”

“那么我们应该清除水迹才对。”小朋友们开始主动思考问题了。我没有直接回答，把问题抛回给他们：“怎样才能清除水迹呢?”有的说在甩手时要小心，有的建议洗手后自己清理一下水池。强强大声建议说：“我来当水池‘小卫士’，负责清洗水池。”此话一出，其他的小朋友也争着抢着要当水池“小卫士”。随后，根据孩子们的提议，我制定了实践活动方案，包括制作水池“小卫士”胸章、建立轮值制度。

杜咪第一次轮值当水池“小卫士”。当日，小朋友户外游戏结束后返回教室，洗手、喝水、上厕所……然后，杜咪拿起了蓝色的抹布从左到右仔细擦抹水池，定睛一看，水池表面还是有水，于是他又拿起了另外一块毛巾擦了一遍，瓷砖上仍然有一些小泡泡，他皱着眉头跑来问我：“老师，为什么我擦了两遍还是有小水泡泡?”我反问他：“你洗完澡后会用什么毛巾擦干呀?”“我知道啦，要用干毛巾!”

当月家访，我见到了杜咪妈妈，她高兴地说：“现在杜咪回家看到我做饭洗碗时，他也会主动帮忙清理水池，还提醒我要用干毛巾擦水渍。”“这得感谢老师在园的教导，你们老师办法多，我们家长一定好好地配合。”

杜咪妈妈的反馈，让我回想起小朋友们从玩水、洒水到认识水迹，从洗手保持个人卫生到清除水迹防止滋生细菌，从在园争当水池“小卫士”到回家参与家务的变化过程，尤其是家庭成为孩子巩固在园劳动教育成果的场所，我甚是欣慰，信心倍增，深切感到只要家园共育、持之以恒、积水成河、粒米成箩，微变就能促成巨变，幼儿劳动教育就能收到事半功倍的效果。

◆ 案例赏析

融入幼儿日常的劳动教育

《水池“小卫士”》的讲述者善于观察，从发现和解决细小问题与现象入手，巧妙地对幼儿实施劳动教育。发现幼儿洗手玩水，当事老师解决幼儿不会洗手的问题；面临水珠溅到水池表面的新问题，她引导学生认识水迹及其危害；为解决水迹问题，她建立了轮值制度，让幼儿参与劳动，增强了劳动意识。当事老师对问题的探究逐步深入，一切好似周密设计的一般，流畅、连贯，可谓环环相扣。当事老师发现问题，没有包办代替，也没有过多地说教，而是通过动作示范、语言引导，为孩子们创设了良好的认知与实践环境。

尽管是中班的幼儿，但是孩子们在这一系列的劳动实践中，有着很出色的表现，其在劳动活动中的主体和主角特征在整个活动中得到明显的展示，同时孩子们也享受到劳动带给他们的快乐。

《水池“小卫士”》围绕幼儿生活中的一个常见现象，逐步引导幼儿不断深入探讨，效果是明显的，方法也是恰当的。

一是将劳动教育与教唱儿歌相融合。教唱儿歌（童谣），在婴幼儿时期，是一项常见的教育方式，儿歌朗朗上口，寓意深长，深受家长、老师和幼儿的欢迎与喜爱；有的儿歌代代相传，有的在婴幼儿时期学的儿歌甚至进入老年阶段还能熟记于心。当事老师发现幼儿不会洗手，将水溅到水池表面，在做示范动作的同时，唱起了自己事前编好的儿歌。儿歌虽然不长，但是把洗手的流程与动作描述得清楚、生动，易于幼儿学唱，并对洗手具有直接的指导作用。这让笔者联想到劳动号子，词句短促、节奏感强、音调响亮、易学好记，能起到统一步伐、鼓舞干劲的作用。幼儿洗手，保持个人卫生，对他们而言，为何就不是一种劳动呢？将劳动事项编成儿歌，或为幼儿的区块活动配上节奏感强的儿歌，定能够激发幼儿劳动的热情。当然，老师需要提前备课，不可随口而出，若是临时编造几句顺口溜，是难以在幼儿中传唱或收到预期效果的。

二是将劳动教育与引导体验相融合。对幼儿实施劳动教育，安排具体活动或事项让学生动手参与当然很重要，但老师不可狭义地认为只有动手才算是劳动。本案例中，当事老师在不同的环节都有引导学生观察和体验的举动。即使观察与体验算不上严格意义的劳动，那么观察与体验也为引导幼儿参与劳动、解决问题打下了基础，至少是与参与劳动相关联的一个重要环节。当事老师发现水池表面上溅有水珠后，起初没有引导幼儿将水珠擦掉，而是提醒幼儿留意观察洗手后水池表面上的水珠，紧接着又提议“今天我们暂时不清洗水池，看看明天它会变成什么样子”，为孩子们留下一个悬念、一个探究的问题。这才有第二天孩子们看到的“自来水变成了线条和图案”，可见当事老师用心之良苦。引导幼儿学会观察体验，老师必须自身养成观察、发现、体验的习惯，只有自己对问题与现象有发现，才会理解自身发现的教育意义，继而引导幼儿养成观察与发现的习惯，打破砂锅问到底，获得新的知识，在体验中提升解决问题的能力。

三是将劳动教育与讲授科普相融合。水池上的水珠变成水迹，是一个常见的现象，看似简单，其中包含科学知识，而这一点对幼儿而言，应该是比较难理解的。当事老师回答小朋友的问题时说：“水渍就是洒落或者溅落在硬物表面的水分，在蒸发之后形成的膜状残留，时间久了还会滋生细菌。”笔者不敢断言，当时小朋友是否真正理解了“水迹”的含义，但是他们起码看到了水迹，即“水变成了线条和图案”，并从老师口中得知，水迹会滋生细菌。本案例中，当事老师对幼儿进行科普知识教育的点并不多，但是笔者以为，当事老师引导幼儿认识水迹，在动手清除水迹之前传授科普知识的方式是可取的，用科普知识回答了为什么要清除水迹的问题。在幼儿园各类活动中，师幼都会遇见一些与科普知识相关的问题，劳动教育也不例外。因此，用幼儿能听得懂的语言相机传授科普知识是有必要的。

四是将劳动教育与传授技能相融合。如前所述，当事老师示范洗手时，就用唱儿歌的方式，将洗手的正确动作传授给幼儿。特别是在杜咪第一次轮值当“小卫士”时，他尝试用不同的抹布擦水池表面瓷砖，一直没有擦干净，虽然当事老师没有正面回答杜咪的问题，但是她用生活中的经历给予杜咪明确的提示，巧妙地将劳动技巧传授给杜咪。当事老师的提示告诉我们，传授劳动技巧需要与幼儿生活经历与体验相结合，这样幼儿才能很快地理解和接受，也能有效地避免老师因心急出现手把手地教的问题。因年龄和生活经历有限，幼儿不会“做”事，应该是个比较普遍和常见的现象，因此，让幼儿在劳动中掌握劳动技巧也是劳动教育的目的之一。在引导幼儿增强劳动意识的同时，老师切不可忽视劳动技能的传授。

教唱儿歌、引导体验、讲授科普、传授技能，这些都是幼儿园学习、游戏、活动的日常。本案例将劳动教育与之相融合，虽为一种尝试，但是完全可成为一种常态，这样就能让劳动教育无处不在。

● 我的建议

自从轮值做了“小卫士”后，杜咪在家也变得热爱劳动了，能帮助妈妈清理水池，这是幼儿园在幼儿中开展劳动教育的效果在家庭的显现。由此，笔者建议，可采取更多的措施，强化小朋友的“小卫士”角色意识，将劳动教育向前延伸。

这里先分享一个真实的故事。有位小朋友，从幼儿园回家后，怀中抱有一只小棕熊玩偶。家里老人不解地问道：“这不是我们家的布绒玩偶，你怎么把别人的小棕熊带回家呢?”“这是幼儿园的小棕熊。”小朋友得意地回答说。“它是小熊消防员。今天我是消防局‘局长’,所以我就可以带消防员小棕熊回家玩。”后来老人得知,这是幼儿园组织的消防教育月活动,小朋友轮流担任消防局“局长”,轮值的小朋友当日在园要穿上消防服,戴上安全帽,提醒其他小朋友注意安全,将小棕熊带回家是“局长”当日的特殊待遇,也是责任的象征。消防教育具有较强的特殊性,很难让幼儿有现场感,况且幼儿很难全面理解“安全”的内涵,因此,安全教育较之在日常行为习惯养成中融入劳动教育的难度要大得多。幼儿园在消防月活动中,让小朋友轮值当消防局“局长”,并非要给孩子施以官本位的影响;让他们带小棕熊消防员回家,也不是让孩子享有特权思想,而是创设了比较强烈的仪式感,引导孩子深入认识消防的重要性,逐步强化日常消防意识。

因此,本案例中的水池“小卫士”轮值制度,也可仿效轮值的消防局“局长”的做法,在几个不同的环节上进一步改进,不断增强幼儿的劳动责任感和荣誉感,继而进一步强化劳动意识。首先,创设轮值的交接仪式。在相对稳定的一段时间内,早晨入园后举行一个简单的“小卫士”交接仪式。其次,在佩戴“小卫士”胸章的基础上,为“小卫士”配上一件颜色鲜亮的背心。再次,允许轮值的幼儿戴“小卫士”胸牌和穿色彩鲜亮的背心回家。相信,这些都有助于增强幼儿的劳动荣誉感、责任感,也能更好地满足幼儿对关注的需求,同时也有利于“小卫士”接受小伙伴以及家长的监督。

男童受伤，老师“躺枪”

案例撰写：金铭，武汉市武昌区实验幼儿园

初秋的一个傍晚，我正在离园回家的路上，突然手机铃声响起，原来是军军妈妈来电话了。我轻声询问：“军军妈妈，请问有什么事情吗？”“老师，军军在幼儿园是不是与同伴打架了？”正当我疑惑时，她又说：“晚上给孩子洗澡时，他说自己尿尿的地方非常疼，我才发现有些红肿并轻微渗血。”我快速地在脑海中回忆孩子白天在园的活动轨迹，然后在电话中建议说：“您先尽快带孩子去医院看一看，不要耽误了医治。今天我们一直都很关注他，没有发现孩子身体有过不适。他在幼儿园与同伴们也没有发生矛盾，放学的时候脸上也是洋溢着笑容。”挂了电话，我随即联系了配班老师，她也未发现任何异常。

次日早上到园后，我立刻将此情况向园领导汇报。园领导高度重视，让我尽快再次联系家长，询问孩子的情况。我还与班级的另外两位老师一起再次仔细回忆了军军在园活动情况……

我内心充满了疑惑，更担心孩子的受伤状况，在中班交接后我立刻给军军妈妈打电话。军军妈妈气冲冲地说：“医生说是外力导致，现在孩子情绪很不稳定，他自己也表述不清楚受伤的原因。”我轻声安抚道：“您先不要着急，先引导军军配合医生进行治疗。您回忆一下孩子在家中有没有‘玩’私处的情况呢？”“没有！他从来不会盘弄那个部位。”还没等我向她解释，她便挂断了电话。

几分钟后，园长打来电话，急促地说："你赶紧来办公室，军军妈妈向派出所报案，说老师猥亵孩子。"这犹如晴天霹雳，我瞬间头脑一片空白，便赶紧叫上配班老师一起去了园长办公室。园长说："警察马上就来幼儿园了解情况，家长一口咬定是老师猥亵孩子，把不听话的孩子带到'小黑屋'并拉扯孩子的私处。"我顿时哭笑不得，说："幼儿园哪有小黑屋呀！"

警察听取了我们几位老师的情节介绍，还查看了室外公共区域的监控录像，也没有发现任何异常。在派出所做完笔录，委屈和难过都涌上心头，我的眼泪不由自主地流了下来。从教 7 年，我对工作兢兢业业，关心爱护孩子，从未体罚过孩子，这次因幼儿受伤被家长无端地指责，简直就是躺着"中枪"。

回到幼儿园后，我再次找到园领导，表明了积极配合调查的态度。值得欣慰的是，园领导并不相信本园有教师会有如此违反师德的行为，并表示一定与公安部门配合，证实老师的清白。

派出所经过多轮认真细致的调查和取证，最后找出了事情真相。原来家长在家中引导孩子进行情景模拟，用引导式语言让孩子认为是老师带他到"小黑屋"并拉扯过他的私处，导致孩子将假象与现实相混淆，把责任推给老师。

虽然委屈与难过消失了，但我的内心却久久不能平静。静心思考之中，我想起了曾在《学前教育心理学》书中看到的一句话：幼儿常常把自己想象的事情当作真实的事情，幼儿想象的夸张现象是他的心理发展水平的反映。特别是 3~4 岁的儿童容易以想象代替现实。军军年龄小，处于想象思维活跃时期，具有"将想象与现实混淆"的年龄特点。当受到外部因素引导与影响后，孩子便会从无意想象发展到有意想象，从简单的再造想象发展到创造想象，从极大夸张的想象发展到合乎现实的想象。

军军妈妈发现孩子受伤，显然反应过激，这才引发冤情，导致老师躺着“中枪”。但是，换位思考，看到孩子受伤，而且是在隐私部位，家长的举动也有可理解之处，这也是一位母亲保护孩子的体现。若是日常家园沟通工作做得更为细致一些，家长对老师的信任度更高，也许在发现孩子受伤后就不会轻易对老师产生怀疑。因此，作为新时代的幼儿教师，真心关爱儿童，改善家园关系，增强家园互信，我们仍然任重而道远。

◆ 案例赏析

面对冤屈，接受考验获得成长

看到《男童受伤，老师“躺枪”》，原以为讲述者会利用此案例吐槽家长，向读者喊冤叫屈。然而，当事老师却比较完整地还原了整个过程，并主动地从幼儿心理发展的角度进行了分析和思考。读完整篇案例，笔者瞬间想到了“勇气”“底气”“正气”三个词，对当事老师的敬佩之意油然而生。

首先，值得佩服的勇气。受到家长无端指责，一般教师除了申辩、叫屈外，通常会本能地回避类似沉重、尴尬的话题，尽快忘记与家长之间发生的不愉快的事情，更何况本案中是家长报警时称有老师“猥亵”男童这样的问题。作为一名女性教师，讲述者将真实的经历，尤其是在世人眼中无论事实真相如何，只要沾上边都会令人难堪的事情，完整地展示在读者面前，这样的勇气并非每一个经历过冤屈的人都有的。虽然在配合调查的过程中曾“委屈和难过都涌上心头，我的眼泪不由自主地流了下来”，但是很快地调整了心态，并且在勇敢面对的基础上，撰写并分享案例。

年轻教师，特别是入职不久的教师碰到问题，受到委屈，或被家长质疑后就提出辞职、申请转岗（行）的不乏其人。人各有志，但是不能不说，部分教师遇到问题就“逃离”就是缺乏职业勇气的表现。教师每天要面对几十名学生，其背后还有几十名甚至上百名的家长（亲属）等，难免会发生矛盾和冲突，包括面对家长的无理要求等。教师一定要像本案例的讲述者一样，直面问题，不回避质疑，展现职业勇气。凡自身有过失的，就要敢于担当，该认错的认错，知错即改善莫大焉；面对无端指责与冤屈，接受考验，用自己的勇气证实清白。

其次，值得赞赏的底气。自第一次在傍晚接到军军妈妈的电话通报情况后，在较短的时间内，当事老师与家长以及警方等有过多次的联系，这包括当事老师受到家长直截了当的指责、自己主动向园长汇报、接受警方当面询问、在派出所完成笔录等，其心理压力之大可想而知。然而，当事老师态度冷静，保持了应有的理性，就笔者看来，这种冷静与理性源于当事老师的底气与自信。

当事老师第一次接到电话后，首先考虑的是孩子的伤情与安全，当即建议家长“先尽快带孩子去医院看一看，不要耽误了医治”。与此同时，当事老师便开始回忆当天幼儿在园的场景与表现，并与配班老师一同反复回忆与核实，确信没有任何伤害幼儿的举动。常言道，“为人不做亏心事，不怕半夜来敲门”，这也许就是当事老师遭受质疑时仍然充满底气的重要原因。

因此，笔者以为，本案例给予我们的一个重要启示就是：要在日常教育教学过程中，严格执行教师职业行为十项准则，崇尚和践行高尚师德，只有这样，在遇到纠纷与冲突时，才能经得住质疑，经得起调查。更何况，增强师德践行的自觉本身就是教师应该履行的职业责任，本应坚持将其贯穿于日常言行之中。

再次，值得发扬的正气。无论是撰写案例，还是面对家长指责或警方调查，当事老师的言行举止让笔者感受到其一身正气。一是主动配合调查。被请到派出所做笔录，特别是自信无过错的情况下，通常教师很难做到主动配合。笔者以为，当事老师主动配合，除了希望证实自身的清白外，也许想以此来维护教师队伍的良好形象与声誉。二是充分理解家长。在整个案例中，没有对家长的无端指责提出任何质疑，对家长维护孩子的权益与安全表示了理解，甚至没有提到要求幼儿家长道歉。三是从自身找原因。真相大白后，当事老师并没有沉浸在“获胜”的喜悦之中，而是及时进行了反思，“若是日常家园沟通工作做得更为细致一些，家长对老师的信任度更高，也许在发现孩子受伤后就不会轻易对老师产生怀疑”。四是着力提升自我。难能可贵的是，当事老师对幼儿在其家长引导下错误地将想象与现实相混淆的原因进行了简洁的分析，丝毫没有反过来指责孩子说谎，并表示要加强和改进家园关系，增强教师与家长间的互信。

当事老师“躺枪”后，没有抱怨，没有躺平，而是通过撰写案例理性分析事发原因，充分体现出一线教师中蕴藏的正气与正能量。从此意义上讲，这是年轻教师热爱教育、爱岗敬业、关爱儿童的一个重要标志。

《男童受伤，老师“躺枪”》也是一个园所应急处置的一个成功案例。遇见类似家长对幼儿园、对学校及教师提出质疑，甚至报警的情形，无论是幼儿园还是当事老师个人，应对和处理起来都是比较棘手的。然而，本案例中涉及的问题比较顺利地得以解决，找出了真相，避免了节外生枝。其中的经验值得分析和总结。

一是关注儿童安全。接到案发信息，当事老师并没有急于解释、撇清干系，而是建议家长将孩子送医治疗，当然也让医生从医学的角度为孩子受伤的原因做出权威的鉴定。这充分体现了当事老师幼儿安全至上的观念。

二是及时汇报情况。遇见此类问题，无论教师自身是否有责任，一定要及时向组织和领导汇报，切不可以为自身无责而忽视汇报。教师在园内与学生及家长发生矛盾或误会，在一定意义上就是“在岗行为”。一旦家长对教师的言行产生怀疑、表达看法、提出指责等，这就不是单纯地针对教师个人，而是直接或间接地针对幼儿园。因此，相信组织和领导，及时汇报，争取园领导重视很有必要。

三是配合警方调查。当事老师自信无疑，自己没有任何行为对军军造成伤害，但是在家长报警后，仍然采取了积极的态度，配合调查。以理性的态度配合警方介入，不仅真相很快水落石出，而且其结论具有权威性。尤其是像学生私处受伤这类取证较为困难的情景，警方的结论可以有效地防止节外生枝。

四是做好教师后盾。就幼儿园领导而言，除了听取汇报、协调调查外，在当事老师遭遇“晴天霹雳”的困难时刻，给予本园教师高度的信任。在教师遇到不实指责的时候，园所领导态度鲜明地站出来，做了教师的后盾，保护了教师的权益。

● 我的建议

《男童受伤，老师“躺枪”》是一个比较典型的个别案例，不会经常发生，但是案例的处理方式与过程及其揭示的道理值得幼儿园教师深入思考。笔者时而在媒体上看到曝光的家校冲突及家长与教师的矛盾，其中缘由无非是两个方面：一是个别教师自律性不强，违反职业行为准则，伤害了学生，被家长检举；二是家长偏听偏信，情况不明，对教师造成冤屈。因此，笔者以为，就学校和教师而言，师德师风建设永远在路上，必须常抓不懈。正如讲述者所言，要增强家长与教师之间的互信，减少、避免家园之间的误解与矛盾。

另外，学校和教师个人也要有自我保护意识，这并非是让教师“好自为之”“该管的不管”“该做的不做”“让‘你’三分”，而是说要养成良好的职业习惯，规范自身的言行举止，强化接受家长和社会监督的意识，适应全园监控无死角环境下履行职责的要求。只有这样，我们遇事才能充满自信，不畏惧冤屈，用实际行动践行师德师风要求，维护人民教师的良好形象。

经不起“逗乐”的孩子

案例撰写：王珍琴，武汉市武昌区实验幼儿园

下午离园前，程雨妈妈按电话中的约定，提前来到幼儿园，我们在一楼大厅食品制作区角见面。我找来两把小凳子，请程雨妈妈坐下。听到我夸奖程雨聪明伶俐、想象力丰富、无论是绘画还是手工都比较精致时，程雨妈妈自然感到自豪，还不忘感谢了老师几句。“王老师，不久前孩子就请了一周的病假，他的体质还比较虚弱。今天您约我不会只是夸奖程雨吧?”程雨妈妈一句话很快将我们的交谈转到预约主题上。于是，我便开始介绍程雨当天与小朋友相处的情节与细节。

当日上午区域活动时，程雨的好朋友王珂急匆匆地跑到我面前说：“王老师，程雨把我刚拼好的飞机摔坏了。”程雨跟在身后气愤地对王珂说：“你要是告诉老师，我就不跟你玩了。”我看着他们俩说道：“程雨，你是不是把王珂拼的飞机摔坏了?”程雨低下头说：“是的!”我看着他继续问道：“为什么呢?”程雨皱起眉头说：“他把我刚拼好的房子拆了，气死我了!”我转过头看着王珂问道：“是这样吗？你为什么要拆他拼的房子呢?”王珂着急地说：“我就是喜欢看程雨生气的样子，他生气的样子特别好玩。”“怎么生气的样子还好玩?”我追问了一句。王珂不经意地回答说：“他知道我俩是好朋友，本来是开个玩笑，程雨还真生气，而且他一生气就瘪着嘴，歪着头，真好玩。”我便告诉王珂：“以后不可以这样闹着玩，要学会尊重别人的劳动成果。你这样故意破坏别人的劳动成果，别人会很难过的。程

雨把你的飞机拆了，你心里是不是难过？”程雨吸了一口气噘着嘴说：“那好吧！我原谅他了。”两人相视一笑，又跑到建构区拼搭积木了。

中午进餐时，程雨从喉咙管里发出“噢噢噢”的声音，破坏了班级有序进餐，所有小朋友的目光也都看向了他。保育员见状便劝程雨不要高声叫喊，后来才发现是班上有小朋友故意逗他，为了“反击”，他才发出奇怪的声响。

“程雨妈妈，这样的情节反复发生，肯定事出有因，这才约您过来了解一下情况。”听到这里，程雨妈妈的表情明显放松了许多，她接着我的话说，这孩子是经不起逗。在家里他爸爸常逗他说“姐姐是亲生的，小雨你是捡来的”，惹得程雨哇哇大哭，而他爸在一旁哈哈大笑。姐姐也时而抢他的玩具，故意逗他大发雷霆。“在家里被家人‘逗’，他应该适应了呀？”我便问道。程雨妈妈说：“在家里我也会逗他，但是我和他平时交流多，所以他不会生我的气。晚餐后我带他在小区散步时，他喜欢跟小区里的孩子玩，其他孩子相互打闹惹到他，他也会喃喃自语——‘真是气死我了’！”

与家长交谈并没有帮我找到不让程雨“生气”的好办法，然而接下来的一周，程雨请了病假，家长发短信说他昨晚在家里咳嗽得厉害。在幼儿园还好好的，而且近段时间气温适宜，为什么说病就病了？难道程雨真在班上“气病”了！

无论是“逗乐”的还是被“逗乐”的，孩子们的心地是单纯的。但是既然程雨对“逗乐”有比较激烈的反应，存有“气病”的可能，就应该引起重视。

此后一段时间，我在健康领域活动时，引导幼儿了解自己的情绪；在社会领域活动与餐前故事活动中，引导孩子学会如何与同伴友好交往；还根据孩子的兴趣引导他们营造良好的学习、生活氛围。另外，上次与程雨妈妈交流后，她跟家人也进行了深入的交流，家庭成员的相处方式也发生了变化。

在日常活动中，一旦有机会我便鼓励程雨展示绘画与手工特长，转移其他小朋友的视线，关注程雨的优点。经过一学期的学习、生活，程雨再也没有出现在班上大声尖叫的行为，并且时而与小朋友嬉闹，他也不再生气了。在区级“科技嘉年华——智力七巧板比赛”活动上，他展示的自己创作的中国军舰可神气了！

◆ 案例赏析

别让“逗乐”伤害幼儿纯真的心

《经不起“逗乐”的孩子》讲述的是发生在少年儿童中的一种常见现象，而且从字面上看，“逗乐”并无不妥，更谈不上有任何恶意。但是上幼儿园的程雨被与自己相处甚好的小朋友“逗乐”后，出现了“气愤”“生气”情况，则引起了讲述者的高度重视，还开展了细致的工作。讨论对孩子“逗乐”这些常见的不是事的事，不知读者读到这个案例后会产生何种联想，然而笔者以为当事老师正视问题，采取措施是非常恰当的，其做法可圈可点。

首先，在日常生活中敏锐发现问题。孩子们在幼儿园活动中，发生小摩擦、产生小误会，或者嘻嘻闹闹是很难避免的，也不必为此限制孩子的言行。但是当程雨与王珂相互指责对方摔坏拼装的飞机、拆毁组拼的房子时，当事老师发现程雨生气的程度超出了一般，随后便采取措施深入了解情况。幼儿园教师每天与幼儿相处七至八个小时，在相处中观察应该成为教师的工作习惯。若不是有敏锐发现的眼光，也许很多有价值和值得关注的现象与问题就会从眼皮底下溜走。有的教师为撰写教育案例、教育故事犯难，找不到主题，写不出故事，就是一个很现实的现象。从教育的角度看，没有敏锐的发现眼光，会错失教育引导的良好机会。

其次，在发现后及时判断原因。就为两孩子之间的小矛盾以及程雨午餐时“噢噢噢”的叫喊声，当事老师就电话约家长来园沟通，动作之迅速可见一斑。在学生家长心目中，被孩子的老师“召见”一般没有什么好事，其实程雨妈妈当时到幼儿园去见老师也许同样抱有这样的心态。听完老师说明约见的原因以及孩子在幼儿园发生的故事，“程雨妈妈的表情明显放松了许多”。由于家长知道自己的孩子是经不起逗的，她自己也许并没有把孩子经不起逗当一回事。这从一个侧面反映出家长也包括其他成年人对“逗乐”孩子的态度。虽然家长起初没把“逗乐”当成一个影响孩子的问题，但是通过交谈，当事老师了解到孩子遭“逗乐”后就生气、急躁的原因，而且这不仅发生在学校，在家里也存在同样的问题。

再次，在深思后多项措施并举。当事老师通过与家长的交流，掌握到孩子经不起逗的几种原因，特别是在遭到王珂“逗”的第二天他就开始咳嗽并请假居家一周，这不得不让当事老师猜疑“难道程雨真在班上‘气病’了”。看到问题的严重性后，当事老师更加坚定了采取帮扶措施的决心。联系家长，请求配合。与家长沟通时，除了了解情况分析原因外，也引起了家长的重视，程雨妈妈“跟家人也进行了深入的交流，家庭成员的相处方式也发生了变化”。引导全班，营造氛围。当事老师利用教学活动及生活活动的机会，比较巧妙地引导幼儿了解自己的情绪、学会如何与他人友好交往，在班级营造良好的学习、生活氛围。发挥特长，转移视线。除了王珂外，班上还有其他小朋友故意逗他，因此拿同伴逗乐并非个别现象。当事老师采取迂回办法，走曲线，让程雨在班级展示他绘画与手工的特长，有效地将其他小朋友的视线转移到程雨的特长与优势上。儿童接受教育与引导的效果受到其认识能力的限制，有时候纠正他们的不良习惯，若只是反复地直接予以制止，也许会起到负强化的作用。因此运用教育智慧，采取迂回变通的方式另辟蹊径则可事半功倍。

笔者以为，当事老师撰写《经不起“逗乐”的孩子》并非小题大做，而是客观地反映了现实生活中一个并不鲜见的现象和问题，值得教育工作者关注和研究，并适时采取必要的措施予以引导。“逗乐”本来是颇具趣味性和幽默感的举动，但若是方式不恰当，度把握不准，不仅会对幼儿有一定的负面影响，对青少年学生也会造成心理阴影，有的当场就会情绪崩溃。笔者虽然没有做过专题调研分析，但从现实生活中遇见以及在教育研究过程中读到过的具有“逗乐”情节的案例和故事看，“逗乐”之所以对孩子造成不适、带来不愉快，是多方面的原因造成的。

一是孩子生性敏感脆弱。与人逗乐，一般都会找到对方的弱点、缺陷、敏感点、曾经的“糗事”“憾事”，从而“逗乐”“挑逗”“激怒”对方，引发大笑，得体的逗乐风趣不失幽默。然而，不同的孩子在性格上的差异性是客观存在的。正如《经不起“逗乐”的孩子》中的程雨，即使知道自己的爸爸、姐姐是逗自己玩的，他仍然接受不了，便“哇哇大哭”“大发雷霆”。还有的“逗乐”，在被逗的小朋友眼里，很有可能感受到的是一种“欺凌”，在“反击”无力的情况下，只会像程雨一样，高声喊叫，制止对方。对于性格敏感、心理脆弱的小朋友，他们不仅会受到心理上的伤害，还可能受到生理上的伤害。常言说“气死人”“气病了”就是这个道理，也许“程雨真在班上‘气病’了”。

二是孩子理解能力有限。少年儿童心地单纯，无限信任这个世界，信任身边的成年人，特别是自己的亲人，往往会认为他们说的话都是真的，而不会对成年人或成天相处的小伙伴的言语进行评估和判断。笔者曾在公共交通上遇见一个场景：当时车上人不多，有位老奶奶见到车上一个男孩，用极为欣赏的眼光打量一番后笑着说，这男娃长得真可爱，就是耳朵有点招风。老人其实很喜欢那个男孩，而孩子却不领情，冲上前去气愤地对着老人说：“就你美，就你美！”老奶奶并没有刻意拿男孩的一个小缺陷逗乐，而是在欣赏之时指出了“美中不足”，面对男孩的怒吼，老人家仍然笑脸相待。男孩的父母随后对小孩说：“这位奶奶是在夸奖你，喜欢你。”很多成年人正是因为喜欢才与孩子逗乐，但是有的孩子很难理解成年人这样的表达方式。

三是有的逗乐实在过分。因“逗乐”引发伤害，除了被逗的人心理脆弱外，另外一个重要因素就是有的成年人的逗乐方式不恰当，就是我们常说的“玩笑开大了”。程雨的爸爸说自己的孩子是捡来的，这个玩笑就有点过。小孩子本身对安全感就很敏感，听到爸爸说自己是捡来的，程雨怎么能高兴得起来呢？笔者读到一位初中生经常遭受邻居逗乐的故事。女生的妈妈怀上二宝，邻居却逗女生说，她的爸爸妈妈养老依靠不上她这个女儿，这便要生个儿子今后为他们养老。本来对爸爸妈妈生二胎就不理解的女孩，听到邻居“挑拨式”的逗乐后，加深了与其父母的矛盾，曾经不进家门在院子里睡了一宿。还有的成年人拿孩子的外貌逗乐，让相貌平平的孩子产生自卑心理，让长得俊俏的孩子盲目自傲。更有甚者，有的成年人将成年人之间的逗乐方式直接迁移到孩子身上，即使心理素质再强大的孩子也会感到不适。

● 我的建议

防止和避免不恰当的“逗乐”对儿童产生负面影响是一件比较复杂的事情，不同的情况与对象也应该区别对待，采取针对性强的措施。就幼儿园的教师而言，可以从两个不同的角度主动展开工作。

一是及时劝阻同伴间刻意的“逗乐”举动。程雨班上的小伙伴曾在同一天多次拿程雨“逗乐”，明知他会被激怒仍然刻意为之。若是任其发展下去，这样的“逗乐”很有可能会演变成“欺凌”。教师可抓住时机，通过讲解故事、直接引导，或借用本案例中当事老师的具体做法，例如营造氛围、转移视线等方式，减少或消除同伴之间因“逗乐”产生的负面作用。

二是主动同家长讨论与孩子的“逗乐”话题。对儿童不恰当的逗乐一般多发于成年人之中，如前所述，既有家长对自己孩子的逗乐，也有邻居或同事对孩子的逗乐。因此可通过家长会或家长学校与家长共同探讨如何减少“逗乐”对孩子引发的不适或造成的伤害。主动引导家长在逗乐时充分考虑孩子的感受、理解能力和接受能力，要从内容上将趣味性与知识性相结合。若是逗乐时无意之中引发孩子不适，应主动说明逗乐的真实用意，必要时向孩子表示歉意，争取孩子的理解与谅解。

我要站在队列的第一

案例撰写：戢启明，武汉市武昌区实验幼儿园

黄迪是幼儿园小班的插班生。与老师初次见面，黄迪显得活泼开朗，笑的时候圆圆的酒窝挂在脸上。黄迪的年纪虽然比同龄的孩子偏小，但这不是第一次离开父母融入大集体，接触新的同伴。然而，黄迪插班来到小班后显得不太适应，全然不像已经有过三个月的托班生活经验的孩子。他似乎连老师在班级的指令都听不懂，更不用谈有何规则意识，这让老师有点意外。

有一次午餐时间，保育老师请小朋友们拿餐，所有的小朋友都有秩序地排队，依次取餐。可轮到黄迪所在的第二组时，组内其他的孩子都轻轻地把椅子推进桌子里，慢慢走到餐车前有秩序地排好队等候。突然间，黄迪小小的身影急匆匆地跑到队伍里，从中间钻入排好的队列中，使劲推了推前面的幼儿想要插队，却怎么也没推动。黄迪干脆站在队列外边，叉起腰用手指着全组的小朋友说："我要站在队列的第一！你们都要让我站在最前面！"可是，没有幼儿搭理他，相反队列中的小朋友们不停地说："黄迪，要排队！"没有规则意识的黄迪没有把小朋友的话放在心上，反而再次钻进队列继续往前挤。

正当我上前准备为黄迪讲解列队的规则时，排在第一个的星星说："黄迪，你站在我前面吧！"于是，黄迪开心地走到队列的最前面并顺利地拿到了饭菜，他还举起手中的餐盘炫耀地喊："快来看！我拿到了！"可没有一

个孩子搭理他，这时黄迪的脸上闪过一丝不悦。等吃完饭后，利用收拾餐盘的时机，我走到黄迪身边小声问道："黄迪，刚才为什么想插队?"他说："在家里，我都是第一个吃饭的，姐姐也会让着我呀，怎么到幼儿园就不一样了?"听到这里我反问黄迪："你觉得你是一个有礼貌的宝贝吗?""我当然是啦!"黄迪把头抬起来大声地说。"可有礼貌的孩子怎么会插队呢? 如果在拿餐的时候所有小朋友都没有排队，那会出现什么样的状况呢?"我微笑地看着他说道。黄迪歪着头好像在思考我们的对话。

见到黄迪妈妈，我们便聊到孩子在班上的表现。她在不经意中向我吐露了黄迪成长的过程。黄迪刚出生就比较孱弱，因父母工作很忙，孩子由奶奶带大。黄迪时而鼻子出血，但原因不明，因此奶奶对黄迪的照顾格外精细。黄迪有个六岁的姐姐，但是家里人都以黄迪为中心，姐姐形成了谦让弟弟的习惯。黄迪出门犹如"小皇帝"出行，奶奶推着小车走，背着背包，带上需要的一切物品，做好准备随时"伺候"孙子。得知孩子在幼儿园插队的事后，黄迪妈妈感到震惊，她从未想到对孩子精心照料却助长了孩子的陋习。"老师，您有什么好办法帮帮黄迪?"从家长表现出的焦急，我看到了家园共同教育引导黄迪的契机。我俩约定一起努力……

在班级常规管理中，每个小组每天选出一名小值日生，每当组内进行排队喝水、吃饭、如厕时，小值日生的职责就是手持值日牌，监督其他的孩子有序列队。如果有小朋友不遵守规则，其所在小组的同伴都得不到小红花。起初，黄迪不愿意接受小值日生的任务，可是当他知道有小红花奖励时，他仿佛受到触动，似乎荣誉唾手可得。于是黄迪每天都认真地执行小值日生的职责，请小朋友们有秩序地排队，就连他自己不当值日生的时候，他也会为了得小红花排好队。同时在家时，妈妈也会让孩子自己吃饭，奶奶也开始积极配合。

在后续的一次家访中，黄迪妈妈说，有一次在超市购物等候结账，黄迪发现有位阿姨不想排队，他便大胆走上前去说：“阿姨，请您排队结账!”听到这里，我深感欣慰。细微的值班制度已经让黄迪获得了可观的成长，虽然这只是一小步，但是我坚信通过家园联盟持之以恒的努力，孩子日后会朝着更好的方向发展。

◆ 案例赏析

“好强”的幼儿需要不一样的引导

打开电子文件夹，《我要站在队列的第一》这个标题就吸引了我的注意，显然这是一个关于孩子要争第一的故事。阅读电子版文稿，笔者内心产生了强烈的共鸣。

话还得从自己与孙女的一段经历讲起。当年，小孙女四岁，在幼儿园中班。在寒冷的冬天，孩子的运动量自然减少很多。为帮助孩子加大运动量，我们爷孙俩约定在家里的客厅比赛跑步，看谁跑得快。第一次晚餐后跑步比赛，连续跑了多趟，可我这个当爷爷的居然没有得到过一次第一名。接下来的几天，每当吃完晚餐，孙女便主动邀请我比赛，照常我没有得到过第一。细想起来，并非我跑不过孙女，而是另有其因：一是笔者本人并无争第一的愿望，只想促使孙女锻炼；二是孙女尚小，若成年人动真格的，小孩子好胜心切，跑快了很有可能摔个鼻青脸肿；三是孙女为争第一，每次在起跑时就用手臂拦住我，自己则有抢跑的举动。

接下来的一个周末的晚上，儿子和儿媳说有话要跟我和爱人说，而我自己因在电脑上忙着修改文稿，并随口说：“有事跟奶奶说说后再转达给我。”然而，客厅里传来儿媳的声音：“这件事主要跟爷爷有关。”于是，我离开电脑，接受“约谈”。

原来，孙女白天在周末舞蹈学校跳舞时，指导教师让孩子们顺势排成队形，这样孙女恰好成为队列的最后一位，虽然不是老师有意安排她站在最后，但她感到很沮丧，当场情绪崩溃，边哭边说：“我不做最后一名，我要当第一名。”当天的舞蹈课，一家三口乘兴而去，却扫兴而归。回家的路上，儿子与儿媳细致分析后找出原因：爷孙俩在家赛跑，孩子的好胜心过强，必须马上纠正。其措施之一，就是从纠正爷爷的误导开始。我从来没有想到通过跑步比赛让孙女得第一来培养她的好强与好胜心，自然感到冤屈，但还是“服从大局”，从第二天起便终止了爷孙间的跑步比赛。

笔者亲历的故事讲到这里，不知是否有人认为，这与《我要站在队列的第一》中的黄迪的情形并不相同。然而，我却以为两个故事之间存有几分相似，均值得深入分析和研究。

一是孩子的好强均表现在当“第一”。孙女要在跑步中争第一，为了这个第一，不惜冒着摔倒在地的风险，一个四岁的孩子还知道用手臂阻止对手起跑，自己抢跑争得第一。黄迪在列队取餐时，要站在队列的第一个，而且有同伴谦让后，他如愿以偿，且第一个领到午餐时还高声叫喊：“快来看！我拿到了！”两位小朋友都是以争第一为目标，并通过获得第一享受优越感。在随后老师采取措施纠正黄迪的行为时，刚开始他并不是很积极，“可是当他知道有小红花奖励时，他仿佛受到触动”，表现出对荣誉的浓厚兴趣。这是好强的具体表现形式之一。

二是孩子的行为均与隔代老人相关。孙女是在与爷爷的跑步比赛中感受到第一的喜悦，从而自己感悟到凡事都需要做第一，一旦失去第一便情绪崩溃。男孩黄迪由奶奶照料较多，在家里属于“优抚”对象，在家不仅是第一个吃饭，而是时时处处都处于第一的位置，就连比他只大两岁的姐姐也礼让三分。入幼儿园后，为争站在第一的位置，他不顾一切去插队，即使遭到同伴的反对，仍然坚持不让。

三是孩子的举动超出了家长的预料。孙女在家比赛跑步，其目的是弥补冬天户外运动的不足，家长从来都没有想到通过运动直接培养孩子的好强意识。直到在舞蹈练习现场发现了问题，其父母通过回忆孩子的言行才找到了一丝线索。陪跑的爷爷之所以“感到冤屈”，是因为他压根就没有预想到让孙女在赛跑时得第一会对其有如此大的影响。黄迪妈妈与老师第一次见面了解到孩子在幼儿园要站在第一的举动时，便联想到孩子在家享受到的“小皇帝”待遇，其奶奶精心照顾孙子的一个重要原因是孩子“刚出生就比较孱弱”，从没有想到照料变成了溺爱，让孩子变得自我，不守规则。

四是孩子反映出的问题并不限于荣誉。两个孩子在家庭之外的表现看似只涉及“好强”或者说过于“好强”的问题，实则不然。它涉及幼儿成长过程中多个不可回避的问题。①目标定位：在集体及社会活动中，孩子应该找准自身的位置，而不应该只考虑自己。孙女不愿意做最后一名，那么就得有其他一位小朋友站在最后；男孩要第一个取餐，若全组的小朋友都要第一个取餐，一方面做不到，另一方面取餐现场就会乱套。在群体活动中，小朋友需要学习如何定位，恰当地在群体中找准自己的位置。②礼貌谦让：两个孩子碰到问题，都不知道需要谦让同伴，更不懂得如何谦让。值得庆幸的是，黄迪的小伙伴星星在关键时刻做出了榜样，这正好证实了小朋友之间需要谦让。③规则意识：孙女排在队列的末尾并非老师特意安排，而是顺势列队的结果，在现实生活中听从指令是一个重要的规则，然而她没有意识到需要听从指令。取餐要列队，而且在第二组取餐之前，第一组的小朋友已经做了示范，黄迪却视而不见，很明显是缺乏规则意识所致。

以上只是基于两个孩子相似举动的简要分析，但愿能揭示幼儿好强、好胜背后的常见原因，引发对培养孩子好强与好胜心过程中相关问题的探讨。

● 我的建议

孩子争强好胜是一件很好的事情，是一种难得的品质与精神，也是家长和老师着力教育引导孩子发展的一个重要内容，例如利用体育运动或其他竞赛让孩子学会拼搏，尤其是针对上进心不强或不思进取的孩子更显得重要。然而，凡事需要把握好一个度，强调过头了会适得其反。幼儿的理解与接受能力有限，家长或教师的引导稍有不慎就会误导孩子。基于上述两个孩子的家长和教师已有的做法，至少应该注意如下几个方面：

一是用适当的目标引领孩子。孩子希望争第一，家长和老师不要轻易地给孩子泼冷水，致其好胜心破灭在萌芽期。孩子萌发出争强好胜的苗头，这为家长和教师提供了难得的教育契机。黄迪要站在队列第一的位置，可借机会向其讲解当“排头兵”的资格与要求，为其提出努力的目标。另外，并非只是在队列中有“第一”，生活中也有很多“第一”值得小朋友去追求，例如第一个吃完饭，身高是全班第一，第一个完成游戏，等等。“第一”也是个相对概念，有第一就会有第二，星星主动将队列的“第一”谦让给黄迪，自己甘居第二，也值得赞赏。

二是避免不经意地误导孩子。幼儿的好强和好胜与家庭教育和环境有关，家长特意教育和引导孩子勇夺第一的不乏其例。笔者以为，在很多情况下，家长一些不经意的言行举止会给予孩子潜移默化的影响，跑步争夺第一的孙女和在家第一个吃饭的黄迪，他们在家庭之外的活动中表现出对“第一”的强烈愿望，无疑是被成年人不经意的误导所致。不经意中对孩子的误导纠正起来会比较困难，其严重程度往往会超出家长和老师的预料。因此，家长和老师需要有反思的勇气与方法，谨防顾此失彼的教育举动，及时纠正与孩子相处时可能对其造成误导的言行。

三是细微中用规则教育孩子。每当孩子展现出好的苗头或暴露出不良言行时，正面的引导与及时的纠正必不可少。《我要站在队列的第一》中，当事老师的做法就值得借鉴。观察到黄迪的举止后，当事老师及时与家长沟通，统一了思想；在班级不动声色地建立了小值日生制度，让小朋友在维护小组秩序的过程中，感悟和增强规则意识。类似在细微之处培养孩子规则意识的方式随处可见，例如，做核酸检测要排队，不然“错管”后就会影响到检测结果的准确性等。总之，正如当事老师所言，只要通过家园联盟持之以恒的努力，从细微之处着手，就能使孩子萌发和增强好强与好胜心，未来走向社会后就可能会做一个争先创优的人。

什么是长大

案例撰写：李玲玲，武汉市武昌区实验幼儿园

离园的音乐响起，孩子们按照常规陆续戴上了口罩，准备列队走向园大门。只见齐齐拿出了自己的口罩，直接递到了我的面前，皱着眉头说："老师，我不会。"我试着鼓励他："你用老师教的方法先试试吧！"只见他把口罩拉开，罩在脸上，双手拉着绳子，却怎么都挂不到耳朵上面，这时，在一旁的硕硕热情地走上前，一边说"我来帮你"，一边帮他把口罩的绳子挂好了。齐齐马上高兴地对同伴表示感谢。

接下来的日子，每当整队离园时，齐齐就拿着口罩去找硕硕，似乎帮他戴口罩变成了硕硕的任务。有一次，硕硕自己的书包还没整理好，齐齐又拿着口罩凑过去了，本来硕硕忙乱之中就有点急，他嘟囔着说："我们都长大了，你自己的事情应该自己做。"齐齐马上反驳说："可是我妈妈说了，我还小，等我长大了就会自己戴口罩啦！"齐齐不依不饶，硕硕又一次帮他戴好了口罩。

看到这一幕，我有点哭笑不得，不禁回想起齐齐在班级生活中的一个个片段：美工操作活动中，他常常拿着材料不肯动手，等待老师手把手指导；进餐时，他会因为打不开包装、剥不了果壳寻求同伴的帮助；就连收拾整理玩具的环节，他也会一会儿要上厕所，一会儿要喝水，最后都是小伙伴帮他一一归还……"我不会，我还小"成了他的口头禅，依赖大人和寻求帮助成了他的常态行为。我决心寻找契机，帮他治一治这个"毛病"。

午睡后起床，小朋友都在自己穿衣服，陆续走出了睡房。我环视睡房一周，发现齐齐还坐在自己的床边，捣鼓着一条黑色的裤子。看见老师过来了，他马上举起裤子，说：“老师，我不会穿。”我看着他，做了个示范的动作说：“左脚右脚钻山洞，你快试试！”他苦恼地把裤子一扔：“这太难啦！我不会！”旁边有小朋友听见了，大声议论说：“老师，他什么都不会！裤子都是我帮他翻到正面的，他还是穿不好！”听到这些话，齐齐似乎有些沮丧，小声地说：“可是我还是小孩，还没有长大。”这一次，我蹲下来拉着他的手，说：“老师可以帮你长大！”“真的吗？”他瞪大了眼睛，将信将疑地看着我。我肯定地点点头，继续说：“当然！长大的秘诀就在你自己身上，不信你试试，先把裤子穿上。”他犹豫地拿起裤子，慢慢开始往腿上套，我一边模仿火车的声音，一边示意旁边的小朋友给他加油：“火车钻山洞，呜——大家给他加加油！”小朋友们都起劲地喊：“加油！加油！”费了一番力气，齐齐自己终于穿好裤子了，睡房里响起了掌声，我马上与他击掌，说：“你感觉到了吗？长大就是自己穿裤子！”齐齐特别高兴。

趁热打铁，下午区域活动时，我又邀请齐齐和几个小伙伴一起读绘本故事《长大这件事》，和他们讨论“什么是长大”这个问题，孩子们都积极踊跃地表达，他们说：“长大就是长高。”“长大就是会用筷子吃饭。”“长大就是自己收拾玩具。”“长大就是当小小值日生。”……齐齐也很得意地说：“我知道，长大就是自己穿裤子！我今天就做到了！”我给他竖起了大拇指，继续鼓励他：“长大是发生在我们自己身上的事，如果你坚持尝试，你还可以继续长大。”他若有所思地问我：“那我自己收拾图书也可以吗？”我点点头：“当然！”他立刻站起来，把刚才看过的书归还到书架上，大声地说：“长大真简单呀！”

从那以后，我找到了解锁齐齐各项技能的“金钥匙”，每当他想退缩放弃的时候，我都会说：“自己做，老师相信，你一定能长大。”那天，他开心地跑过来对我说："老师，你看！我对着镜子自己戴好了口罩！我又长大了！""太好啦！我帮你拍下来！"这一刻，孩子的成功也让我无比喜悦。是啊，鼓励孩子，相信孩子，他们都能自己长大。

◆ 案例赏析

何为长大，值得探究

《什么是长大》案例中的"长大"两个字，是孩子父母乃至爷爷奶奶经常提出的问题："你怎么长不大?""你什么时候长大?""你长大了就好了。""不想你长大。"……同时，它也引出了很多孩子在成长过程中经常发问或困惑的问题："我还没长大。""我已经长大了。""我不想长大。""我怎么还没长大?"……本案例中的男孩齐齐将"还没长大"当成口头禅，遇事就挂在嘴上；当成挡箭牌，凡事不会做、不想做就以此为借口。这向我们展示了一个孩子如何看待"长大"以及"长大"这两个字对孩子产生的影响。因此，"什么是长大"是一个很好的命题，值得教育工作者以及孩子的父母认真思考和研究。

当下新媒体常披露"啃老族"的故事，其中的主角亦可称为长不大的"巨婴"。在民间传统文化里，也有"只要父母还在世，儿女无论年龄多大仍然是个孩子"的说法。认识长大、真正让自己长大，也许是个不可回避的人生话题，自然也是学前教育段教师必须面对的问题。笔者在此并非讨论"人生"这个宏大的命题，更不愿意误导教师去与孩子们"坐而论道"讲解"长大"的内涵，而是想借此简要强调在幼儿阶段引导孩子认识"长大"、让孩子健康长大的必要性和重要性，同时探讨助力孩子健康长大的教育和引导措施。

对于孩子长大的标准，既有公众的认识，也存在个体不同的看法。曾经有位女性看到年轻的父母对孩子照顾有加，她便发表感慨：培养孩子的独立性是育儿的最高境界。由此可见，在她眼里，“独立”就是长大，长大的标志就是“独立”。在常人评判长大的标准里，经常用“成熟”替换“长大”。但是“独立”“成熟”等均反映的是长大的结果，没有体现长大的过程，而且对于幼儿来讲，“独立”“成熟”会使他们有置身云里雾里的感觉。即使幼儿鹦鹉学舌会讲这类词语，他们也不可能理解自己长大的标准或过程性标志。

在《什么是长大》案例中，怎样理解“长大”“如何长大”这类问题，已经给齐齐带来了困惑，直接制约他对基本生活技能的学习兴趣与学习能力的培养，甚至在一定程度上使他对学习日常生活技能产生了排斥心理。因此，有专家认为，此种现象应属于“习得性无助”。对“习得性无助”有兴趣的老师还可做深入的研究。笔者以为，本案例中的当事老师观察、帮助“长不大”的齐齐的态度与方式值得借鉴。

一是为“长大”定标准。案例中的当事老师针对齐齐“长不大”的特点，采取孩子能接受和理解的方式让他感受自己在长大。为帮助齐齐长大，当事老师在班级与孩子们围绕“什么是长大”展开了讨论。孩子们用自己的语言畅谈“长大”，实则提出了幼儿易于接受的“长大”的标准：“长大就是长高。”“长大就是会用筷子吃饭。”“长大就是自己收拾玩具。”“长大就是当小小值日生。”其实就是每当幼儿学会做一件具体的事情，他们经历了从不会到会的过程，这个过程与经历就是“长大”。就连“长不大”的齐齐也大发感慨：“长大就是自己穿裤子！”当事老师引导孩子在认识和理解“长大”的标准中不断长大，没有生硬的概念，没有成人的语言，孩子们却结合自己的认知表达得非常准确。

二是对“长大”喊加油。每当孩子独立完成一次任务，包括学会料理自己的日常生活小事，都值得称赞。在这个简洁的案例中，在齐齐完成了戴口罩、穿裤子等事项后，当事老师及时给予赞扬，甚至示意班级的同学一起为他加油。在幼儿园里，老师用得比较多的方法就是表扬和鼓励，这对于感觉不到长大或不愿意长大的孩子更为重要，既起到了鼓励孩子再次努力的作用，也强化了幼儿长大的具体标准与标志。

三是给“长大”加注脚。本案例中当事老师引导齐齐认识“长大”的办法恰当有效，但是这并非“长大”的完整含义。因此，要择机不断为“长大”加注脚，逐步拓展“长大”的概念与内涵。例如，利用进餐生活知识，引导孩子认知长大要长身体；利用植物种植等区角活动，让孩子观察植物的生长，从而将长的概念迁移到自身的成长上；利用阅读绘本或观察视频等，让孩子懂得爱学习、知识的积累与增加也是在长大。这样就有利于孩子在动手参与生活中感悟“长大”，也能帮助他们随着年龄的增长不断加深对“长大”的认知。

四是看“长大”显耐心。据笔者所知，有的幼儿自以为已经长大，时而口无遮拦模仿成人的口气，说出一些童言无忌或令人尴尬的话语，这需要成年人耐心地引导。有的小朋友以为自己上幼儿园了，就是长大了，于是就有小孩子对家长说，“我长大后要娶女生做媳妇”。面对身体特征或不同性别，也有小朋友不论场合发表议论。例如，有个女生吃饭高兴了，突然用手点点妈妈的前胸说：“你这个好大，而我的咪咪小。”好在其母比较有智慧，回答说：“你还是个小娃娃!”这事就过去了。面对孩子自以为长大了的语言与举动，老师以及家长要有耐性，切不可轻率地喝止，反而可借机强化“长大”的概念。

无论是定标准、喊加油，还是加注脚、显耐心，其目的都是引导孩子认识长大，呵护孩子健康长大。因此，引导与呵护的方式要与孩子的年龄相适应，要用孩子听得懂的简单化和形象化的语言与其进行交流和沟通，不然很有可能会“对牛弹琴”。

● 我的建议

幼儿园保教工作的目的就是助力幼儿在健康与快乐中长大，其间教师大有可为之处。

一是记录孩子的成长。记录孩子的成长过程，并选择适当的机会或节点向孩子展示，是帮助孩子认识自己成长的有效方法。有位初中老师记录学生长大的办法之一，就是随手拍摄学生活动的照片或视频。三年后当学生看到自己不断变化的容貌时，切实感到了自己的成长。幼儿园可征得家长的同意，收录孩子婴儿时期的照片，亦可每学期采集一次幼儿照片，将孩子不同时期的照片进行比较，帮助孩子认识自己的长大过程。采集孩子照片，不仅是为了留作纪念，同时也让孩子的照片变成鲜活的教育资源。

二是引导孩子爱生命。长大的过程中，孩子们要吃饭、喝水，要穿衣、打理个人卫生，等等，这是一个漫长且艰辛的过程。教师可以利用绘本或生成性资源引导学生认识生命不易、长大艰难，帮助孩子建立敬畏生命、珍爱生命的概念与观念。还可将珍惜生命的教育融于植物种植、观察（圈养）宠物等活动之中，适时提醒孩子不要参与超出自己年龄以及能力的活动。若是要挑战长大的自我，参与冒险的活动，应征得教师或家长同意，并在成人的监护下实施。

三是教育孩子要感恩。在“长大”的话题下，还不可避免地会涉及“为何长大”的内容。也许有的孩子会突然冒出不想长大的想法。教师除了引导幼儿认识长大是生命的规律外，还要通过长大的过程引导孩子从小学会感恩哺育和教育自己的人，如感恩父母和家人，感恩老师和朋友。在适当的时候，抓住机会引出长大后做什么的话题，引导孩子做好感恩社会、服务社会的思想准备，并可将此融入思想品德教育、劳动教育等内容。

不再私藏玩具

案例撰写：王适，武汉市武昌区实验幼儿园

区域活动结束后，值日生例行检查区域材料，苗苗突然说："怎么少了两枚骰子?"我想孩子们刚玩过骰子，不会这么快就不见了，便随口问道："有谁看到飞行棋里的骰子吗?"苗苗嘀咕道："是不是掉到柜子底下去了?我再仔细找找。"有几位小朋友和苗苗一起寻找。没过一会儿，小诚大声地说："老师，我好像看见嘉嘉拿了骰子!"这时旁边竟然有人随声附和，对着嘉嘉指指点点。小诚走过去，伸手准备拉扯嘉嘉的裤子口袋，嘉嘉急忙捂着口袋不说话，噘起小嘴巴，明显有些生气。此刻，我也不知道真相，但是从嘉嘉的表情推测，她既像是害怕大家发现什么，也像是被误解后气愤的样子。顾不上维持秩序，我尽快将嘉嘉从同伴的指责中"解救"出来。作为老师，我确信当面检查孩子的口袋，一定会损伤她的自尊心。

最好的缓兵之计就是转移孩子们的注意力，然后再想办法妥善处置。我灵机一动，问道："你们有谁亲眼看到是哪个小朋友拿走了骰子?"大部分小朋友摇了摇头，不再作声。只有小诚说："我刚才看见她玩过这个玩具!""既然大家都没有亲眼看到，怎么能断定是谁把骰子放进了自己的口袋呢?"孩子们的态度有所转变，我的担忧随之有所缓解。于是，我大声说："随便翻别人的口袋可是件非常不礼貌的事……刚刚，有一个小朋友做得非常好，她没有随便猜疑别人，还主动帮忙寻找玩具。你们猜，她是谁呀?""是苗苗!"大家的注意力暂时被转移了。但最终没有找到玩具，孩子们心中难免留下怀疑的种子。所以如果此事轻描淡写不处置，其他孩子很有可能认为老师在偏袒错误行为。即使玩具并不是被人有意拿走，只是遗落了，但不管不问不去寻找，则可能误导孩子们不爱惜玩具。思来想去，我还是选择抓紧机会及时解决问题。

趁着孩子们在午休，我向同班老师通报了情况，竟从保育员口中得知最近嘉嘉的小床底下偶尔会存有玩具。

在下午的游戏活动中，我从背后拿出提前准备好的魔术袋和两枚骰子，神秘地对孩子们说："老师要给大家表演魔术!"听到魔术，刚起床的孩子们被彻底唤醒了！"我把这两枚骰子放进魔术袋，等会儿骰子就会自动跑进一个小朋友的口袋!"我边说边在教室里转圈，走到苗苗身边时我对她说："苗苗快看，骰子跑到你的口袋里了!"苗苗有所不信，但还是认真地翻了翻口袋，却什么也没有找到，于是她大胆地说："老师，什么都没有，你的魔术失灵啦!"顿时全班哄堂大笑！我很懊恼地说："让我再想一想，骰子究竟跑哪里去了?"这次，我停在嘉嘉面前。"嘉嘉，你快看看，骰子是不是变到你的口袋里了?"嘉嘉瞬间脸红了，她慢慢地把手伸进了口袋，果然掏出了两枚骰子。

魔术成功了！看到小朋友们感受神奇魔术的眼光，我便借势说："中午老师们打扫卫生的时候就找到了骰子，我这才用骰子为大家表演魔术。你们都是好孩子，怎么会私藏大家共同的玩具呢?"我牵起了嘉嘉的小手。

后来，我看到嘉嘉一个人在区角玩耍时，便问她："喜欢这些玩具吗?""我好喜欢幼儿园的玩具。可是呢，我，我不应该留着一个人玩。"这让我确信，嘉嘉已经知道了不该私藏玩具。

四五岁的幼儿对物品所属权的概念尚未明确，面对自己非常喜爱的物品难免产生难以抑制的占有冲动。有的孩子明知道自己的行为不对，在一段时间内还会感到自责和煎熬。在这个时候，及时与巧妙地保护好孩子的自尊心，并进行正面强化，有助于帮助孩子养成良好的品质。

◆ 案例赏析

幼儿“出错”带来教育契机

《不再私藏玩具》讲述了当事老师发现和纠正小朋友嘉嘉私自藏匿自己喜欢的玩具的故事。将自己喜欢的东西特别是玩具占为已有，或独立享用的现象与问题，在幼儿中比较常见。幼儿在家里发生类似事情，家长也许不会关注或只是简单提醒孩子学会分享。然而，在公共场合，包括在幼儿园，孩子独占公共区的玩具或其他品物，其性质就不一样了。有些固定安装在地面的玩具或器材不能搬走，但喜欢玩的孩子比较多，孩子们需要一起玩，或需要学会分享与谦让，轮流轮番地玩；有的玩具因体积小，可以搬动，有的甚至可以藏在书包或衣兜里，这就存在孩子私藏玩具的可能性。嘉嘉将骰子放进自己裤子的口袋里，显然属于第二种情形。

孩子在公共区域独自“霸占”玩具或娱乐器材，间或是因为喜欢，没有玩好不愿意停止，或不会谦让；孩子将幼儿园的玩具私藏起来，正如当事老师所言，是“幼儿对物品所属权的概念尚未明确”等原因造成的，若是得不到及时的纠正，类似行为还有可能向其他方面发展，例如将他人的文具、食品甚至商店的商品等据为已有。幼儿园的孩子的是非观、自尊心等处于萌生之中，因此面对幼儿私藏玩具或不经允许拿取他人物品之类的事情，老师以及家长处理起来的确会有些纠结，时而处于两难的境地。“管”是必需的，但如何管则对教师和家长都是考验。

案例中的当事老师将嘉嘉私藏玩具视为教育契机，既稳妥地找出了丢失的骰子，又对涉事幼儿以及其他幼儿进行了教育，给予我们较多的启示。当事老师发现问题后，也曾对如何采取两全其美的策略有过纠结，但是始终以维护孩子的自尊为前提，处理过程清晰，方法细腻，效果理想。

一是现场果断处置，首先维护孩子自尊。区域活动后发现丢失了玩具，这是幼儿园的一个很平常的现象，玩具迟早会找出来。这也就是当事老师“便随口问道‘有谁看到飞行棋里的骰子吗’”的原因，就是把苗苗的话重复一次，没有太当回事。但是，当小诚指名道姓说他看到嘉嘉拿了骰子，并欲伸手去搜嘉嘉的口袋时，当事老师在真相未明的情况下，首先想到了要维护幼儿的自尊，“将嘉嘉从同伴的指责中‘解救’出来”。

细致分析起来，现场同步发生了几件事情：寻找丢失的骰子、指向被怀疑对象、欲搜查口袋、嘉嘉的“生气”、老师的两难等。若当事老师稍有迟疑，让小诚的手伸进了嘉嘉的口袋，当众从口袋里搜出骰子，真相即可大白，但是重塑嘉嘉的自尊，则会更加复杂，花费更多的时间。

二是“缓兵”并非坐等，及时调研，互通信息。在解决幼儿突发状况时，为避免激化矛盾，再次伤害到孩子，采取缓兵之计，留置事后冷处理是很多教师采取的比较有效的方法。但是无论是“缓”还是“冷”，都不意味着“坐等”。老师需要的是一点时间，通过调研了解真相，与同事互通信息，或一起探讨制定上策。

当事老师向保育员通报玩具丢失的一幕时，未曾想到从保育员那里得知了嘉嘉喜欢将玩具放在床下的秘密。也许得知嘉嘉私藏的习惯后，当事老师更加坚定了信心，在维护孩子自尊的前提下，一定要采取措施纠正她的不良习惯，这才有了随后实施的周密方案与措施。

三是运用善意谎言，充分展示教育智慧。当事老师确信是嘉嘉私藏骰子后，可以有多种方法找回骰子。例如，趁孩子午休熟睡时，从孩子的口袋里取出来；将孩子带到教室外面，引导孩子自己交出来；或联系家长在孩子回家后取出来等。然而，当事老师采取了“表演魔术”的方式，巧妙地让嘉嘉从口袋里取出了骰子。说是魔术，实则为一个善意的谎言，“蒙骗”了全班的孩子。

善意的谎言充分地展示了当事老师的教育智慧。手法巧妙，在玩乐中引导孩子们跟着“魔术”的套路走，使孩子们信以为真，消除了上午的各种猜疑；一箭双雕，找回了丢失的骰子，教育了涉事的孩子；不动声色，形成教育闭环，有效地避免了事后持续的猜疑与议论。

四是实施个别教育，引导孩子认识错误。骰子找到了，事件的处理画上了句号，对孩子的教育却不可放松，晓之以理的过程不可或缺。当事老师便择机单独与嘉嘉进行了交流，没有直截了当表明老师知道真相，话语虽然委婉，但也算是在师幼之间当面把话说清楚了。

教师教育孩子，维护孩子自尊，避免再次伤害孩子，这是处理敏感问题的一个基本原则，但这并不意味着自尊受到维护后，所有的孩子都能从老师温和的处理方式中认识到自己错在哪里。孩子虽小，但有些话不说不明，该讲的道理还是需要对孩子讲清楚。维护孩子自尊是教育的原则与策略，但讲清事实、提出要求或进行必要的批评也是教育的手段，两者不可或缺。

● 我的建议

一是深入分析学生私藏玩具的原因，进一步增强教育引导的针对性。难能可贵的是，当事教师在处理嘉嘉私藏玩具以及撰写案例中回避了“偷窃”等比较敏感的词语，也许当时孩子的内心就只是喜欢骰子而已，并无将其据为己有的念头。即便如此，笔者以为，对孩子这类行为的动机仍然可做必要的分析与研判。例如，区域活动时还没有玩尽兴，想将玩具留下自己一个人再玩会儿；一直有随意拿别人玩具或其他自己喜欢的物品的举动，而家长从未干预，便养成不良习惯；自己喜欢的玩具、想玩的玩具被其他小朋友“霸占”过，担心再次被他人拿走而自己得不到玩具，或者个别孩子萌生了占有他人物品的邪念，且不以为然；还有的孩子是见物起心，是一次性偶然行为；还有的孩子就像嘉嘉一样，多次重复一个举动，等等。深入分析更有利于增强教育引导的针对性，并且还可据此确定是否需要家长参与教育和引导。

二是抓住日常中孩子出错犯错的机会，进一步加强特定孩子的教育。面对孩子出错、犯错，甚至个别屡教不改的情形，有的时候教师会感到犯难，不知如何教育帮助孩子，无奈之时很有可能还会祈祷小孩不要再犯错。期望小孩在成长过程中没有错，或不受挫折，这个想法的出发点当然很好，但是小孩出错、犯错、试错本身就是其成长过程中的一个重要组成部分，是难以避免或回避的。即使对孩子的健康教育、安全教育、思想品德教育的体系成熟，内容丰富，从孩子的错误中寻找和把握好教育机会，进一步加强相关领域的教育仍然很有必要。例如，嘉嘉私藏玩具就暴露了孩子尚未建立物品的权属概念，当有孩子指指点点说她将骰子装在自己口袋里时，她不敢面对，显得不够诚实。这些都是孩子个体差异的反应。正是因为她暴露了这些缺点，老师才有机会采取相应的教育引导措施，最终让嘉嘉认识到不该私藏玩具。

三是关注全班整体态度与看法的变化，进一步拓展教育引导的内容。孩子中发生状况，并非只是为教育帮助特定的孩子带来了机会。对于班级或同伴身上发生的事，其他孩子也会有各自不同的态度与看法。本案例中，苗苗从开始就没有因丢失骰子去指责小伙伴，而小诚就直接将矛盾对准了嘉嘉，还有强行动手搜查的举动。虽然班级多数孩子没有采取独特的动作，但是“竟然有人随声附和，对着嘉嘉指指点点”……他们用不同的方式表明了对丢失骰子、谁拿走了骰子的看法与态度，其中有的是不恰当的，例如搜嘉嘉的口袋、指指点点等。另外，在教师处理的过程中，班级同学的情形与态度等都在不断发生变化。教师则可利用这些变化，适当引导孩子学会宽容、尊重、守规、沟通、帮助等。

“光盘”趣事

案例撰写：刘艾姣，武汉市武昌区实验幼儿园

一拨幼儿离园，又招进一批，孩子在更换，但是近几年的主题活动“节约粮食，光盘行动”一直没有间断，持续坚持了多年，成为没有课程框架的班本课程。为了鼓励孩子多吃饭，多吃蔬菜、水果，力争做到餐餐“光盘”，我们尝试了不同的办法。例如，每天请值日生介绍食谱，每周评选“光盘之星”，奖励贴纸等，而效果却不那么理想。每天总有几位孩子因为这原因、那理由吃不完饭菜，造成浪费，这让教师包括厨师很苦恼。然而，最近班上发生的一件小趣事，让孩子们发生了很大的变化。

周一上午 11 点 10 分，中餐餐车已抵达教室，当日负责食谱介绍的是男生周洲。他个子略显矮小，但非常机灵、聪明，很少挑食，几乎每天都能做到“光盘”。周洲来到餐车前，揭开盖子认真看了看所有的饭菜，然后转过身来，字正腔圆地介绍说：“小朋友们好！大家一定闻到了今天饭菜的香味！有基围虾，有蘑菇，还有莴笋和胡萝卜。我特别喜欢吃胡萝卜，它能让我的眼睛亮亮的。当然基围虾也是我的最爱，它里面有很多蛋白质，能让我长高。”周洲俨然像个解说员，小朋友们都情不自禁地为他鼓掌。

这是在班级第一次尝试值日生介绍菜谱，没想到还真受孩子们喜欢。我及时地抓住这个机会，引导小朋友说：“现在是春天，是小朋友们最容易长高的时候，我们该怎样让自己长得高高的呢？”班上长得最高的申申把手举过头，我示意他站起来，他开心地说：“我每天都‘光盘’，所以我长得

高高的。”文文说：“我每天多吃饭菜，每餐争取‘光盘’，多运动，每天睡好觉，让自己长得高高的。”“悦悦小朋友是我们班的‘光盘之星’，所以她身体很棒，今年又长高了很多呢。”这时，周洲也站起来说：“老师，我虽然个子不高，但我智商很高！而且我每天也‘光盘’了。”听到这里，我和小朋友们都笑了。大家都对周洲竖起了大拇指。“小可爱”明明小声地说：“刘老师，我每天都在努力多吃饭，但就是做不到‘光盘’。”说完，她有点难过地低下了头。我连忙安慰她说：“没关系，你已经很努力了，比以前有了进步，虽然没能‘光盘’，但是一样很棒哦！”

的确，在日常生活中，总有一些小朋友，他们每天都在坚持“光盘”，或者在努力地多吃饭菜，但也许他们中总有人评不上“光盘之星”，得不到小贴纸奖励。因此，有些孩子的热情和积极性也慢慢地降了下来。

接下来的话题转到了如何避免浪费，尽量“光盘”。凤凤说：“打饭菜的时候，可以少打一点，还想吃可以再添。”“吃多少打多少。”“我也是这样做的。”“我不喜欢吃的菜我就少打一点。”小朋友们热情地举起手，大胆地说出自己的想法。看到孩子们这么积极发言，我很高兴。结合孩子们的讨论，我们师幼之间有了一个小约定：自主打饭菜的时候，可以少打一点，还想吃可以再添。不管喜不喜欢，都要尝试多吃一点。看到孩子们知道得真不少，我便对他们说：“今后，我们不但要表扬‘光盘’的孩子，还会表扬有进步的小朋友，奖励小贴纸。”孩子们开心地笑了起来，“小可爱”笑得最开心、最灿烂。

从这一天开始，我们班的孩子们每天都能愉快地吃饭，尽可能地多吃饭，班上“光盘”的人数越来越多了！

“谁知盘中餐，粒粒皆辛苦。”在生活中，珍惜每一颗粮食，吃光碗里的每一粒米饭、盘里最后一片菜叶。这就是在珍惜食物，也是在尊重农民伯伯的劳动。

◆ 案例赏析

幼儿“光盘”，老师不能“光看”

说起“光盘”，无人不知，节约粮食从娃娃抓起，这在幼儿园自然已成为一项常规工作。其实，要让幼儿“光盘”也并非那么复杂，例如案例中的小朋友在讨论如何“光盘”时所说的一样：“打饭菜的时候，可以少打一点，还想吃可以再添。”“吃多少打多少。”“我不喜欢吃的菜我就少打一点。”但是如果是这样的话，不仅幼儿园没有必要花费大量的时间与精力去教育和引导幼儿做到餐餐“光盘”，在中小学乃至在社会上就更不在话下。然而，现实却很残酷，尽管近些年来浪费粮食的现象有所遏制，但是做到杜绝浪费粮食仍然面临比较严峻的任务。

幼儿园的小朋友提出的“光盘”措施，的确很在理。但是细致分析起来，认识到位只是一个方面，真正行动起来就没有那么简单，换言之，“光盘”是一件说起来容易做起来难的事。正因如此，引导幼儿“光盘”的问题才值得认真讨论，切实落实。

《“光盘”趣事》就是这样一个可供研讨与参照的案例。当事老师并不是停留在检查或观察幼儿“光盘”的层面，而是采取了从宣传教育到引导激励等多项有效措施，有的做法还颇具创意。讲述“光盘”的意义：在班级活动中向幼儿讲解食物与身体成长与健康的关系，让孩子认识到“光盘”就是吃完食堂配送的食物，有利于身体长得高高的；“光盘”就是“吃光碗里的每一粒米饭、盘里最后一片菜叶。这就是在珍惜食物，也是在尊重农民伯伯的劳动”。组织孩子讨论：提供机会让小朋友分享各自“光盘”的妙招，或分享进餐的经验，孩子们提出的“光盘”的基本方式符合幼儿认知水平，也具有较强的操作性，是幼儿自我教育的有效方法。介绍每日食谱：这是一个很好的创意，既让幼儿认识了食物，助其语言得到发展，也成为进餐前的“热身”活动，自然让孩子们的味蕾受到刺激，对当日的菜肴充满期待。评选“光盘之星”：在幼儿中开展“光盘”行动，提倡节约粮食，激励措施是比较有效的方式之一，引导幼儿持之以恒坚持每餐“光盘”，不断增强幼儿的荣誉感。对于因故不能“光盘”的幼儿，当事老师实事求是采取了不同的激励方式，肯定孩子的进步。更值得庆幸的是，当事老师没有采取任何措施“惩戒”不能或时而没有“光盘”的幼儿，也许是充分考虑到幼儿不能“光盘”的诸多客观原因。

● 我的建议

《“光盘”趣事》也提出了值得研究和探讨的问题，例如，“有些孩子的热情和积极性也慢慢地降了下来”。类似问题在幼儿园甚至在中小学很有可能具有普遍性。其原因应该是多方面的，如受到幼儿毅力以及自控能力的限制，激励措施的效果难以持久，或者说幼儿对“光盘”的认识受外界因素影响较多，而养成“光盘”的习惯需要一个相对较长的持续过程。

《“光盘”趣事》只是以一个班级为例反映出推进“光盘”行动中的困难与问题。若是在更加广泛的范围内进行深入的分析与研究，情况很有可能比我们想象的要复杂得多。即使在教师的教育与引导下，幼儿对“光盘”有比较强烈的愿望，但是真正行动起来就不像孩子们讨论时说得那么简单。例如，幼儿在餐前很难对自己的食量以及自己是否会喜欢当餐食品的味道做出比较准确的预判；若是按照老师的要求，先少打一点饭菜然后再去添，也许就有幼儿即使没有吃饱也不会再去添加食物；若是孩子在幼儿园为了“光盘”没有吃饱，就可能会引发家长对幼儿园伙食以及幼儿园管理方式的质疑。

基于本案例推进“光盘”行动的经验，笔者以为，在幼儿园实施“光盘”的目的除了要求幼儿节约粮食外，还可以将此作为一个良好的机会，扩展对幼儿的保教工作，不断改善幼儿园的管理与服务。

一是将珍惜粮食教育与尊重劳动教育结合起来。也许很多幼儿接受珍惜粮食的教育都是从背诵“谁知盘中餐，粒粒皆辛苦”开始的。孩子会背诵但不一定能理解诗句的含义。尤其是城区的孩子，让他们去想象与理解农民伯伯耕作的艰辛并非易事，更何况从田间的谷粒到盘中的饭粒之间构成了一个较长的生产链，需要更多的劳动者的辛勤付出，除了农民伯伯种植粮食作物，还有粮食加工、运输、经营、制作、烹饪等多道工序，涉及不同的工种与劳作方式。可充分利用网络资源，制作小视频，让小朋友了解、熟悉“盘中餐”的旅行路线，定可加深孩子们对“盘中餐”来之不易的理解，同时熟悉社会劳动过程，从而珍惜粮食、尊重劳动者。

二是将食品知识教育与语言区块教育结合起来。如前所述，《“光盘”趣事》案例中安排幼儿餐前介绍食谱，幼儿园的食谱本身就是每餐不重复、每天不同样，仅就菜名就会有很多种。在引导幼儿介绍食谱时，还可拓展到每一个菜品的原材料、制作方法、特色与特点，有的菜品还具有一定的文化背景知识。这些都可作为生活语言教育的鲜活内容。例如，湖北省农副产品丰富、早点颇具特色，小朋友熟知的武昌鱼、排骨藕汤、武汉豆皮、热干面等不仅受人喜爱，而且还蕴藏着脍炙人口的故事。择其重点，分期分段引导幼儿视情况每餐或每天重点说清楚一道菜的原料构成或讲述一个菜品的故事，相信幼儿会增强对相关食物的喜爱程度，还会对饮食文化萌生更大的兴趣，换个角度看，这也是在弘扬民族的饮食文化。

三是将传授营养知识与卫生健康教育结合起来。《“光盘”趣事》案例中有个情节，小朋友们围绕“该怎样让自己长得高高的呢”展开了讨论，各抒己见。其中被幼儿接受的基本观点就是要“光盘”，即吃好吃饱才能满足身体发育的需要。这就为教师将营养知识与健康成长联系起来提供了一个很好的切入点。每一种食物的营养成分不完全相同，它们会给幼儿的生长提供均衡的营养，犹如种植游戏中植物生长需要不同的养分一样。幼儿园的厨师在安排菜谱、选择搭配时都会考虑幼儿身体发育和成长的需要。特别要让挑食、偏食的孩子知道，缺少营养成分，或者一种营养成分过剩都不利于甚至有害于身体健康。

四是将调研幼儿需求与改善餐饮服务结合起来。幼儿的食量与口味，特别是对饮食的偏好肯定存在个体差异。有的小朋友偏食或有时挑食就是个体差异的具体体现。在相对稳定的一段时间内，教师详细观察幼儿进餐情况、对食物的偏好，以及食量变化与健康状况的关系等，并做好观察记录。与此同时，还可采取问卷调查等方式，了解掌握幼儿在家的饮食习惯，或与幼儿园同时段的主要菜谱等。最后，在分析调研情况的基础上，向园所后勤部门反馈或直接向食堂反馈，不断改善幼儿园的餐饮服务，确保幼儿在园期间吃饱吃好。

许多幼儿园根据自身的实际与特色开设了园本课程、班本课程。笔者以为，在推行“光盘”行动的基础上，有兴趣的教师还可不断总结工作经验，丰富“光盘”行动的内涵，不断完善工作措施，包括采取多样化的激励方式，如此一定能让“趣事”更有趣，达到不仅餐餐“光盘”而且促进幼儿知识与日俱增的目的。

天天每天都在发脾气

案例撰写：吴倩倩，武汉市武昌区实验幼儿园

天天小朋友是我在实习期间大班的一个男孩。尽管我的实习早已结束了，但他留给我的印象难以忘却。

在一次户外活动中，班主任安排男孩组先排队，依次玩轮换坐平衡车取快递的游戏。天天骑完一轮后仍然坐在车上不下来，一会儿追赶其他小朋友，一会儿撞击其他的平衡车，完全无视轮换骑车游戏的规则。老师警告天天："如果你再不下来，那就取消你玩平衡车的资格。"天天很不情愿地下了车，走到后面排队等待。但没一会儿，天天看到轩轩不怎么会骑平衡车，便笑着对轩轩说："轩轩，我教你吧，你要这样骑。"他说着便挤进轩轩的平衡车座上，轩轩嫌太挤就下来看着他骑。天天上了车便把快递盒往车篮一扔，嗖的一下往终点冲去，然后又慢慢地踩回来。轩轩对着天天喊："我也想试试。"可天天径直滑过轩轩身边，继续踩着车向终点冲去。

老师见状便大声宣布："天天，你抢了轩轩的平衡车，取消你的活动资格，你就站在旁边看吧！"天天暴跳如雷，吼道："我才没有抢别人的车！"天天扬起手跑过去要打老师，班主任立马抓住他的手，将他拉到旁边站着。天天抱着手臂大声嘟囔："老师是个大坏蛋，轩轩是个大笨蛋。"见老师和小朋友们都不理会他，他便大声尖叫了几下，发泄不满。天天经常这样大吼大叫、号啕大哭，老师们非常头疼。

班主任的无奈，我感同身受，我俩便少不了一起交流天天的情况。在家里，当天天得不到自己想要的东西而发脾气时，其父母也会很快息事宁人，马上转变态度予以满足。当天天有过分行为和要求时，爸爸便会扬起皮鞭进行教育。刚进小班时，天天专横跋扈，其他小朋友不得不敬而远之。上中班的时候，天天从家里的“唯一”转变为“哥哥”，来自爸爸妈妈的关注与陪伴自然就大大减少了，天天的坏行为也愈演愈烈。比如在午睡时经常发出怪叫声，在区角游戏中常抢其他小朋友的玩具，一不如意便发脾气等等。尽管老师经常教导天天：“发脾气与耍无赖是不能解决问题的。”但回到家中，一切又会回到不正常的“常态”——家长妥协或打骂。

我实习跟班时，班主任时常提醒我：“天天是大二班的‘特殊’儿童，你自己要小心一点哟。”同时，我也在观察班主任的管教方式：“天天，立马取消你玩游戏的资格。”“我要撕掉你的贴贴。”“取消今天的奖励。”“要把你的坏行为告诉你的爸爸，让你爸爸教训你！”甚至在班上，老师也时常提醒班级的小朋友：“天天会发脾气，会打人。他发脾气的时候，我们要远离他。”除此，家长从老师那里得到的信息往往也是“天天今天又打人了”，“他又不好好睡午觉”，“他还是会说难听的话，如大坏蛋、大笨蛋”。经常听到这样的话，天天妈妈也习以为常，见怪不怪了。

既是出于好奇，也是希望全面了解天天，我一直想知道除了专横和胡闹，天天是否还会有另外的一面呢？在一次观察中，我终于发现天天把其他小朋友破坏了的折纸默默地整理好了，我抓住机会当着全班小朋友的面说：“天天刚刚把其他小朋友破坏的纸飞机粘贴好了，并放回了原处，为我们班级保持环境整洁做出了贡献，老师要奖励他一个小贴纸，希望天天小朋友能继续努力。”每当有机会见到家长，我也尝试多用积极的语言与他们沟通。

在三个月实习期的最后一段日子里，天天在园的表现仍然像过山车一样，时好时坏。现在我已经正式上岗，当上了副班教师，虽然现在所带的班还没有出现像天天这样脾气不好的小朋友，但是谁也不敢打包票在今后的职业生涯中就再也不会出现第二个、第三个“天天式”的小朋友。即使如此，作为教师的我也已准备好足够的耐心与信心，打好“持久战”，最大限度地促进孩子形成良好的行为习惯与性格，助力他们从小塑造健全的人格。

◆ 案例赏析

坏习惯也是“教”出来的

若是要分类，笔者更倾向于将《天天每天都在发脾气》划归为观察案例，虽然撰稿教师参与了男孩天天的部分保教工作，但是从整体内容看，阐述得更多的还是其在实习期间观察了解到的问题与现象以及班主任的做法。难得一位实习教师具有如此细腻的观察眼光，并且还参与了转化天天小朋友的部分工作。不仅如此，在实习期间，连班主任都提醒她“自己要小心一点”，当事老师并没有产生任何畏难情绪，甚至在离开实习岗位后仍然在思考“天天现象”，并有信心打好转化这类孩子的“持久战”，其对幼教工作的热爱，对事业的追求可见一斑。笔者以为，撰稿教师利用一个亲身观察到的案例，为幼教同行提出了一个值得重视和讨论的问题——幼儿的坏习惯从何而来。

天天在班级游戏时不遵守规则，且在游戏过程中撞击他人的平衡车；打着帮小朋友的幌子，行占用他人平衡车之实；每当欺凌小朋友被老师制止后，爆粗口发泄不满等。一个幼儿从入园开始就在园内以“蛮横”出名，的确比较典型，也令人费解，这不仅是实习老师对天天的举动难以理解，从其与班主任的交流看，其他老师也认为天天不好对付。相信实习老师与班主任交流的目的之一，也是想找出背后的原因。为何从小班到中班，多个教师就转变不了一个娃娃？

《三字经》第一句“人之初，性本善”，可以肯定地说，天天“专横跋扈”“暴跳如雷”的毛病并不是从天而降，也不是与生俱来的。尽管撰稿教师没有直接回答她是否找到了“天天现象”的根源，但是我们可以从本案例中的几个情节搜寻相应的答案。

首先是来自家长的“教”。家庭是人生的第一所学校，家长是孩子的第一任老师，天天的父母也不例外，他们也是孩子的第一位启蒙老师。“在家里，当天天得不到自己想要的东西而发脾气时，其父母也会很快息事宁人，马上转变态度予以满足。”透过这句话，我们即可推测“发脾气”显然就是天天得到满足的有效“武器”，其父母并没有用言语直接告诉天天，若你真想得到你所要，你就发脾气，其父母选择让步也许是出于无奈，但是他们的举动，尤其是不断的重复，就告诉孩子发脾气挺管用。这里家长的所谓的“教”再明显不过了。假设在孩子发脾气的时候，父母仍然坚持原则，不为孩子的脾气所动，也许天天就会感悟到发脾气不能解决任何问题，不能从父母那里得到任何恩惠，天天在园也就不会将家里的“故伎”重演。也许天天的父母也教给孩子其他很多正确的、有用的知识，包括与同伴相处的基本原则与技巧等，然而一个五六岁的孩子早就在生活中学会了选择性地接受家庭的影响。

其次是来自教师的“导”。要说孩子的坏习惯与教师“教导”“引导”相关联，笔者相信绝大部分教师都会毫不犹豫地给予否定，哪有教师会培养和引导幼儿去“发展”他们的缺点与毛病。笔者在这里提出导致天天出毛病的第二个因素是教师的“导”，这并不具有普遍意义，更没有数据支撑这一观点，而是专门针对本案例中的“天天现象”。天天在幼儿园不断惹祸，当班的老师也深感无奈，每当天天发生状况时，老师使用比较多的办法就是“取消玩游戏的资格”，“取消今天的奖励”，“撕掉你的贴贴”，“要把你的坏行为告诉你的爸爸，让你爸爸教训你”等等。面对这些单一重复的惩戒，不知当时的天天有何具体想法，但笔者以为，时间久了，同样的惩戒多了，也许他就不当回事了。相反，天天很有可能以为老师在用这些方法排斥他，为了得到关注，天天“被迫”在没人理睬时“抱着手臂大声嘟囔：‘老师是个大坏蛋，轩轩是个大笨蛋’”。若是在惩罚天天后，适当对其安抚，也许他发脾气的时间就会缩短，频率会降低。因此，说天天的毛病在一定意义上与老师的“导”相关也不为过。

再次是来自同伴的“让”。幼儿园的小朋友相互之间发生一点小矛盾，嘟嘟嘴巴、哭哭鼻子是再正常不过的事。遇见“强势”“跋扈”的孩子，其他孩子表现出谦让，显示的是宽容的态度。多数孩子听老师的话，不招惹天天，并且对他“敬而远之”。小朋友不主动招惹天天的原因也许是多方面的，前述的宽容是其一；还有惹不起就躲起来，主动远离他是其二；家长有交代，在幼儿园不要和天天一起玩，小心被他欺负是其三……在天天心目中，这很有可能是另外一个层面：我狠一点，我发脾气，就有小朋友怕我。在家的发脾气策略，在幼儿园也得到了验证。

无论是“教”或“导”，还是“让”，这些毕竟都是外部环境与因素，最重要的是天天个人如何取舍，如何过滤。然而，我们不可忽视幼儿的年龄特征，更何况“教”“导”“让”从主观上并无教孩子学坏的用意，只是反映了不同的教育和相处方式而已。家长、教师、同伴的无意之举正是家庭教育、幼儿园保教的一个薄弱环节。孩子具有很强的可塑性，若要改变孩子，家长和教师必须先改变自身的教育理念与方法，特别是教师还有责任带领班级幼儿一起为天天的改变营造适宜的环境，仅仅反复说“发脾气与耍无赖是不能解决问题的”这句话，是不能解决问题的。

● 我的建议

尽管在以上分析中，教师的“导”也是导致天天发脾气等毛病的原因之一，但是毋庸置疑，本案例中的班主任和实习教师均为改变天天做过很多的积极的尝试。特别是案例的撰写者，作为实习教师，能主动思考问题，细致观察和发现天天的优点与长处并给予鼓励，这已经做得比较好了。当然，作为实习生还可以大胆地提出问题，参与研讨，例如实习期间在以观摩为主的基础上，还可对班主任的做法提出质疑或给出建设性意见，这对实习生的专业水准和工作责任感是一个考验。

作为研讨，笔者以为还可从不同的角度切入，尝试用其他的方法纠正天天性格与行为的缺陷。

一是坚持教师引导。导致天天发脾气等毛病的主要因素是其家庭教育与氛围，其家长显然缺乏家庭教育的方式方法，他们迫切需要专业性的指导与帮助。承担起这项任务，作为教师责无旁贷，重点是指出孩子父亲粗暴简单的育儿方式的危害性以及已经造成的不良后果，促其转变家庭教育观念；引导家长合理分配给大宝与二宝的关爱与关注，虽然时间上不可能均等，但是态度上要让大宝感受到与二宝有同等的待遇；将向家长通报孩子在园的问题改成研讨和交流教育引导孩子的方法，用专业工作者的眼光发现孩子的优点，满足孩子寻求关注的需求。

二是尝试以静“治”动。天天好动闹的原因，除了家庭教育与家庭环境外，也许还有其他因素，例如进食含糖较多的食品，精力充沛，导致好动；专注力不够，或从未经过专注力的训练等等。在园期间，教师可有计划有目的地安排天天做一些偏静的练习和活动，例如提供微型拼接玩具、搭建积木、手工制作、折纸等，或提前安排天天在户外区角游戏中承担协助其他小朋友做游戏的任务。同时，教师要有耐心倾听孩子的诉求或抱怨，放弃无效的惩戒办法，逐步引导和鼓励天天学会用准确恰当的语言表达自己的想法、要求、意见，包括抱怨，反复劝阻其用粗暴语言或发出怪叫声表达自己的态度或不满的行为。

“奇怪”的依依

案例撰写：雷嘉欣，武汉市武昌区实验幼儿园

幼儿入园例行晨检时，我看到依依手上的创可贴，便询问道：“依依，怎么受伤了？疼不疼？”依依看着我说：“不疼，只是一个小伤口。”于是，我嘱咐道：“等到下午，我帮你换一张，避免伤口发炎。”依依瞬间变脸，对着我说：“我不想换创可贴，我回家再换，可以吗？”

在盥洗室洗手的时候，虽然依依比较小心，可是创可贴还是溅上了水。“依依，创可贴沾了水，我们换张创可贴好吗？”听见我的话，依依急促地说：“不要！不要！”我也没多想，以为她是喜欢创可贴上的卡通图案，所以她就不愿意更换。

第二天，依依又贴着创可贴入园，只不过在手指上的位置稍微挪动了一点。我看到她手上被创可贴勒出的痕迹，好生心疼。果然，下午我再去查看时，依依手指前端部分已经发泡泛白。第三天入园时，她竟然还贴着创可贴。关注之中我产生了好奇——伤口很深吗？我尝试着问依依：“你的伤口还没有好吗？经常使用创可贴手指会不舒服的。”这时依依眼神闪烁，含糊地说：“没有啊！”我开始意识到，依依哪儿有点不对劲。

中午我与依依妈妈通电话，出乎意料的是，依依妈妈跟我说孩子根本就没有受伤。“那天她在超市看到创可贴，一定要买，随后每天都要贴创可贴，晚上睡觉也不愿意揭下来。看到她的手被勒得红肿，就想强行帮她取下，她就在家里大哭大闹。”电话那头，依依妈妈既焦急又无奈。“既然你

们强行取了下来，为什么依依第二天、第三天又贴着它入园呢?”我想问个究竟。“是奶奶拗不过她，只好让她再贴上去。我跟奶奶沟通过，但是没有用，孩子跟奶奶更亲。”这下，依依妈妈把家庭教育的分歧也如实说出来了。

园里安排教师家访，我首选去了依依家。她奶奶十分热情地向我介绍家庭成员:“我们全家都是知识分子，她爸妈非常忙，年纪轻轻都身居公司要职，爷爷还在上班。我一直都是全职（家政），她爸爸就是我一手带大的，依依也是我带的。”我边听着奶奶的话边观察着依依，第一次发现她神情紧张。奶奶看到依依不说话就解释了一句:“因为我一个人带她，很少让她接触其他小朋友，所以她很害羞。”我好奇地问:“为什么不让她与小朋友玩呢?”奶奶说:“大院里的小朋友很少……”我突然回想起来，初次入园时，依依非常恐惧，且一直哭个不停。

此刻庆幸的是，依依的手没有受伤，但待解的谜是为何她“偏爱”上创可贴。眼下，我面临的任务就是如何将创可贴从她手上揭下来。我想到了“亲近牌”，找到机会抱着依依，先跟她聊天，握着她的手。看着她泛白发紫的手指，我说:“老师现在知道了，依依并没有受伤……”我话音未落，依依顿时全身一紧，把贴有创可贴的手指攥在小拳头里。我立刻问道:“为什么欺骗老师呢?”依依嘀咕说:“我就是想贴创可贴，我就是受伤了。”我灵机一动，想到我的皮肤对胶布过敏，于是我放下了依依，悄悄去盥洗室在手上贴上了胶布。过了五分钟，果然贴胶布的地方，就出现了红肿。我再次回到班上，把我贴过胶布后红肿的手给依依看:“这是老师上次受伤的地方，创可贴导致老师手背变成这个样子，你觉得好看吗?”一向爱美的依依这时候不说话了，我刚想伸手把她的创可贴取下来，依依还是不同意，开始哭闹。我转变思维方式，从网上搜出了皮肤溃烂的图片，依依看到后果然被吓到了。在她的哭闹声中，我终于帮助她取下了创可贴。

但是没过两天，依依又贴着创可贴进入了幼儿园……

◆ 案例赏析

待解的创可贴“秘密”

在电脑上打开《“奇怪”的依依》一文，一口气读到最后才发现，这个案例似乎没有像通常的教育故事一样，对孩子的教育或转化有个结尾，无论是圆满还是遗憾，或者讲述者会用一定的篇幅专门分享自己经历教育过程的感悟、体会、反思等，却只是着重讲述了从发现依依手上的创可贴到最后成功地帮她揭掉创可贴的过程。

为了帮助依依小朋友改掉对创可贴爱不释手的毛病，当事老师可谓煞费苦心。细致观察，表示关心。第一次看到依依手上有创可贴，在简单询问的基础上，提醒孩子小心不要让创可贴沾水，而且承诺当日下午帮助更换一张，体现了当事老师的细心与关爱。发现蹊跷，了解真相。发现依依每当谈到创可贴就神态异常时，当事老师便引起了警觉，联系家长，了解到事实的真相，即依依并没有生病，而是偶然的机会坚持买回创可贴后就执意每日贴在自己的手上。深入家访，追根溯源。当事老师第一时间到孩子家里，了解孩子生活的家庭环境。从表面上看，依依的“奇怪”与其奶奶的教育方式有密切的关系，“孩子跟奶奶更亲”自然就什么都听奶奶的，反过来奶奶什么都依着孩子。表面上看，依依的“奇怪”就是这样逐步形成的。主动行动，以身说法。口头劝说无效，当事老师就采取了以身说法的妙招，充分利用自己对胶布过敏的缺陷，绑上胶布故意引发过敏，向孩子说明长期使用创可贴的害处。转变思维，图片展示。当事老师用胶布引发过敏也许还不足以给依依留下印象，促其放弃创可贴的使用。然而，网络图片展示的皮肤溃烂让依依看到后害怕，她这才勉强地让老师帮她取下了创可贴。

一位幼儿园老师为了帮助幼儿取下坚持贴在手上的创可贴，的确做了大量细致的工作，不知是否有读者会以为当事老师的做法有些小题大做，或以为小孩子喜欢什么就让她自己去玩不就得了，况且创可贴既不是危险品又不是违禁品。当事教师除了讲述了长时间用创可贴对皮肤造成的伤害外，没有过多地渲染依依坚持贴创可贴的其他危害。笔者以为，当事老师认真对待依依贴创可贴这样的小举动，必定有其原因。

依依贴创可贴的危害性或潜在的危害性至少有几个方面：一是长期用创可贴，直接伤害到幼儿的皮肤。在依依贴创可贴入园的第二天，她“手指前端部分已经发泡泛白”，且在园生活不便。二是孩子开始说谎，没伤说成有伤。为了向老师提供具有可信度的理由，依依固然开始对老师说谎，当老师质疑时，她还坚持说“我就是受伤了”。三是执拗不听劝告，用哭闹抵制教师和家长。是否听取劝告取下创可贴，这已经超出了一个单纯的听不听话的问题，它直接关系到孩子的性格培养。若任其发展下去，很有可能致其性格更加倔强、更加自我。四是深层次原因尚不明确，也许另有隐情。从与家长的电话和家访中得知，家庭教育的观点不一致以及奶奶的溺爱是一个表面的因素，但是为何依依就偏爱创可贴，而不是用其他的方式呢？也许这里面的隐情更令人担忧。

因此，笔者以为《“奇怪”的依依》看似没有给读者提供一个常规的结尾，但实际上讲述者用了一个开放式的结尾，为读者提出了值得深入探究的问题，或暗示其中的答案具有多种可能性。既然如此，笔者也想分享自己的分析与看法，权当以此参与这个开放式的问题的讨论。

首先，依依用创可贴包扎手指的原因具有多种可能性。用图案当装饰：依依偏爱的创可贴上有特殊的图案，她希望用这样的图案装饰自己。但是若是如此，为何她要用受伤做掩饰呢？显然，用图案当装饰的可能性比较小。有诉求，求重视：依依从小被奶奶“关”在家里养大，对外界接触很少，一旦进入了新的环境，她就会有儿童社交诉求或儿童社交焦虑，贴上创可贴就能很快引起他人的注意。班主任老师的关注与重视就是很好的例证。有心事做掩饰：通常情况下，一个小班的孩子有心事一般会直来直去，口无遮拦地说出来。但是，也许依依就是一个不善于表达的孩子，或就连她自己也没有想清楚她的具体心事是什么。因此，当事老师高度重视依依贴创可贴一事，无论从哪个角度都不为错。

其次，依依奶奶的特殊教育方式对孩子的影响被低估。从家访时奶奶热情的介绍看，她对自己家庭的知识分子氛围，尤其是她育儿的成功经验感到非常自豪，这当然在情理之中。她的儿子年纪轻轻已经“身居公司要职”，这与她这个当妈的从小实施的成功教育密不可分。但是，时代在进步，家庭教育的对象在变化，奶奶将自己教育儿子的一套直接套用过来教育孙女是否恰当，值得深思。仅从奶奶的几个细节动作，即可看出她对孙女的教育存有问题。过于迁就，明显溺爱。对孙女的要求，奶奶是有求必应。贴创可贴时间长了肯定会伤到皮肤，而且当孙女坚持上幼儿园前再次贴创可贴时，奶奶一定能看见手指被“勒出的痕迹”“发泡泛白”的样子，然而奶奶却视而不见。单打独斗，角色不全。由于奶奶对孙女的教育是以她自己为中心的，自然就形成了单打独斗的局面，因此在依依的成长过程中，其父母的教育或参与处于不健全的状态，即使部分参与，其有效度也不高。依依妈妈在电话中与当事老师交流时已表露无遗，“我跟奶奶沟通过，但是没有用，孩子跟奶奶更亲”。隔代亲是个比较普遍的现象，但是隔代“更亲”则很有可能将孩子的父母排斥到家庭教育之外。老人的出发点是减轻年轻父母的负担与压力，实则严重地造成了家庭教育的部分缺失，而且是不可或缺的部分。玩伴极少，行为奇怪。据其奶奶的说法，依依很有可能生活在老式单位的家属院子或相对封闭的小区内，从小能接触的小朋友很少，当进入幼儿园后自然就不适应，行为奇怪。“奇怪”的表现，既是奶奶关照不当的结果，也是依依潜在问题的一个表象。

然而，以上这些问题或潜在的问题，尚未引起家庭特别是承担对依依教育主要责任的奶奶的重视。

● 我的建议

从目前教师和依依妈妈所持态度以及采取的措施看，现有的关心与引导聚焦在创可贴上。取下孩子手上的创可贴是当务之急，无可非议，但是截至本案例撰稿时，我们尚不知道创可贴究竟反映的是依依的偏好、固执、怪癖、自我保护还是其他。可以说，创可贴背后隐藏着孩子成长路上的未知或潜在问题与风险。

因此，教师和家长均应该对依依奇怪的行为引起高度的重视，不能只停留在创可贴是贴还是揭的层面。依依对创可贴的偏好与有的孩子喜欢闻改正液或汽油的味道的怪癖有相似之处，都是对特殊的物品或举动产生了依赖性。若如此怪癖的行为得不到及时的矫正，也许会导致孩子向自闭甚至自残的方向发展。欲纠正依依对创可贴的偏好，在调整和改善家庭教育的同时，建议对依依进行专业的心理诊断，或在专业人士的指导下继续观察一段时间，排除心理隐疾，或采取相应的措施给予必要的心理辅导或治疗。与此同时，幼儿园教师可适当改变策略，从用眼紧盯创可贴转移到引导依依更多地参与班级的活动中来，助其尽快地融入新的集体，补上儿童社交重要的一课；在承担家庭教育责任方面，在孩子的爷爷奶奶与父母之间做好协调，力求让爸爸妈妈逐步“进”，请爷爷奶奶适当“退”。

一碗水能否端平

案例撰写：林晓丹，武汉市武昌区实验幼儿园

一天下午区域游戏时，我像往常一样观察着孩子们的举动，突然一阵刺耳的哭声传来……我急忙过去抱起彤彤，近一段时间以来这个动作几乎成为我的习惯。

在区域游戏时间，彤彤拿起水彩笔聚精会神地绘画，她画了自己一家四口，然后心满意足地把自己的画拿去给小伙伴看。见到墨墨，她说："你看我的画好看吗?"墨墨在玩"过家家"，似乎没觉察到有小朋友在跟他说话。彤彤又跑去问浩然："浩然，你说我的画好看吗?"浩然摇摇头说："我觉得你画得不好看。"彤彤很失落，又问了其他小朋友，可是大家都在捣鼓玩具，有的应声了，也只是简单地敷衍她。她跑到我的面前问我她画得怎么样，我说："你画得很好看，可是为什么要给画上的小娃娃打上叉叉呢?"她说，这个是弟弟。我说："为什么要给弟弟画上叉叉呢？是弟弟不听话犯错了吗?"她摇摇头没有说话，回到了自己座位上。不一会儿，她大声哭了起来。

听到她哭，我以为孩子受伤了，或者与其他小孩子发生了争执，我蹲下身耐心地问询，彤彤却闭着眼睛哭，且声音越来越大。我把她搂在怀里，询问其他的小朋友，旁边的小朋友也不知道原因。这时，一个小朋友跑过来说："老师，她是自己坐着就哭了。"我牵着她的手，慢慢地哄着她，可她仍不愿意睁开眼睛，且越哭声音越大。我无计可施，其他小朋友开始走

过来围观，我只好抱起彤彤走到教室门口，一边关注其他幼儿。当我抱起彤彤的时候，就发现她的声音慢慢变小了，她趴在我身上慢慢地睁开了眼睛，继而抱着我的脖子。见她情绪开始平复，我再次轻声问她，她仍然闭口不说。

久而久之，我便找到了平复彤彤情绪的方法，可是了解她哭泣的原因仍然让我犯难。有一天，我与配班老师谈起彤彤，方才得知她们也遇到过同样的问题。

一次偶然的机会，在下班回家的路上，我撞见彤彤和她的妈妈、弟弟、奶奶在一起，弟弟在地上玩，彤彤坐在路旁拿着书包，不停地在书包里翻来翻去。不一会儿，彤彤从书包里拿出了当天老师颁发的防疫小徽章。彤彤举起小徽章，喊着："妈妈、奶奶，你们快看，我的小徽章。"正在这时，弟弟在一旁捡起了小树叶，也喊着要给妈妈和奶奶看。妈妈和奶奶毫不犹豫，第一时间选择先看弟弟手上的小树叶，却忽略了彤彤的小徽章。看着彤彤失落的表情，我心里瞬间明白了她为什么在画上给弟弟打上叉叉。

这时，弟弟突然发现了姐姐手上的小徽章，他看着妈妈和奶奶，手却指着彤彤的小徽章，不停地叫着："我要那个，我要那个!"妈妈和奶奶这才想起来彤彤的徽章，妈妈说了一声"好棒"后，立刻接着说："把徽章给弟弟玩会儿!""我就不给。"说着，彤彤把徽章藏在了身后，并且哭了起来，上演了她在幼儿园的一幕。然而，身边的家人并没有抱她，而是选择了无视与冷漠。

无意间看到的一幕，让我心里百感交集，不知道心里是什么感觉，难过、失落、委屈一起涌上心头。彤彤只想用哭声表达，她希望多得到一些关注，多得到几次拥抱，多得到一些关爱。在有二胎的家庭中，多数长辈存在要老大让着老二的倾向和举动，殊不知老大也是个孩子，也需要关心和爱护。在今后的生活中，遇到问题，我会耐心地和彤彤解说，也会继续给她拥抱。现在的彤彤，遇到问题后，她还会选择哭，但是有时候也会主动走过来对我说“老师抱抱”，并能简单说说哭的原因，这就是她的进步。

◆ 案例赏析

仅把“一碗水端平”远远不够

幼儿爱哭、好哭，是个常见的现象和问题。他们哭的方式也较多，大声哭、小声哭，真哭、假哭，伤心地哭、委屈地哭，等等。幼儿园的教师安抚、劝慰哭泣的幼儿的方式不会完全一样，也许各有拿手好戏，视不同情况使出招数。《一碗水能否端平》中的当事老师在例行观察中发现彤彤的哭法与其他的幼儿不一样，不知为什么她自己坐着就哭泣起来，而且还喜欢闭上眼睛大声哭。尝试多种方式抚慰后，当事老师找到了比较有效的办法：将彤彤抱在怀里，她的哭声即刻从大到小，从有到无。这办法屡试不爽，本可在必要时重复使用，但是当事老师并没有停留在简单的安抚上，而是一直在用心思索、不断探索，分析和寻找孩子好哭的原因，从而帮助孩子彻底改变好哭的习惯。

也许当事老师曾对自身的保教工作有过反思，彤彤的哭难道与教师照顾不周相关联？在寻觅原因的过程中，“无意间看到的一幕，让我心里百感交集”，当事老师发现了彤彤好哭所隐藏的深层原因。这看似偶然的结局，其实是当事老师坚持探索的必然结果。若当事老师没有细心观察和关注彤彤不一样的哭声，也许见到彤彤与家人的场景就不会留意，重要的发现必定会从她眼皮下溜走。这二者显然就形成了前因后果的关系，展示了教师持续细心观察在关键时刻发挥的作用。

《一碗水能否端平》为读者揭开了彤彤好哭的原因，其实也揭示了目前部分家庭常见的现象与问题。一夜之间，孩子成了哥哥、姐姐，自己在家庭中的“中心”与“焦点”位置转移到了弟弟、妹妹身上，这时的“哥哥”“姐姐”会从不同角度猜测父母对自己的态度，于是他们也会根据自身的认知做出不同的反应。

首先，因感受到家庭地位的变化，遂产生失落感。原来家里只有自己一个宝贝时，全家都围着自己转，然而当幼儿升格成为大宝后，父母还有爷爷奶奶，精力都转移到小宝身上去了，即使时而父母会有补救措施，但是很明显，大宝不再是过去的唯一，不再是过去的中心。彤彤先拿出的小徽章，弟弟后喊的看树叶，然而妈妈和奶奶高度统一地先对弟弟的要求做出了及时的反应，彤彤由于失落便在一旁哭泣。也许，这样的场景在彤彤家里经常发生，但是彤彤却没能适应，其失落感在不断地增强，甚至每当在幼儿园发生类似情景，她就会习惯性地哭泣。

其次，因发现父母的关注度降低，缺乏安全感。即使父母不需要同时回应两个孩子的诉求，但是因年龄或生活自理能力的差异等客观因素，父母对小宝的照顾会占用更多的时间，大宝尚无力准确理解父母，极容易缺乏安全感。笔者曾见到一个高三女生的案例。其父再婚后，又生了一个儿子，他能花在女儿身上的时间和精力自然就少了。该女生多次在学校厕所独自哭泣，细心的班主任发现后询问端详得知，家里添了一个弟弟，父亲不怎么关注女儿了，有时候女生回家时晚饭还没有做好，女生感觉父亲有了儿子后就不爱女儿了。无巧不成书，高三的班主任也是采取抱抱的方式安抚女生，直至女生破涕为笑。一个高三的女生尚且如此缺乏安全感，更何况幼儿园的小朋友。

再次，因年幼难以准确表达自我，用哭表达伤感。感受失落感，缺乏安全感，在一般情况下，孩子是可以与父母沟通的，或对父母表达自己的要求。然而，幼儿的语言表达能力、沟通能力不足以支持其这样做，于是就各自采取自己的办法表达诉求，其中无缘无故地哭就是一个很重要的发泄方式，是希望得到家长的及时回应与关注。一旦他们的诉求得到回应或满足，情绪即可好转。当他们感到需要表达态度或情感时，就重复来一次。彤彤哭泣的规律以及如前所述高三女生躲厕所哭都是例证。

本案例提出了几个值得幼教工作者思考与研究的问题。

一是主动应对“大宝二宝现象”。计划生育政策调整后，有大宝、二宝甚至三宝的家庭不断增多，暂且将此称为“大宝二宝现象”，除此之外，还有一定数量的组合家庭或再婚家庭也不止一个孩子。虽然很多家庭的大宝、二宝相处融洽，或者说家庭和睦，但是幼儿中因二宝、三宝的到来产生失落感、缺乏安全感的现象会时而出现。因此，幼儿园教师需要掌握和研究“大宝二宝现象”，提前摸清班级类似幼儿情况，做好干预和安抚的思想准备。此类问题在幼儿中目前暂不具有普遍性，特别是在新生入园初期，此类问题具有一定的隐蔽性，教师难以及时掌握真实情况。因此，采取“内紧外松”的策略主动观察，是应对“大宝二宝现象”的重要一环。当发现存在的问题后，教师可以及时与家长沟通，温馨提醒家长适当安抚和陪伴大宝。

二是引导幼儿准确体验平等。也许每个大宝的诉求与表达方式不会完全一样，但是他们诉求的核心，归结起来就是要求父母公平对待家里的几个孩子，通俗地讲，就是本案例中讲到的“一碗水端平”。幼儿萌生公平意识、追求平等是一件好事，应该鼓励和提倡，但是限于生活经验与认识水平，他们很难准确认识或体验公平与平等。笔者以为，幼儿眼中的公平与平等很有可能是直观的、简单的，他们不可能充分认识公平的标准以及公平的相对性。就在读到这个案例前不久，笔者接触了一个案例。有对夫妇有了二宝后，刚上小学的大宝用系列动作做出了强烈的反应，父母沟通也没有任何效果。最后，父母无奈之下，采取了“分房而居”的方式，爸爸带着大宝住一间房，妈妈陪二宝住另外一间房，此状况已经持续了近两年。

大宝对二宝的公开抵制次数减少了，但是家里也产生了其他新问题。因此，引导幼儿准确理解和体验公平、平等这一个重要环节不可少，不然就会按下葫芦浮起瓢。

三是教师需积极面对问题。“大宝二宝现象”中出现的问题一般都是父母没有做到“一碗水端平”所导致的，与幼儿园或学校没有关系。当然，我们也不能完全排斥时而会有幼儿要求教师在小朋友之间“一碗水端平”。发生在幼儿家庭的现象与问题，幼儿会在幼儿园期间用一定的方式表现出来，这就要求教师必须面对，即使有时候有的幼儿的异常让教师“丈二和尚摸不着头脑”，教师也要先安抚好孩子，也不可在查清原委，发现与己无关后，一推了之。笔者以为，面对问题，教师还应该帮助幼儿的家长改善家庭教育与氛围，为幼儿提供和谐的生活环境，并且指导家长做好大宝的解释与引导工作，将家园携手落到实处。

● 我的建议

无意间看到彤彤被自己的妈妈和奶奶冷落的一幕，当事老师便“心里百感交集，不知道心里是什么感觉，难过、失落、委屈一起涌上心头”，这是真情流露，也是对彤彤的爱所致。同时，这也告诉我们，当一直在寻找的原因突然展露在自己面前时，当事老师也难以接受，甚至不敢也不愿意相信事实的真相。因此，教师需要通过认识幼儿，进一步加深对社会现象的了解与认识，为面对不同性格的幼儿及其所在家庭的教育与氛围的差异性，做好知识储备和思想准备，理性地、专业地做好更多的类似彤彤的大宝的安抚、教育和引导工作，切不可情绪化地面对幼儿及其家庭教育问题。虽然说一碗水难以端平，但是仅仅尝试端平是远远不够的。作为教育工作者，我们应该在发现问题后，提出解决问题的办法，与家长共同探讨，妥善教育和引导孩子，为孩子的健康成长，为协助改善幼儿家庭氛围尽一份力。

对症施药之“催眠术”

案例撰写：李艳辉，武汉市武昌区实验幼儿园

午睡时段，大部分孩子已进入梦乡。突然间，孩子们的床间传出窸窸窣窣穿鞋的声音，我循声望去，发现一个身影飞快地溜进了盥洗室。我走过去一看，又是蕾蕾站在便池前。看见老师过来了，蕾蕾赶紧走上台阶，蹲在便池上。午睡时间还未过半，她已经三次进入盥洗室。究竟是什么原因让这孩子如此频繁上厕所？是生病了还是不想睡觉“搞事情”？我不禁心生疑惑。

我站在盥洗室的门外，观察蕾蕾在里面的动静，等候她出来，结果只听到了脚步声，没有听到她用厕所的声音。蕾蕾没想到老师还在门外站着，当她走出盥洗室见到我时，便低着头跑到自己的床边，立马就上床躺下了。蕾蕾的这些举动让我相信，她已经猜到我知道她的“小九九”了。当天午休的后半段时间里，她再没起床进入盥洗间。

第二天午睡，大概是知道前一天的“小九九”已经被老师识破了，蕾蕾不再频繁起床上厕所，而是躺在床上小声嘀咕。老师走过去她就停止了，老师一离开她就又开始了，跟老师玩起了“躲猫猫”。与她邻床的沫沫睡不着就开始告状了：“李老师，蕾蕾又在说话，吵得我都睡不着。”我也开始烦躁了，好不容易把孩子们哄着了，她却让我前功尽弃。于是，我开始坐在她床边死死盯着，心想：这下我看你还敢不敢发出声音。果不其然，蕾蕾安静下来了，她用被子把头盖上，嘴巴不再发出声音。“难道我还治不了

你！”正当我暗自窃喜时，我隐隐约约听到了手指划床板的声音。我以为是旁边的小朋友，起身巡视了一圈发现其他孩子都睡着了，再仔细看看蕾蕾的被子，发现她床边被子的一角在轻微波动，肯定又是蕾蕾在“搞鬼”。我轻轻掀开被子，蕾蕾正在用食指在床板上不停地划动，被我逮了个正着。

那一刻，我的内心是崩溃的，没想到让一个幼儿安静地午睡竟如此困难。同时自己的职业责任感不断提醒我，一定要把蕾蕾不愿午睡、不会午休的“毛病”治好。要想“药到病除”，必须先找到“病因”。

这天离园时，我请配班老师带着蕾蕾玩游戏，让蕾蕾的外婆留下一会儿，趁机向外婆介绍了蕾蕾午睡的表现，并请她支招。蕾蕾的外婆很坦诚地说，蕾蕾的爸爸妈妈离婚后，她一直跟着外婆和妈妈生活，妈妈上班比较忙，没时间跟孩子交流。蕾蕾不太爱说话，性格比较内向，更不敢主动向老师表达自己的想法，缺乏安全感。平时在家也没有午睡的习惯，家人午睡时，她就自己在家东玩玩西晃晃。听着外婆的介绍，我不禁对蕾蕾产生了怜悯之心。

从那以后，每逢集体活动时，我会有意无意表扬蕾蕾的一些表现，也会请她来分享自己的想法。刚开始她不愿站到前面，也不愿开口回答问题。但我坚持了一段时间后，她渐渐地开始举手回答一些简单的问题，也开始愿意参与到集体活动中。从她的眼神里我慢慢发现“蕾蕾喜欢上我了”，只是午休时她依然睡不着。

这天午休时，等其他孩子都睡着了，我见蕾蕾还睁着大眼睛看着墙面，便轻轻坐在她旁边，用左手握着她的小手，右手轻轻抚摸着她的背，就这样静静地持续了二十分钟左右，蕾蕾开始闭上了眼睛，我又继续抚摸了几分钟，直到她睡熟了才离开。此后，这个方法屡试不爽，直到蕾蕾开始自主入睡……

孩子每一种行为的背后一定有其原因，教师要做的就是找准原因后对症施药，用特别的爱陪伴孩子从小养成良好的习惯。

◆ 案例赏析

勿以毛病小而不“治”

《对症施药之“催眠术”》集中讲述了当事教师观察、纠正蕾蕾小朋友在午休时段玩“小九九”的过程。最后，功夫不负有心人，蕾蕾终于在午休时能自主入睡，教师从中也对纠正孩子的不良习惯有了自身的感悟。

简要回顾一下当事教师的工作过程与措施，我们说当事教师费尽心思一点也不为过。首先，细致观察。发现蕾蕾不愿意午睡再三往盥洗室跑，掌握了孩子借故不愿意睡午觉的真相。其次，探究原因。尽管感觉到纠正孩子不愿意午睡的习惯极为困难，但还是理性地判断，要纠正孩子的不良习惯必须先找到症结，找出原因。再次，联系家长。当事教师想到了从家长那里了解孩子更多的情况，果不其然，隔代家长正是孩子日常生活的监护人，孩子上幼儿园之前在家没有养成午睡的习惯。最后，深度关爱。了解到孩子在家的行为习惯后，教师便采取了综合措施帮助孩子，甚至采取了具体的方式贴身陪孩子午睡。

相伴其中，当事老师的情绪与态度也有起伏，从例行公事般地关注孩子到发现问题后心生烦躁，从因引导不见效内心感到崩溃到了解家境后萌发怜悯，从盲目地强行“治”孩子不午睡的毛病到待在身边轻轻抚摸哄孩子入睡，再到感悟教师爱的陪伴的力量。简单地讲，当事老师的工作始于“盯梢”，终于陪伴，展示了一位年轻教师对幼儿的真爱。

笔者初读到这个案例时，曾猜疑当事老师为何就一个幼儿不愿意午休这么一点小事情费尽心思，是为了保持班级整齐划一的作息规律，还是担心一个孩子影响到其他孩子的午睡质量？另外，是何种因素在驱使当事老师不惜笔墨撰写这样一个主题内容比较简单的故事？然而，细致品读完案例，分析和思考当事老师面对孩子的情绪与态度的变化，帮教孩子使用的方式与方法，笔者以为，当事老师以小见大，培养孩子午睡习惯的作用与意义并非仅限于用特有的“催眠术”治愈了孩子午休不睡觉的毛病，也是帮教蕾蕾的一个小突破口。

一是遵守作息时间是习惯养成的刚性要求。幼儿园的作息时间安排，一方面是集体生活必须要遵循的时间规则，更重要的是它充分考虑了幼儿身体发育成长的需要。幼儿在发育成长期，适当午休更有利于健康成长。因此，在午休时间要求孩子们认真午休，就像要求孩子们按时上课或参加游戏一样，应该视其为幼儿园生活活动的一个重要组成部分。蕾蕾不愿意午睡，在一定程度上反映出她尚未形成作息时间的概念，更谈不上对类似规则有敬畏感。也许她的瞌睡比其他孩子少一些，的确睡不着；但是，她若能敬畏规则，则可以躺在床上休息，更何况她花样翻新的小动作已经影响到其他小朋友的午睡。也许当事老师开始关注蕾蕾午休时的异常就是出于这样的考虑。

二是自作主张对待教师已隐含不诚实迹象。幼儿不困，不想睡午觉，没有养成午睡的习惯，这在孩子中并不少见。然而蕾蕾则采取不同的方式逃避午睡，在午休时间没过一半的时段里，就三次佯装上厕所，跑向盥洗室。更令人不解的是，当她看到老师就要发现她的“小九九”时，她继续玩起了“小九九”，蹲在厕所里。常言道，“童言无忌”，蕾蕾没有直接告诉老师她睡不着，而且在老师眼皮底下再三要“小九九”。蕾蕾的举动告诉老师，她已经知道在午休时间该午休。当自己的不当之举被老师发现后，她没有直言相告，而是选择了遮掩。这并非弥天大谎，但是很明显已经隐含了孩子不诚实的迹象。毋庸置疑，纠正孩子不说实话的毛病较之老师劝说孩子午睡要重要得多。

三是小毛病背后极有可能隐藏着更多问题。幼儿园的小朋友在行为习惯等方面不可能十全十美，绝大多数都会表现出一些缺点、弱点、毛病等，纯属成长过程中难以避免的现象与问题。这些小毛病有的可能是一次性的、阶段性的，但是也有的是持续性的。虽然当下的表象不严重，但是背后很有可能隐藏着更多或更大的问题。当事教师了解到孩子鲜为人知的家庭生活及教育环境，即除了在家没有午睡的习惯外，蕾蕾还存在“不太爱说话，性格比较内向”“缺乏安全感”等问题。这也许就是她明摆着不想睡午觉却不敢主动向老师表达自己的想法的原因，隐藏其后的至少是缺乏正常的表达、交流、沟通能力。当事教师也采取了相应的措施，“有意无意表扬蕾蕾”，“请她分享自己的看法”。

四是培养幼儿的习惯理当从细微之处着手。从保教规律的角度看，培养小孩子的生活与行为习惯本应该从细微之处着手，而且习惯养成教育是保教工作的重要内容。幼儿入园后从家庭生活氛围转入班级的集体生活环境，等待他们的是对生活的探究、对知识的习得，为做好幼小衔接奠定基础。然而笔者以为，幼儿的习惯养成要从最基本的生活习惯养成开始，包括盥洗、进餐、午睡等。在习惯养成中，教师会碰到不同的问题，但是一旦发现孩子在生活习惯方面有毛病，切不可因事小而忽略不管，或以“船到桥头自然直”为借口，认为孩子长大后懂事了自然就会改掉不良习惯。蕾蕾从没有午睡的习惯到在当事老师耐心抚慰下也能自主入睡，这充分展示了习惯养成教育的效果。

● 我的建议

当事教师在撰写本案例的时候，比较客观地描述了自身的体会与感悟，如前所述，包括情感与态度的变化过程，有感而发，真实可信。与此同时，这也显露了当事教师在面对幼儿异常行为时的情绪与态度略显波动，或思想准备不充分，值得重视。

一是调整对幼儿行为习惯的预期，认识幼儿之间的差异性。教师遇见孩子中的异常情况或问题，通常会认为是出乎预料，甚至感到吃惊。究其原因，这一般是由于当事老师对幼儿的期望值过高，以为幼儿一些生活习惯方面的细微之处，家长在家已经进行了系统的训练。其实不然，家长对孩子在生活与行为习惯方面的训练肯定会有疏漏之处，更何况在家庭以及孩子之间还会存在个体差异。因此，适时与见机调整对幼儿行为习惯的预期，更有利于教师加强对幼儿习惯养成方面的教育与训练。

二是调整教师自身职业心理准备，增强教育实践适应能力。教师特别是青年教师对自身岗位的工作要求，尤其是面对幼儿中可能出现的花样百出的现象与问题，要有充分的思想准备。只有在实践中不断增强保教工作适应能力，才能做到遇事不慌、胸有成竹。若是思想准备不足，或解决问题急于求成，轻而易举就产生“无奈”“崩溃”“愤恨”之类的情绪，势必会直接影响面对和处理问题的态度，继而直接影响保教的方式与效果。当然，增强教师实践能力并非一日之功，非下一番苦功夫不可。

三是个案处理幼儿异常行为习惯，灵活变通满足幼儿需求。幼儿在日常生活中出现的异常，会呈现一次性、阶段性或持续性等特点。对于纯属一次性的异常表现，要给予理解并变通处置。笔者所知，曾有幼儿在大冬天不愿意午休，而坚持到室外去采集篱笆下的细小花朵。她的老师劝说无效，便陪伴她在室外采花。直到下午家长来园接孩子之时，她的老师才明白，从来不逃避午休的孩子坚持到室外，其目的是想采集花朵送给自己的妈妈。对于类似个案，教师即使不知幼儿内心的真实想法，只要不危及安全，暂且予以满足又何妨。

信　　任

案例撰写：施弦，武汉市武昌区实验幼儿园

班级的美工区呈现一派热闹景象，孩子们都在自由发挥，随着自己的想象制作美工作品，有的剪纸，有的折叠纸飞机，还有的穿珠子……小美突然走到我的面前，嘴角挂着得意的笑容，踮起脚凑到我耳朵边悄悄地说："老师，我有一样宝贝要给您。"我好奇地随口问道："你这个小机灵鬼，这么神秘，有什么好宝贝呀?"

小美从裤子口袋里掏了好一会儿，小心翼翼地拿出一根小手链，轻轻地放到我的手心，用她的小手把我的手捏拢在一起，郑重其事地说："这是我刚做的，我要送给我的妈妈，本来我想放书包里的，可是我怕压坏了，所以交给您帮我保管，您可千万别给我弄丢了啊!"

小美这说话的口气就像是一个大人拜托他人很重要的事情一样，我心想她真是个懂事的孩子，也为她的妈妈感到欣慰。我很认真地接过那根小手链，对小美说："好的，我先替你保管，一定不会弄丢的，你就放宽心吧!"小美美滋滋地离开，回到美工区继续玩游戏。我拿出手链看了看，只见上面用五颜六色的纸黏土搓成了各种不规则的形状，还有一些看不太懂的图案。"嗯，很有艺术性，是件好作品，是个好礼物。"我自言自语地说着，顺手将手链放在桌上。

放学时，小美一见我就问："老师，我的手链呢?"我在桌上找了半天却没有发现她给我的手链，小美的脸色突变，瘪着小嘴，眼泪在眼圈中直打转，非常担忧地说："您是不是把我送给妈妈的礼物弄丢了?"此刻，班上的孩子已经做好了离园准备，教室里出现了列队前的一阵忙乱，我得赶紧引导孩子们排好队后去园门口。我只好歉意地对小美说："老师这会儿太忙了，忘记把它放在哪里了，明天找到后给你，好不好?""不好，不好，就不好!"小美伤心地叫着。我一时无语。"今天是我妈妈的生日，我早上答应过妈妈今天送一个礼物给她的。"小美的眼泪像断线的珠子一样落了下来。我连忙说："老师肯定是忘在办公室了，放学后就回去给你拿好吗?"

孩子们离园后，保育老师对我说："你啊！就是太宠小美了，不过是小孩子做的一件小玩意，还值得你下班后返回去找吗?"我认真地说："在我们大人眼中不值一提的小事，在孩子的眼里可是大于天的事。"

这可是她对妈妈爱的表达呀！我不想让孩子觉得，大人根本没把对她的承诺放在心上。她把最珍贵的"礼物"交给老师保管，说明她非常信任老师，而我却这么不经意就弄丢了，要是不把它找回来，以后孩子们对老师的信任也会随之弄丢。

保育老师也返回教室，与我一起寻找小美的手链。幸好是孩子们刚离园，教室还没有整理过，我们很快在班级的材料垃圾篓里找到了那根小手链，估计是有小朋友收拾材料时没有看明白，顺手就放进材料垃圾篓了。我长长地舒了一口气，拍着胸脯说："还好我及时来寻找，否则等一下肯定要随同垃圾一起被清理掉了。"

想到小美说过今天是她妈妈的生日，她"早上答应过妈妈今天送一个礼物"，我改变了先下班回家的想法，马上联系了小美的家长，在电话中简要解释了其中的经过。尽管家长再三说"让小美明天带回家是一样的"，我还是坚持把礼物送到了小美家楼下，并向小美和家长再一次真诚表达了我的歉意。小美看见我手中的小手链，抱着我开心地说："我就知道，你是最值得我信任的老师。"

◆ 案例赏析

教师要对得住学生的信任

《信任》的情节不复杂，前后经历的时间也很短暂，但是诠释了一个极为重要的主题——师幼之间的信任。小美将自己认为是最重要的，就连她自己都不相信自己能完美无缺地保管好的物品交给老师代为保管，这充分体现出老师在小美心中的重要地位，也表达了小美对老师的信任度。老师弄丢了小美的“宝贝”，事出有因，但是老师没有用任何由头搪塞小美，而是在孩子们离园后及时找回了小美交给自己的手链，并赶往孩子家里，将孩子精心为妈妈做的生日礼物及时送达。老师在小美家楼下不仅听到了一句赞美语“你是最值得我信任的老师”，还通过此举进一步增强了师幼之间的相互信任。

更为重要的是，当事老师用切身的经历与感悟讲述《信任》故事，引发读者对“信任”二字的思考。就幼儿园而言，我们常见到的信任主要反映在家园关系、师幼关系、同伴关系以及同事关系等几个方面。其中，师幼之间以及家园之间的相互信任尤显重要。阅读《信任》，笔者联想起曾经了解到的有关师生之间信任的真实故事。

故事一：在一次小学教师培训班上，有位青年教师在互动时讲述了一个四年级男孩找他的班主任的情景。当日，全校教师集中在一间办公室阅卷，而这位男生就在教师阅卷的办公室外的走道来回走动，看似心中有事。有心的青年教师见此景便起身，到走道上去询问小男孩：“老师们今天阅卷，你想找谁呀？”“我找班主任有事。”男孩边说边用手指向自己的班主任。青年教师回到办公室，对男孩指认的老师说，班上有男孩要见你。班主任不知何事，便说道：“你进来说。”男孩紧张地来到班主任身边，低着头就是不说话。班主任便催其快说，老师们还忙着阅卷。男孩慌不择言，将家里父母关系不和的事说了出来。参训的青年老师认为，自己不会调解家长之间的关系，于是在培训班提出这个问题，向同行讨教。

无独有偶，在回应青年教师的问题时，另外一位农村教师讲述了几乎同样的故事。也是一小学男生发现父母关系不和，他想请老师出面帮忙做些工作，因为他感到稳定的家庭关系对于自己很重要。有所不同的是，这个男生的亲姑姑在他就读的学校任教，然而他为何就没有去找自己的亲姑姑出面调解他父母之间的关系呢？在故事后面，农村教师给出的理由非常简单，她确信男孩将家里的隐私暴露在老师面前，且请老师帮助调解，完全是出于对老师的信任，这种信任超过了孩子对亲姑姑的信任。

故事二：有位初中女生在学校犯错，班主任将她请进办公室进行了批评教育，在女生离开办公室的那一刻，班主任突然想起给女生增加一个惩戒项目，罚她打扫学校的女生厕所。班主任罚学生打扫厕所并无恶意，而是希望通过这样的惩戒让女孩能长点记性，从思想上认识到自己的错误。然而，女孩则以为这是老师不信任她，不相信她能兑现认真改正错误的承诺。第二天早晨，女生剪掉满头的长发，光着头进了教室，有关切的同学问为何要剪掉好不容易蓄起来的长发，女生答曰："一直以为最信任自己的两种人，爸爸妈妈和自己的老师。既然自己最信任的人都不相信自己，我何必还把自己太当回事呢！"女生带着满腹怨气接受了打扫厕所的惩戒，但是她从此就消沉下去了。

在教师和学生对话时，我们常会听到"相信你""相信我"这类的表达。一旦面对具体的事情与情景，这种信任就不再是一句客套，它能发挥着看得见摸得着的作用。面对学生和孩子的信任，教师理当像《信任》中的当事老师一样，郑重其事地对待。对于孩子透露的心声或家庭隐私，教师只能在开展教育、疏导、帮助时使用，不可泄漏，更不可当成笑柄当面耻笑孩子。每当孩子之间发生分歧或冲突时，他们会找老师解决问题，判断是非，此刻在孩子心目中，老师就是正义的化身，这是信任的另外一种表达形式。《信任》描述的是孩子将自认为最为重要的事情委托给自己最信任的老师，那么老师的处理方式就应该对得起这份信任。这也许就是当事老师下班后不急于回家，坚持找到丢失的手链并及时送到孩子家楼下的原因。我们完全有理由相信，小美未来定会加倍信任自己的老师。

在家园关系中，这样的“委托”或“托付”更为典型，有的家长在送孩子入园时，自然就会对老师说：“孩子就托付给您啦，请您多费心。”然而，在现实中，改善家园关系一直是个较为棘手的问题。由于幼儿园的孩子年龄小，表达与思维能力受到限制，加之家长又不能到幼儿园观摩等因素，即使老师采取措施利用信息技术手段及时向家长通报幼儿在园情况，仍然时有家长对幼儿园或老师产生猜忌，发生一些不愉快的事。家园关系在个别情况下显得紧张，其中一个重要原因就是缺乏信任。尽管尚未构成“信任危机”，但是要消除误会，还原真相，的确需要耗费不少的精力。有时候，还会波及孩子，使其受到不必要的伤害。《信任》中的当事老师，通过细致的工作，不仅增强了师幼之间的互信，而且定会赢得家长进一步的信任，为加强和改善家园关系，实现家园携手共育打下良好的基础。

● 我的建议

一是将增强互信作为改善师幼关系的基础。信任感是可以培养的，也是需要教育和引导的。当事教师在找到和送还小美的手链后，一定对信任有较多的感悟，对师幼之间的互信，乃至人际关系中的互信的重要性会有更为深刻和生动的理解。可与孩子们分享这个生动的故事，帮助孩子们认识信任感，从而增强对教师的信任。另一方面，还可再次公开承诺，老师会像对待小美的信任一样认真对待每一位小朋友给予老师的信任，鼓励孩子们与老师交朋友，说心里话，寻求帮助。一旦全班的孩子都对老师有充分的信任，师幼关系乃至家园关系会上升到一个新的高度。

二是将信任作手段鼓励孩子完成自身任务。信任也可变作教师的工作手段。幼儿在游戏、活动、学习过程中，定会遇见一些困难，或有的孩子对自身的学习能力缺乏自信，从而表现出害怕、畏缩、不愿试错等情绪或态度。老师一句“老师相信你能做好”，好似权威的鉴定与判断，会给孩子克服困难的勇气与力量。与此同时，还可引导孩子之间在游戏等活动中建立互信，为团队活动打下基础。

三是明确提示孩子切勿轻易信任陌生人。在教师强调信任的重要性时，孩子基于对教师的信任，定会有孩子会信任任何人。因误判而信任陌生人并引发其他事故的例子并不少见。因此，教师有必要教育和引导孩子，对他人的信任必须首先是在亲人之间、师幼之间、小伙伴之间以及其他非常熟悉的人之间。在无法判断的情况下，可以先选择不信任，待找亲人或老师核实后再表达信任。

四是明确告诫孩子不可将相互揣摩当信任。笔者在年少时，学校也曾有校园安全教育，只不过重视程度不及当下。记得老师讲过两位同学相互揣摩与信任对方酿成不良后果的故事。其中一个男生手拿竹扫把，与另外一个男生打闹起来。拿竹扫把的男生多次用扫把在对方的面前晃动，且扬言：“你不服输，我会真的扫到你脸上去的。”事后调查时，一个孩子说，当时以为他把扫把刺过去后，对方又不傻，肯定会避让；而另外一个孩子则说，他们是好朋友，相信对方不舍得用竹扫把刺他的脸。因此，在考虑培养孩子信任感的时候，教师必须考虑周全，切不可顾此失彼。